应用型精品学院

YINGYONGXING JINGPIN XUEYUAN YANJIU YU SHIJIAN

研究与实践

◎丛　森　方建军　主编

知识产权出版社

全国百佳图书出版单位

图书在版编目（CIP）数据

应用型精品学院研究与实践/丛森，方建军主编. —北京：
知识产权出版社，2016.7

ISBN 978-7-5130-4142-3

Ⅰ.①应… Ⅱ.①丛… ②方… Ⅲ.①高等学校—教育建设—
研究—中国 Ⅳ.①G649.2

中国版本图书馆 CIP 数据核字（2016）第 069814 号

内容提要

本书系统回顾了北京联合大学自动化学院几代人砥砺前行、艰苦奋斗的风采，
并对自动化学院在教学与科研、思想政治教育与道德建设方面如何提升学院核心
竞争力及共建应用型精品学院进行了系统的理论论述。

责任编辑：张筱荼　蔡　虹　　　　　　责任出版：刘译文

应用型精品学院研究与实践

丛　森　方建军　主编

出版发行：知识产权出版社 有限责任公司	网　　址：http://www.ipph.cn
社　　址：北京市海淀区西外太平庄 55 号	邮　　编：100081
责编电话：010-82000860 转 8324	责编邮箱：baina319@163.com
发行电话：010-82000860 转 8101/8102	发行传真：010-82000893/82005070/82000270
印　　刷：北京中献拓方科技发展有限公司	经　　销：各大网上书店、新华书店及相关 专业书店
开　　本：710mm×1000mm　1/16	印　　张：17
版　　次：2016 年 7 月第 1 版	印　　次：2016 年 7 月第 1 次印刷
字　　数：244 千字	定　　价：58.00 元

ISBN 978-7-5130-4142-3

CONTENTS

回顾与展望

教学与科研

思想政治与道德建设

回顾与展望

以团结稳定为使命

廖文国

转瞬之间,自动化学院已经走过了 14 个年头。回首往事,历历在目,令人难忘。然而最使我感到刻骨铭心、一辈子都不能忘记的是组织托付给我的一项使命。

这就要从自动化学院组建谈起。2002 年春天,北京联合大学(以下简称"联大")发生了一件载入联大历史的重要事件,就是我们常说的"撤三建四"。"撤三建四"就是将原来的信息学院、应用技术学院和机械工程学院 3 个副局级法人学院撤销,建立信息学院、管理学院、机电学院和自动化学院 4 个处级学院。信息学院是以原信息学院为班底、管理学院以应用技术学院为班底、机电学院以机械工程学院为班底。唯自动化学院是将原信息学院的自动化系与原机械工程学院的电气工程系组合而成的一个全新的学院。

新学院首先要做的一件事就是组建领导班子。当时机械工程学院在三里屯办学,离校本部距离较远,对学校发生的事情进展不是很清楚。另外,我当时任电气工程系总支书记,正面临学院调整变动的特殊时期,忙于做好人员去留等一系列具体的思想政治工作,稳定这些人员的情绪,以保证正常的教学秩序,无暇对学院层面的问题给予过多的关注。一天下午 2 点左右,校组织部来电话,校党委领导约时任系主任高满茹同志去校部(小营)谈话,好像是要谈有关学院班子的组建事宜。到 4 点半左右快下班的时候,突然校组织部又来电话,要我马上去校部,领导要找我谈话。

我赶到校部时已经 5 点多了。组织部长周明珠同志领我走进一间办公室,孙权副书记起身与我握手,就座后,孙书记开门见山,直入正题。大意是：刚才找过高满茹同志谈话，希望他担任自动化学院书记，但是他因为有具体困难，婉言拒绝。因此，党委决定由我来担任党委书记一职，找我来就是为了征求我个人的意见。

我一听首先感到事情来得太突然，没有一点思想准备，头有点大。稍微冷静片刻，讲出了几条不能胜任的理由与具体的困难。其中一条是1999年秋天，时任系主任兼党总支书记高满茹同志的夫人患病家中，需要照顾，多次找我出山帮忙，协助他处理电气工程系的日常工作，难以推却，我从一名一线教师走上系副主任的领导岗位，2000年秋经总支选举、党委审批担任系总支书记。虽然已经56岁了，但从我走上系副主任的领导岗位到担任系总支书记加起来还不足3年，实在是缺乏管理和党务工作经验，真是"老革命遇到了新问题"，党委书记的担子对于我来讲太重了，难以承担，恐怕辜负党和群众的重托。但听了孙权书记的一番话后，让我再也说不出推让的理由了。

孙书记对我讲："撤三建四"是学校提升办学效率的一项战略布局，作为一名老党员、领导干部，个人困难再大、理由再多也应该服从这个大局。当前正当两个系合并、组建新的学院，人心动荡不稳，因此，团结稳定工作就成为自动化学院组建阶段的重中之重，又是自动化学院起步发展的关键因素。群众有方方面面的各种诉求，只要他们的利益是正当的，都是领导应该考虑的。两个系都应有代表进入领导班子中来，以反映他们的诉求。现在原自动化系的系主任高扬已定为院长、书记冯凡已定为党委副书记，如果机械工程学院电气工程系没有代表站出来，恐怕会在群众中造成电气工程系是被吃掉而不是合并的不良印象。那样，就会造成自动化学院自组建之日就会埋下隐患，直接影响日后的工作，后果不堪设想。考虑由你来任党委书记一职，重要原因之一就是做好这方面的代表，起到团结稳定大局的作用，更是党委赋予你作为党委书记的重要使命。

作为一名拥有30多年党龄的老党员，在困难面前只有一条路——迎接挑战；作为一名为党奋斗多年的老战士，在党的召唤面前只有一种选择——知难而上，坦然担当。从那个时候起我就将"团结稳定"4个字铭记在心上，作为使命担在肩上，伴随着我走过了整整5个年头，直到 2007 年退休。

在 2002 年 4 月 10 日北京联合大学自动化学院成立大会上，我们打出了团结的大旗。我在致辞中深情号召全院同志，无论是来自"盆儿"（盆儿胡同轻工建材学院）、来自"口儿"（沙子口自动化工程学院）、来自"门儿"（黄化门电子自动化工程学院），还是来自"屯儿"（三里屯机械工程学院），我们都是来自五湖四海，为了一个共同的革命目标——自动化事业的发展而走到一起来了，所有革命的同志都要互相关心、互相爱护、互相帮助。让我们团结务实，竭力前行，为建设好自动化学院而团结奋斗。出席大会的时任北京联合大学校长张妙弟、时任副校长张铃与我们全体员工齐声高唱《团结就是力量》，将成立大会推向高潮，营造了团结和谐的氛围。

万事开头难，平地起高楼。我们努力将团结实实在在地落实在每一项工作中。首先完全打破原有两个系的界限，不保留山头，从学院发展、专业建设需要出发，根据个人专业特长、未来发展及本人意愿划分教研部和聘任关键岗，使团结稳定这一方针在工作中得到切切实实的落实。2002 年 7 月 19 日，原机械工程学院电气工程系全体教工从三里屯校区搬迁到小营联大校本部办公区，与原信息学院自动化系全体教工汇合。我们召开了第一次全院教职工大会，会上宣布成立党院办、教科办、学生办和成教办 4 个办公室，电气信息、电子技术、信息自动化、控制工程和网络多媒体 5 个教研部和 1 个实验中心，聘任了 26 个教学关键岗人员。这种组织安排，为我们很快度过磨合期，消除通常的"合并后遗症"打下良好的基础。

在新建的 4 个学院中 3 个学院都有原来学院的基础，领导班子主要成员都有学院工作经历和经验，唯独自动化学院作为全新的学院是两个系合并而成，领导班子缺乏这方面的经历和经验，千头万绪，千难万难，但是我们相信"团结就是力量，这力量是铁，这力量是钢"，只要抓住团结稳定的主线，就能克服一切困难。

先从领导班子做起，做到不利于团结的话不说，不利于团结的事不做，遇事多沟通，凡事多理解，大事集体决定，难事研究克服，心往一处想，劲往一处使。作为书记，是一班之长，更要率先垂范。抛开自我，心底无私天地宽，不只做好电气工程系的代表，更要成为自动化全院群众利益的代表。经过半年的运行，靠着大家的团结一致，踏实工作，各项工作很快步入正轨，管理工作、教学和学生工作都有了起色。在此基础上，2002 年 12 月 21 日召开了中共北京联合大学自动化学院党员大会。大会通过了党委工作报告并以无记名投票和差额选举方式，选举冯凡、严健美、高扬、盛宏、廖文国为中共北京联合大学自动化学院新一届委员会委员。召开第一次委员会全体会议，选举了廖文国同志为党委书记、冯凡同志为副书记。第一次党代会是一次团结、胜利的大会。新一届党委会的成立为自动化学院的进一步发展制定了目标和方向，统一思想、与时俱进，为加快自动化学院建设奠定了政治基础。

按照学校整合资源、专业调整的整体布局，2003 年 2 月 24 日管理学院的音响工程教研部并入自动化学院，自动化学院教研部由 5 个增至 6 个。自动化学院分别召开欢迎音响专业教师和学生大会，对他们加入自动化大家庭给予热烈欢迎，之后在各方面给予更多的关心和帮助，使他们感到专业归队的路走对了，找到了回家的感觉。

基于改变自动化学院专业较单一和老旧的现状，2004 年 3 月 8 日，学院经过调研和评估，学院班子高度一致同意凝聚力量，集中突破，决定新成立一个"建筑智能化教研部"，争取在专业建设上有所建树。不负众望，之后建筑智能化教研部被评为"北京联合大学教育创新优秀集体""北京市优秀教学团队"，申报新专业成功并滋养和培育出 1 名教学名师。

在两年的时间里，自动化学院教研部总数达 7 个，还有 1 个实验中心、4 个办公室。学院框架基本确立，教学队伍扎实稳定，管理队伍日益成熟，学生工作蓄势待发，昭示着自动化学院只要高举团结稳定的旗帜，保持务实高效的作风，学院发展定将不断出现新局面，在某些方面定然大有作为。

的确，无论是在 2003 年预防和控制非典型性肺炎的非常时期，我们向学校提出改变教学方式，学生离校，采取网上教学，教师、职工正常上班，坚守岗位的建议，还是 2004 年我院"三多一严"，即"多激励、多活动、多发展、严管理"的学生工作经验在北京联合大学学生工作会议上推广；无论是 2005—2007 年我们全院师生经过日日夜夜的奋斗，最终通过本科教学评估，还是我们科研工作从 2003 年零成果到后来走到联大的前列；无论与北京工业大学软件学院合作，举办软件工程研究生班，使一大批骨干教师取得软件工程硕士学位，解决了他们因为无硕士学位而面临离开教师岗位的后顾之忧，还是我院人才引进和本土培养并举，促成师资队伍中高学历、高学位、高职称人员不断增加，还是年轻干部不断地成长壮大和输出，等等，学院所取得的每一个成绩，无一不是团结稳定绽放的绚丽之花，无一不是团结稳定结出的丰硕之果。

每每看到自动化学院所取得的成绩，心中充满欣慰。愿团结稳定的根基深深扎在自动化学院这一片沃土之中，让她护佑自动化学院事业蓬勃发展，蒸蒸日上。

虽已因退休离开自动化的工作岗位近 10 年之久，但我一直铭记组织托付给我的使命，心系自动化团结稳定的发展大业。尽管年逾古稀，我还愿意为自动化团结稳定的发展大业发挥余热，继续贡献微薄之力。

大学精神点滴

孙建京

我在北京联合大学工作了 30 年，其中在自动化学院及前身自动化工程学院先后工作 15 年。在这里，我所看到的大学精神，给我留下深刻印象。虽然这里只是一所普通学院，虽然这可能只是大学海洋中的一滴水，但同样可以映射出大学精神的光。

大学的风骨——李月光书记

李月光老师 1987 年来到北京联合大学自动化工程学院，担任院党委书记；1994 年，任北京联合大学校长。他平易近人，每天坚持和大家乘班车到学校；老师们也喜欢在车上同他交谈，李书记从中了解了许多一线情况。李月光书记毕业于清华大学，他身上有着清华人"行胜于言"的作风。自动化工程学院的前身是清华分校，他希望清华的校风能在学院得到传承。

李月光书记在群众中拥有良好的口碑，他担任领导职务多年，从来不为自己争利益，总是把荣誉利益让给教师。他担任学院党委书记时，学院动员他申报高级职称，他总是摇头说："职称名额有限，还是让给更需要的老师吧。"就这样，他担任学院党委书记期间，一直保留着讲师职称。

李月光书记对机关干部要求很严。一次，一位女教师因为住房问题在学校房管部门受了委屈，李书记把房管部门负责人请来，让他当面向这位女教师道歉，并最终使这位女教师的问题得到解决。

李月光书记一直对科学技术有浓厚的兴趣，年近退休时，他开始学习计算机，在班车上经常向老师咨询操作方面的问题。一次，他的计算机出了故障，我请一位熟悉计算机的学生很快帮李书记排除了故障。学生回来时，带回李书记写的字条和一大袋食品。字条上写着："学生同志帮我修好计算机，特表示感谢。"学生当时只有十几岁，他因第一次被称为"同志"而显得十分兴奋，觉得自己得到了别人的尊重，而且是校长的尊重。

多年后，我受命担任自动化学院党委书记兼院长，心中一直以李月光书记为榜样，学习他不谋私利，严于律己，全心全意为师生服务。

一位校车司机曾经这样评价李月光书记，他说："李书记是真共产党。"这句朴素的话语，代表了许多师生员工的心声。在李月光书记身上长存这一种大学的风骨，如果每位大学的领导都能像他一样，中国的大学一定会越办越好。

时任自动化工程学院党委书记李月光（左一）为广西边防战士题词

滴水映阳光——舒明玉教授

舒明玉教授毕业于清华大学，毕业后留校任教。1953年，院校调整，她随所在专业来到北京航空学院。舒老师的家中摆放着她大学毕业时与同学的合影。那时的她，站在清华门前，明亮的眼中透出智慧的光芒。

舒明玉教授是北京联合大学自动化工程学院引进的第一位教授，

担任学院学术委员会主任。她德高望重，和蔼慈祥，真心关爱身边的每一位师生，把教书育人当作自己的终身事业。舒明玉教授是我国计算机图形学的创始人之一，她主编的《微机绘图教程》出版后，在全国影响很大。在她的带领下，一个新的学科领域悄然诞生，一批年轻教师乘势而起。

1993 年，我担任自动化系党总支书记，而舒明玉教授将在这年退休。为了推动教书育人的良好风气，我准备组织"舒明玉教授从教43周年教学研讨会"。这一设想得到了学校领导的支持，但说服舒老师本人却颇费口舌。舒老师谦虚地表示，她个人只是大海中平淡的一滴水，微不足道。但大家说，"一滴水也可以映出太阳的光辉"。

舒明玉教授（右四）与青年教师合影

大会隆重而热烈。舒明玉教授饱含深情地介绍了她从教43年的体会，话语中充满对教育事业的热爱，对师生的真挚感情。讲到动情处，她不禁有些哽咽，令在场的每个人都为之动容。确实，43 年，对一个人来说，是一段多么漫长的岁月，舒老师把青春年华全部献给教育事业。她的身上，展现出大学教师的风采。舒老师的人格也像她的名字一样，如晶莹的美玉，冰清玉洁。

大会在接近尾声时掀起了高潮，年轻女教师和学生向舒老师献上鲜花，表达对她的感激之情；车间的工人师傅为舒老师精心制作了一个漂亮的中央电视塔似的金属模型。手捧鲜花和模型，舒老师的眼泪夺眶而出，她含泪的笑容定格在许多人的记忆中。

许多年过去了，许多老师仍然记得这次盛会。舒明玉教授使人懂得，什么叫"仰望星空"，什么是"脚踏实地"。

2000 年，我被聘为教授时，舒明玉教授已经离开了我们。但我的眼前，总是浮现出舒老师的身影。我要像她一样，在大学的讲坛上，展现出教师的品格和风采。

传承发展　共建应用型精品学院

丛　森

"民亦劳止，汔可小康。"小康，贯穿过去、现在和将来的执着梦想，将在触手可及的 2020 年全面建成。教育是实现中华民族伟大复兴、实现小康社会的基石，人民满意是"中国梦"在教育领域的体现，是义不容辞的使命。在承接历史、开创未来，迎接第一个百年奋斗目标的冲刺阶段，在人们的美好期盼中，高校作为教育机构应该扮演怎样的角色，承担起怎样的责任？如何通过"人才培养、科学研究、服务社会、文化传承"这四大功能去实现建设应用精品学院的目标是面临的重要课题。

一、精品的内涵和意义

精品，是长挂嘴边耳熟能详的词语，但究竟何为精品、怎样铸造精品却有着不同的理解和态度。从字面上理解，"精品"就是精心创作的物质或精神作品，是上乘的、精美的，是物质中最纯粹的部分，提炼出来的物件，多用于等级和物质的性质。

各种精品在商品世界司空见惯，然而查遍各类网络，真正称为精品学院的资料少之又少。自动化学院之所以在"十二五"规划中期大胆提出建设应用型精品学院的目标，就是要在战略层面为未来抢占制高点，不能输在"十三五"的起跑线上，未雨绸缪，赢得先机。

我们认为精品学院的内涵，即有共同的使命目标，有先进和谐的文化氛围，内部系统各要素品质优秀，规模集约，人机料法环配置适度，流程通畅，执行力强，师生在不同领域力争上乘佳绩。

许多组织都努力树立精品意识，有了精品意识就逐步建立相应配套的精品战略，既深化理论研究，又扎实推进实践探索。

二、建设应用型精品学院意义

（一）追求高尚品质是国际国内高等教育的梦想

追溯国际范围的大学发展历程，1810 年诞生的德国柏林洪堡大学是第一所新制的大学，历史悠久而辉煌，对于欧洲及全世界高等教育乃至其他领域影响颇广。依据创校者洪堡"研究教学合一"的精神，期冀洪堡大学能成为"现代大学之母"。历经沧桑，柏林洪堡大学2012 年 6 月入选为德国 11 所"精英大学"之一。

对于近现代国内的高等教育而言，无论哪所大学，都在追求更高更特更强。建于 1895 年的国内第一所现代大学北洋大学，建于 1898 年的第一所国立大学北京大学，战火纷飞年代转战大西南仍然不忘哺育学生的西南联大，立志建设精品大学的四医大，其间，教师们都在追求精益求精，立德树人；学生们都希望有一技或多技之长，报效祖国；在内容上，早期或许是师生共求高尚的人格、良好的社会口碑；现代则较多的是精品战略、精品课程、精品教材、精品赛事、精品项目等，殊途同归，都在追求可持续发展。

（二）建设精品学院是传承几代自动化人的梦想

37 年前，为解决北京众多青年接受高等教育问题，北京建立了多个大学分校，这些分校成为改革开放初期京城万众瞩目的新生事物，为首都未来社会发展进步奠定了坚实的基础。历经多年历练、多次搬迁，在 30 年前，北京联合大学正式成立。无论到哪里，无论条件多么艰苦，甚至让每位学生有一张床位都成了梦想，辛勤的园丁们坚持不负使命，在简陋的条件下用心血培养了十几万名毕业生，成为首都现代化建设的主力军，其中自动化专业功不可没。

13 年前，将清华一分校和二分校、北航分校、机电学院等单位中与自动化相关的专业整合正式成立自动化学院。在二次、三次创业历程中，几代自动化人不断传承发展，在院第二次党员大会提出建设"应用型示范学院"的基础上，第三次党员大会上提出建设"应用型精品学院"的奋斗目标,一脉相承,永续发展。党政工团不懈努力,主动转型调整,目前一半的专业是为适应首都社会经济发展新办的专业,物流工程和轨道交通工程专业与传统的自动化、电气工程等专业相互融通,协同创新,服务于新的首都功能,具有可持续发展潜力。学院发展到今天,前几任老领导归纳得出:学院的进步是靠精诚团结、不断学习、作风踏实而实现的,大胆改革调整,希望学院按照所设定的目标,不断前行。

(三)创建精品是当下及未来发展的重任

世界一体化趋势使得教育发生了翻天覆地的变化,现代化的教育理念和手段使得世界扁平化,各类资讯即时呈现在世界多个角落。发达国家和后发国家在新兴领域都站在同一起跑线上。谁抓住机遇,谁就将掌握主动权。

新生事物转瞬即逝,"没工夫叹息","抓而不紧,等于没抓",如果慢半拍作为,可能马上就会被时代淘汰。毋庸置疑,任何产品走到波峰后,一旦不去创新,必将走下坡路。只有不断创新,打造精品,在特色和质量方面进行延展,才能立于不败之地。

在伯克利学习期间时常反思对比,在那里接受的、让我们不断感叹的教育理念和方法与国内经历的教育历程和方法究竟差在哪里、哪些要扬弃、哪些要继承。经过对比和回来后的实践和再学习,加之前段时间英国广播公司播放的中英教育比较的纪录片,在反思和实践中得出结论:不要盲目自大,仅强调自身优势;也不能妄自菲薄,彻底抛弃传统方法;将我国看似严谨的传统教育方式与国外显现为活跃互动的方式有机结合,将先进的理念与扎实的实践结合,才能够有坚实的力量面对世界和未来。

三、精品学院实现路径

(一)人才培养是精品学院的基础工程

1. 专业和课程是高校教育中的基本要素。要实现高校人才培养目标,只有具备最基本的要素即精品教师,才能形成精品课程、精品专业，才能培养出精品学生，才能逐步迈向精品学院。教学组织方式要完成从教到学、学以致用、协同建构的转变。翻转课堂＋智慧教室，帮助教师和学校实现新教学组织方式，教学重心从知识的复制传播转向问题的提出与解决。

在推出的高水平人才交叉培养计划、高等学校高精尖创新中心建设计划、高等学校高质量就业创业计划等方面都要求把基础工程打牢。

2. 教师是精品学院的主力军。园丁是"三育人"的主体，精品学院的教师应是德艺双馨的，具有高尚的人格魅力和精湛的教育艺术。从北大李小凡老师一句"不面对学生，心里过不去"的朴素言语中，可以看到广大教师的幸福梦与学生的成长梦紧密关联在广大教师默默践行的"桃李不言，下自成蹊"中。自动化学院钱琳琳老师毅然为学生捐献血小板，这种行为更加彰显了教师高尚的情操。

在全国系列科技大赛中，一些精品赛事已经成为学院的传统优势项目，为学生搭建了成长新平台。我国台湾地区 MOOC（慕课，大规模开放的在线课程）倡导人叶丙成教授谈道：教师不一定要自己讲所有课程；能充分激发学生兴趣使其欲罢不能的老师，绝对是好老师；学习是个场，老师可以设计，学生也可以设计，好课程是大家一起建构的；当学生专注持久沉浸于课程中的时候，教师可以转而重视设计，支持学生学习的自组织，互相 PK 与协同建构；"独学而无友"不如"同社群而学"，重视学习社群建设，也是好老师的工作。我们可以借鉴学习，为我所用。

3. 学生是精品学院未来的代言人。当今学生，是 ONLINE（在线）一代，有极强的数字生存能力，会用各种 IT 设备，善于网上冲浪，在体验中了解社会，在可视界面自由驰骋，用"互联网＋"不足以描述这一代的综合特征。如何让学生有安身立命的核心竞争力，教师们想方设法让学生成为精品学院未来的代言人，但在学习过硬的专业本领之前务必使学生树立正确的三观。有理想不昏睡百年，有责任心不只顾自我，有应用能力不好高骛远，有健康身心不做温室一代。让学生成为精品，像植物一样在修枝剪叶和合理培养中茁壮成长，而非浇铸在定型的模具之中，要有可持续发展的创新能力。

（二）科学研究是创建精品双轮驱动动力之一

科学研究使精品学院在纵深方向不断深入。屠呦呦获得诺贝尔发明奖的事例，给人以深刻启发。回想许多百年精品老店，都有执着的追求、精湛的技艺，以及核心竞争力极强，信念极其坚定，这就是精品学院在科学研究方面的基本要求。

在工业4.0、中国制造2025、"十三五"和京津冀协同发展大趋势下，我国拥有全部的联合国划分产业种类，我们在其间如何应对并找到自身发展定位？要抓住战略机遇期，以科学发展的方式来发展精品教育。智慧城市中的物联网、智能交通、现代物流都与学院息息相关。在科研原则方面，以人为本，统筹协调，全面持续发展。在普及中提高，在提高中普及。鼓励多元协同，促进规范，以应用性研究为主。在精品学院科研规划方面要脚踏实地，要讲求科学规划；面向京津冀主战场，围绕中心，培养队伍，推出成果，把握科研的规律和特点，建设精品课题，问题即课题，以问题为出发点，以解决问题为归宿，从做中学，学以致用。

不要追逐排名榜，但也不能舍弃其间一些量化硬性指标，多"接地气"，学以致用。实现创新驱动发展，加快转变发展方式，推动以质量为核心的内涵式发展，汇聚力量。没有量的积累就不可能有质的升华。

（三）社会服务是创建精品双轮驱动动力之一

服务是高校的产品。服务型政府、组织建设都是当下热点话题。如何建设优质服务的品牌，精准服务，是建设应用型精品学院的课题之一。

学院参与校智能车团队，与北控交通、北工大联合举办"第一届首都科技交通论坛"，为治理大城市交通拥堵出谋划策。学院参与了思想政治工作研究委员会微博群建设项目、奥促会物流实践项目、京东第一村高碑店文化品牌技术支持服务、北控布莱迪协同创新项目、社会舆情服务项目、国际化视域下学习型服务型创新型党组织建设项目、学生党建深入社区项目和红色1＋1项目等，在发挥自身优势下，服务社会，服务师生。一些项目获得优秀称号，在精品服务品牌建设方面不断探索。

在大众创业、万众创新的大势下，面对扑面而来的无限契机，务必牢记创业要领，有所作为，脚踏实地，敢于担当，直面矛盾，善于解决问题。作为具有工科特点的自动化学院，借鉴中关村车库咖啡创建者苏菂校友的经验，班子和学工口学习新的理念，并与对方深度对接，为未来的学生创业和书院建设奠定基础。在自动化学子成长成才过程中，为其打造平台，助其学有所成。

（四）文化传承创新是精品学院的历史使命

文化传承是高校历史传承的任务。要实现中华民族的伟大复兴，实现中国梦，高校对于优秀的自然科学和社会科学的传承有着义不容辞的责任。

大学有其在文化建设方面的独特优势。作为精品学院，我们为历史文化传承创新做出了贡献，例如我们联合几所学院协同合作十三陵世界文化遗产的复古修复技术及通州大运河修复技术，看似很小的项目，但实际意义远大。与北工大共同主办了北京科技交通论坛，发挥政产学研用各方优势，为缓解首都交通贡献力量。

要在立德树人过程中，建设自身的校园文化，让大师和大爱走进学生之中。以文化人，在德毅机器人实验班、考研总结和动员会建设等发展工作中，动员班子统一思想，全力以赴，分工合作，实事抓在手，重在培养人。

总之，实现精品学院的目标，就要传承并不断发展，从战略层面将高校"人才培养、科学研究、服务社会、文化传承"的功能升华到为"两个一百年"奋斗目标做出贡献的高度，在战术角度抓住各要素的功能发挥，分中有合，合中有分，为实现共同的梦想不懈努力。

浅析建设应用型精品学院的路径图

方建军

当前，中国高等教育改革风生水起，波澜不惊。大学教育正从规模发展转变为内涵式发展，从以学历学位为核心的人才培养模式转变为以能力为核心的教育教学模式，地方高校从学术型人才培养为主转变为以技术应用型人才培养为主。技术应用型人才培养的关键是建立融合业界需求的课程体系，专业建设有特色、有内涵，能够适应地方社会经济发展对人才的需求。教育部主导地方高校转型为技术应用型大学的政策已经落地，在一些地方已经有实质性的操作。可以说，社会对应用型人才的需求为技术应用型大学的发展提供了很好的政策支持和社会舆论利好氛围。中国公立大学管理模式的悄然变化已见端倪，从过去由政府指定性发展（如行政主导的重点大学、"211"和"985"）转变为竞争性发展（如"2011计划"就是一种竞争性发展模式）；高校招生模式也将发生根本性变化，从以招生批次和院校为主的招生模式转变为按照专业志愿平行招生，甚至取消批次招生。中国高校改革的序幕已经缓缓拉开，大学自身如何更好地适应新常态下外部政策环境的变化，做好自身战略定位和布局，加强自身能力建设，基于产学融合培养应用型人才，是迎接未来大学发展机遇和挑战的重要课题。

本文结合自动化学院提出的应用型精品学院发展战略，提出如何建设应用型精品学院的几点思考，供大家交流和分享。

一、学院发展战略的选择

任何组织和个人在做出决策之前，在深入调研和收集资料的基础上，需要利用行之有效的决策支持工具进行深入分析。"三圈理论"是美国哈佛大学肯尼迪政府学院的学者创立的关于领导者战略管理的一种分析工具，广泛运用于对公共政策的案例分析。"三圈理论"由价值圈、能力圈和支持圈三要素组成，如图1所示。三圈交叉组合，可以构成6个不同区域，得到6种不同的决策效果，其中VCS重叠交叉区域是最佳决策区域，有价值、有能力、有支持，这样的决策效果最佳。利用"三圈理论"作为分析工具，可以提高决策的科学化、民主化和规范化，在实际操作过程中能清晰地看到政策制定过程中的种种缺陷。例如，对价值圈的质疑，能够使制定的政策目标更趋合理；梳理能力圈，能够让决策者清晰地看到实施政策目标的主客观条件和可能性；对支持圈的分析，能够让我们以更加公平、公正的方式来整合不同群体的利益诉求。"三圈理论"分析工具适用于任何组织和个人的决策，适用于宏观发展战略的制定，也适用于微观具体任务的分析。

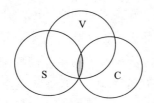

V-Value(价值) S-Support(支持) C-Capability(能力)

图1 三圈理论示意（阴影区域为决策最佳区域）

北京联合大学是北京市属高校，办学定位是应用型综合大学，培养社会急需的应用型人才，服务首都社会和经济发展。这种办学定位契合当前国家对地方高校办学的要求，北京联合大学在应用型大学的办学道路上超前进行了探索。面对当前北京市"四个中心"的战略定位和京津冀一体化的大背景，如何办好首都人民满意的高素质应用型大学，是需要认真研讨的严肃课题。自动化学院作为北京联合大学的一个工科学院，在北京强手如林的首都高校工科学院中如何寻求突破，找准定位，发展比较优势，一直是我们探索和思考的课题。作为基层人才培养单位，学院的中心工作是培养高素质应用型人才。围绕这个中心任务，核心任务是调整专业结构，加大专业转型力度，建设好一支双师型专兼职师资队伍，加强专业和学科建设。针对学院目前的和未来的发展目标，借鉴精品医院的做法，提出内涵式发展的精品学院发展战略。追求质量、追求特色、追求精品是学院内涵式发展的应有之义。以质量求生存，以特色求发展。

如何寻求特色和比较优势，学院领导班子经过广泛调研、充分论证，提出面向智慧城市领域，发展智能交通和服务机器人的发展战略。利用"三圈理论"，对价值、能力和支持进行分析，认为我们制定的发展战略是可行的，关键问题是如何落地。首先，从价值层面来讲，智慧城市是城市发展的高级形态，是现代化城市的必然发展趋势。国内智慧城市的研究、示范正如火如荼地进行着，智能交通、智慧物流是智慧城市的主要领域，发展智能交通（含物流）是有前途和价值的。随着城市人口老龄化和工业 2025 计划的推进，机器人将成为高端智能制造和服务领域的新宠，是有待挖掘的下一个产业金矿，有良好的发展前景和社会经济价值。智能交通和机器人产业的蓬勃发展，未来需要大量的产业技术和管理人才，为高校人才培养指明了方向。从能力层面上讲，智能交通和机器人人才的培养需要融合机械、自动化、计算机、软件等多学科知识和技术。自动化学院是以控制科学与工程学科为主的学院，师资队伍中机械、自动化、计算机和软件人才充足，有一定的学术能力和科研积累，能为智能交通和机器人方面的人才培养提供智力支持。从内外部支持上讲，国家和北京市对发展智能交通，解决大城市病问题十分关切，对智能交通的支持很大。自从习总书记在两院院士大会上的讲话开始，中国国内掀起了一股机器人热。全国各地机器人产业园像雨后春笋般地建立起来。中国工业 2025 计划的出台，为机器人的发展提供了良好的政策和资金支持。从校内支持来看，李德毅院士领衔的"院士智能车队"取得了很好的业绩，学校大力支持发展智能交通和机器人。从学校成立"德毅"机器人实验班和酝酿成立"机器人学院"的角度来看，学校是支持发展机器人和培养机器人人才的。从价值、能力和支持三个维度来分析，学院的发展战略和思路是对的，是有前途的。如果坚持这一战略，以实施精品工程为抓手，以抓铁有痕的干劲去实施这个战略，自动化学院的特色、比较优势就不成问题了。

二、实施精品工程，落实发展战略

学院的发展战略和发展目标确定后，就需要具体谋划实施路径。通过实施一系列精品工程，逐步落实应用型精品学院的发展战略目标。

（一）建设精品学院文化，铸造共同价值观

什么是文化？文化是一个很难清晰界定的概念。从广义上讲，文化是指人类在社会历史发展过程中所创造的物质财富和精神财富的总和。从狭义上讲，文化是指社会的意识形态以及与之相适应的制度和组织机构。每个单位都有自己独特的文化，它是工作、生活在同一个单位的人们在长期实践中逐步形成的一种价值取向、组织结构和各种规章制度。

学院文化是学院凝聚力和创造力的重要源泉，也是影响学院核心竞争力的主要因素。建设充满正能量的学院文化，塑造共同的价值观、发展愿景、发展氛围，以学院文化来统领事业发展，形成核心竞争力，是建设精品学院的头等大事。文化不是口号，不是标语，而是看得见、摸得着的可以外化为制度的物质形态。一个明确的学院文化，要让师生员工能看到清晰的任务、发展愿景、发展途径，自觉将个人职业发展同单位发展结合起来，个人利益与单位利益互相协调发展。

学院的主要任务是培养高素质应用型技术和管理人才，让进入自动化学院各专业学习的大学生能够学到真知识、学到真本领；热爱学院、热爱专业；毕业后能够找到适合自己的满意的工作。围绕人才培养的中心任务，学院努力提高教育教学质量和管理服务水准。重点建设好两支队伍，一是责任心强、专业素质和学术水平高的专业师资队伍；二是以人为本的管理服务队伍。学院从制度、舆论导向和价值取向上，保障教职工的切身利益，建立奖惩制度，营造积极向上、百舸争流的发展氛围，使教职员工认同学院的价值观，使他们感受到只要将个人职业发展同学院事业发展结合起来，勤奋工作，追求卓越，就有稳定的职业发展预期和薪酬回报。

用人性化的制度管人和激励人，减少行政干预和人为因素的干扰，

营造"公开、公平、公正"的发展环境，让教职员工各得其所，把时间和精力放在谋事而不是谋人上，用心谋事，安心做事。一个充满正能量的学院文化，能够激发教职员工的创造力和活力，使学院得到快速发展。

（二）实施精品管理工程，推进精细化管理

管理是指在特定的环境条件下，以人为中心，通过计划、组织、指挥、协调、控制及创新等手段，对组织所拥有的人力、物力、财力、信息等资源进行有效的决策、计划、组织、领导和控制，以期高效地达到既定组织目标的过程。科学管理之父弗雷德里克·泰罗（Frederick Winslow Taylor）认为：管理就是确切地知道你要别人干什么，并使他用最好的方法去干。在泰罗看来，管理就是指挥他人能用最好的办法去工作。

学院作为人才培养的基层教学和科研单位，其主要职责是人才培养、科学研究、社会服务和文化传承。围绕人才培养这个中心，以人为本，主要做好两项管理工作：一是事务性管理工作，保证学院日常教学、科研和学生管理有序进行，做到管理有方，服务到位；二是学科专业建设和科研组织管理，是一种战略性、创造性管理，是关系到应用型精品学院发展战略能否实现的关键因素。精品管理是在科学管理的基础上，基于共同的价值取向和目标，优化资源和结构，提高投入产出比，向管理要效益。

实施精品管理工程，首要是建设精干、高效、能打硬仗和胜仗的管理干部队伍和学科专业队伍。部门负责人、专业负责人和团队带头人是学院的"关键的少数"。只有关键的少数能够深入、准确地理解泰罗的"管理"含义，才能够指挥他人用最好的办法去完成工作。对于事务性管理，部门负责人要熟悉本部门的业务，通过梳理业务流程，制订办事流程、规则和方法，才能有效指导其他人按照既定的规则办事，做到管理标准化和精细化，才能提高投入产出比。对于专业负责人、团队带头人和学科带头人来说，做任何决策时都要对照"三圈理论"进行价值、能力和支持的分析，寻找 VCS 最佳决策区，然后加强执行力。带好团队的前提是要深入分析团队人员的能力和价值取向，合理分工，做到人尽其才、才尽其用。

有效管理应是定性管理和定量管理的有机结合。管理效果的评价既有主观评价，又有定量评价。例如，对于单位和个人，能够量化的考核指标尽量量化，用数字说话，减少主观干扰，能说服人。通过绩效考核，可以确定有限资源的投放方向，可以激励员工的积极性，营造百舸争流的竞争氛围。绩点考核制度是一个不错的管理手段，希望在精品管理工程中能被采用。实施精品管理工程，首先要建立一系列的制度，规范管理流程和管理细节，做到用制度管理人、激励人。其次，要加强管理培训，提高管理能力和管理技巧。

(三) 精品师资工程，提高执教能力

单位和事业的发展，核心要素是拥有一支高素质的人才队伍。无论专业建设还是学科建设，都离不开高素质的师资队伍。按照人才成长规律和师资队伍梯队建设的需要，学院的师资队伍应该是高端人才引领，以中青年骨干人才为核心，形成若干个团队。在共同价值取向和目标追求下，互相成长，共同进步。目前学院的师资队伍还不能适应高素质应用型人才培养的需要，主要问题在于高端人才缺乏，教师的整体学历结构偏低，很多教师都是从校门到校门，工程能力较弱。金刚石和石墨都是由碳原子组成，但彼此的化学结构不同，导致彼此的物理和化学性能大相径庭。由于没有高端人才的引领，没有很好的团队建设，无法通过做纵向和横向科研项目，增强工程能力。因此，要在企业兼职教师的带领下，参加企业实践，了解行业发展动向和实际情况。

实施师资精品工程，实现途径是积极引进高端人才和青年博士，盘活现有教师资源，在高端人才引领下立足培养、鼓励和带动中青年教师国内深造、出国出境访学或深造，参加企业挂职锻炼。从制定的制度和政策上激发教师不断提高自己业务水平的内在动力，打造有活力、有能力的师资队伍。通过团队建设，将教师凝聚在一起，共同发展，共同提高。师资队伍水平提高了，专业建设和学科建设的难题就能迎刃而解。

（四）精品学科工程，以学科建设为龙头，推进学科专业一体化建设

专业培养的是学生，学科建设培养的是老师。无论是研究型高校，还是应用型高校，学科建设是高校重中之重的任务。只有通过学科建设，才能汇聚队伍、聚合资源、搭建平台，提高教师的学术素养和科研能力。

自动化学院在学科建设方面还有很长的路要走。围绕智能交通领域，目前学院仅有智能交通工程二级交叉学科和教育学（职业技术教育）—交通运输方向两个学科（方向）可以招收研究生，每年招收2~3名学生。一般来说，研究生是学科建设和科研活动的生力军。当前，在硕士研究生数量很小的情况下，只有通过学科建设和科研团队来组织教师，共同进行学科建设。

实施精品学科工程，首先，要引进高端人才和专业对口的青年博士，汇聚队伍；其次，要进一步精简学科方向，缩短战线，集中优势力量，在有可能形成特色的方向进行联合攻关，经过若干年的建设，形成比较优势；最后，要争取一切可以争取的资源，建设学科研究平台。要汇聚人才，需要有较高的平台才能吸引到优秀人才。"十三五"期间，学院要不遗余力地引进高端人才，不求为我所有，但求为我所用。例如，围绕智能交通或者北斗导航，柔性引进院士，同行业企业、央属高校合作，建设联合实验室和专兼职学科建设队伍，积极谋划北京市重点实验室或工程中心。

（五）实施精品专业工程，提高人才培养质量

专业负责人是专业建设的灵魂人物。专业负责人的学术视野、专业素质和洞察专业领域发展趋势的能力，决定专业建设的高度和厚度。专业负责人首先应该是高学历、正高职称的教师，在领域内有一定的影响力，具有较强的组织和管理能力。实施精品专业工程，首先要优化专业负责人队伍，引进高层次人才担当专业负责人；其次，要着力建设双师型专兼职专业教师队伍，提高教师的执教能力。在专业定位和特色精简上，以人才市场为导向，以服务地方为目标，与时俱进，

做好人才培养方案的设计和课程建设，通过错位发展，发展比较优势，逐步精简专业特色。

专业是课程的组合。一个专业的核心知识模块，可以由若干课程组成。课程建设是专业建设的核心因素，课程建设反映了专业建设思想和师资水平。精品课程、精品教材、视频公开课等都是精品专业的衡量指标。应用型人才培养模式同学术型人才培养模式有较大的差异。应用型人才培养中的课程建设，一定要打破基于学科知识体系完备性的模式来组织知识点或课程内容。课程内容要通过设计具体的项目或案例来串联起相关知识点，让学生在做中学，学中做。以素质、知识和能力三要素来梳理专业课程，推进模块化课程改革。同时，研究学生的学习特点，改革教学方法，多采用启发式、研讨式的教学方法，激发学生的学习兴趣，提高教学输出效果。

三、风险分析与管控

实施精品工程的过程中，还是存在一定的风险。首先，如果教职员工，特别是学院的关键少数对于建设应用型精品学院的认识不到位，意见不一致，可能无法形成合力。推进精品工程会存在很大的阻力。其次，学院班子的领导力和执行力不够强，没有做好顶层设计和方案设计，实施精品工程的实际效果会大打折扣。最后，实施精品工程，可能会带来利益调整，会有一定的阻力。当然，还会有其他不可预知的风险。

对于风险的管控，首先要大力推进充满正能量的学院文化；其次，要有危机意识，大刀阔斧地推进改革，建立量化考核制度，将政策、资源汇聚到坚决推进精品工程的团队，支持他们先行先试，大胆改革，锐意进取。

四、总结

本文对建设应用型精品学院的路径图进行了浅显的分析和阐述，笔者对精品工程的具体实施路径和方案，还有认识不深刻、不到位的地方。但笔者坚信，以实施精品工程来推进应用型精品学院战略的落地，是目前可以想得到的有效途径。

嗨！你好，七匹狼！

廖文国

"男人不只一面，七匹狼男装是中国男装行业开创性品牌，始终致力于为消费者提供满足现代多元化生活需求的高品质服装产品。"

"七匹狼以'品格男装'突显国际化品质和中西兼容的文化格调，以时尚传承经典，让品牌激励人生。"

每个人看完这两段话之后，都会愕然：错了！廖老师，您的院庆征文怎么做起广告来了？

没错！以上的确是七匹狼男装的广告词。但是，我这里要讲的不是七匹狼男装，而是自动化学院的"七匹狼"著名品牌。曾几何时，"七匹狼"在北京联合大学学生工作队伍中红极一时，人人皆知，无人不晓。只要一提起"七匹狼"，都会啧啧称赞，情不自禁地竖起大拇指。在听到他人赞许的时候，在向他人提起的时候，一种自豪感就会从心底油然而生。自动化的"七匹狼"为学院增光添彩，成为自动化学院的骄傲。

说起"七匹狼"，还要从自动化学院建院讲起。

2002年建院之初，由于自动化学院是由原信息学院自动化系和原机械工程学院电气工程系两个系合并成立的，原来的管理体制是学生处设置在学院，系里无学生工作机构，因此合并时没有学生工作人员带过来，当时学生工作队伍只有负责学生工作的党委副书记冯凡、学生工作办公室主任阎健美和团委书记高蕾三人，除此之外，别无他人。就连学生工作办公室主任阎健美当时还是廊坊分校原信息学院学生工作负责人，学院领导请示校领导批准，经过与信息学院领导协商同意，才从廊坊分校调到自动化学院来的。

做好学生工作对学院办学的重要性是不言而喻的。但是没有人怎么办？

经过院领导集体研究达成共识，没人是坏事，又是好事。一张白纸，没有任何负担，好写最新最美的文字，好画最新最美的图画。从应届高校毕业生中选拔优秀学生和共青团工作干部，组成一支全新的学生工作队伍，打造自动化学院自身特色的学生工作。于是，当年从林业大学、服装学院和东北师范大学引进了马振龙、武传福、杨飞、张赫和王鹤5名应届本科生。为了适应新形势对学生工作的要求，第二年又招聘清华大学思政专业毕业的岳志勇和体育大学心理学专业毕业的晏宁2名研究生，充实了学生工作队伍。与其他学院学生工作队伍形成鲜明对比，齐刷刷7个小伙子，这就是"七匹狼"的雏形。

在动物界中，狼过着群居生活，一般七匹为一群，每一匹都要为群体的繁荣与发展承担一份责任。狼是最有秩序和纪律的动物之一，表现出极强的团队精神。它们具有敏锐的观察力、专一的目标、默契的配合与好奇心，注意细节以及锲而不舍的耐心使狼总能获得成功。不管做任何事情，它们总能依靠团体的力量去完成。为了生存，狼一直保持与自然环境和谐共生的关系，不参与无谓的纷争与冲突。狼对于对自己有过恩惠的动物很有感情，可以以命来报答。狼是动物中做得比较成功的一种，千万年来不曾灭绝，也不被驯服。狼在优胜劣汰法则下的生活极富哲学味道，我们暂且称其为"狼的哲学"。

7个小伙子与七匹狼只不过是个巧合，而用"七匹狼"来形容他们工作中体现出来的特点和智慧还真是再恰当不过了。

当时他们住在由学校租的育慧里教工宿舍里，吃住在学校。新建的学院，学生工作千头万绪；刚刚参加工作，面对层出不穷的新问题，他们工作起来有一股罕见的狼劲和拼劲；学院对他们要求高，任务重，每天加班加点，像家常便饭。正是如此，成就了自动化学院学生工作"三多一严"经验中的"多活动"。然而，他们凭借敏锐的观察力、专一的目标、默契的配合、好奇心、注意细节以及锲而不舍的耐心，总能依靠团体的力量，出色地完成学院交给的各项任务。无论是在防治"非典"，还是本科评估，以及抓学风和学生党建工作中，随时可见他们的身影，到处留下了他们的足迹。

学院领导、老员工对他们从思想上严格要求，工作上悉心指导，生活上给予无微不至的关怀，为他们的成长成才创造条件。学院对学生工作一切合理的要求全部开绿灯，积极支持。每次假期学院都会同时举行学生工作研讨会或学生党建工作研讨会。他们之中的马振龙、杨飞都有派驻廊坊分校自动化学生工作组的工作经历，在远离学院领导、独立工作中增长才干。在待遇上，虽然他们都圆满承担和完成了六级岗的岗位职责，但其中有的不够六级岗的应聘硬条件，只能受聘七级岗，学院将学校按编制下发的六级岗岗位津贴如数发给他们，对工作突出的还另外给予奖励。当他们做出成绩、小有名气时，学院还不时敲打、提醒他们，令他们保持头脑清醒。有一次全院考核中，学生办在互评时每个人都打了100分。学院当即指出决定取消学生办先进集体申报，指出任何一点自满、松懈的苗头出现，就会导致止步不前，甚至前功尽弃。以此告诫他们"虚心使人进步、骄傲使人落后"，放下包袱，轻装前进。

他们一直保持与自动化学院大环境和谐共生的关系，从不参与无谓的利益纷争。他们有感恩的心，他们有着专一的目标，就是学生工作创一流，以此来回报学院。他们好学上进，5个本科生全部刻苦努力深造，获得硕士学位。由于出色表现，受聘到学校机关或兄弟学院工作，为北京联合大学发展发挥重要作用。

马振龙先后担任应用技术学院党委副书记、师范学院学生处处长；

杨飞先后担任校学生处副处长、校党委组织部副部长；

王鹤先后担任广告学院党总支副书记、校党委宣传部副部长；

张赫先前担任广告学院学生办主任，现在党校办工作；

晏宁担任校心理健康教育中心主任，被聘为副教授；

武传福和岳志勇分别应聘调到了国家机关和央企工作。

如今，"七匹狼"虽然离开了自动化学院，但是我们引以骄傲和自豪的"七匹狼"品牌还在，"七匹狼"的精神和传统留在了自动化学院。"七匹狼"是自动化学院形象的一个缩影，是自动化学院团结奋斗成果的一个代表，是自动化学院集体打造的开创性品牌，"七匹狼"的事迹将成为佳话而继续流传。让品牌激励人生！

在院庆 13 周年之际，向曾经在自动化工作、打造了七匹狼品牌的同志们表示最真诚的感谢。向"七匹狼"致以最诚挚的问候：嗨！你好，七匹狼！自动化学院是你们插翅腾飞的起点，永远是你们的家。希望你们在做好本职工作之余，多关注自动化学院的事业发展，抽点时间，常回家看看。

历经30年岁月变迁，我与院校同行

董南萍

今年——2015年，对我而言是具有极其丰富内涵和特殊意义的一年。早在30多年前的1985年7月，我作为北京联合大学轻工工程学院（原北航分院）的本科毕业生，以优异的成绩学成毕业，作为当时工业电气自动化专业唯一的优秀毕业生，我选择留在母校自动化系从教。从此，我便开始了与院校同行的历程。今年，我已在北京联合大学自动化学院从教30年，北京联合大学也迎来了她30周岁的华诞。

在北京联合大学建校30周年之际，回顾学校30年的发展变化历程，我感慨万千，借此校庆之际，我希望将自己作为一名教学一线普通教师的亲历感言与我的老师们、我的"同学＋校友"们及我的"学生＋校友"们分享。

一、学校教学园区环境的巨大变化

由于北京联合大学的前身是1978年北京市依靠清华、北大等大学创办的36所大学分校，这些分校是在改革开放初期首都经济社会发展急需大批人才，而当时国家财政十分困难，北京市委市政府挖掘地方物力、财力，从市财政挤出资金办起来的。因此，这些大学分校大多没有自己独立的园区，其师资和教学设施主要依赖其本校，其地点大多以租借为主，真可谓是白手起家。我当时就读的北京航空学院第一分院教学地点就是借用了一轻局的办公楼和办公区域。1985年北京联合大学刚建校时，其下属15个学院的教学地点仍是极其分散的，许多学院教学环境还很简陋。记得在我刚工作的时候，我所在的北京联合大学轻工工程学院就租用中学的校舍教学和办公两年多，直到和建材局签署了定向培养学生的协议，建材局为我院建了一栋新的教学楼，我们才有了自己的"安身之所"，而学生全部是走读生，没有学生宿舍。如今，我们的校园像花园一样美丽，学校各职能部门都有自己的办公场所，设有专门的校医院、图书馆、实验楼、办公楼、教学楼和综合楼等，学生们除拥有了自己的宿舍，课余还有自己的娱乐天地，如体育馆、篮球场、足球场、网球场等健身场所。学校拥有 14 个校区，分布在北京的 6 个城区，校本部位于交通便利的国家奥林匹克体育中心东侧北四环校区，占地约 900 余亩，校舍面积约 40 万平方米，全校形成了以北四环校区为中心，集中与分散相结合的办学布局，与 30 多年前相比，变化真是翻天覆地。

二、师资力量不断壮大

在北京联合大学刚成立时，我校的师资力量还是很薄弱的。当时整个社会上具有大学本科学历的人就极其稀少，我们新成立的高校教师队伍更是青黄不接，这主要是由于我国有 11 年没有高考，我院的教师除还有部分外聘原来重点大学的教师之外，大部分都是"文革"前毕业的老大学生，将他们从军工生产、研究所等各行各业调入高校补充师资；另一个途径，就是从我们刚毕业的本科学生中选择优秀生留校任教，与这些"老大学生"同事们一起承担起振兴中国高等教育的重任。

当年，虽然我身边的老同事大多数教龄比我长不了几年，但是年龄跟我相差 20 多岁，多数人与我的父母年龄相当，在工作上我非常敬重他们，他们有着丰富的实际工作经历，教学中这使他们能够很好地理论联系实际进行讲解，弥补教学经验的不足，这使我当时很是羡慕；同时，他们老一代大学生身上所携带的一丝不苟、严谨认真的工作精神才是最令人敬佩的地方。记忆很深刻的是当时我有幸和在北航从教多年的孙虎章老教授在一个教研部工作的一段时间，他可谓是有丰富教学经验的老教授了，讲授自动控制原理这门理论性强又不好理解的课程教学效果已经到了惟妙惟肖的程度，可是我仍然看到他每次课前都在不停地写写画画。有一次我很好奇地问他："孙老师，您在写什么呢?"他说:"我在考虑板书的布局。"我恍然大悟,原来孙老师每次课对板书都要精心设计啊!难怪学生说听他的课是一种享受。有他们这种严谨认真的工作精神,还有什么艰难困苦不可战胜呢!虽然当年的教学条件有限,但是由于所有的老师心中都有一个共同的理念,那就是怀着报效国家、感恩人民的信念努力做好本职工作,为振兴中华,为北京联合大学的明天更美好,以自己所学的全部知识,为中国的改革开放培养更多社会所需的人才做贡献。

经过这么多年的努力,北京联合大学已形成一支年龄、学历、职称等整体结构较为合理,素质高、能力强、业务精的师资队伍。拥有专任教师 1584 名。其中,具有高级职称的教师有 685 人,担任新一届教育部教学指导委员会以及行业指导委员会主任、副主任、委员等职务的有 17 人。有国家级优秀教师、市级教学名师称号的骨干教师,有国家级教学团队、北京市级教学团队等多支。

再看看今天的自动化学院,师资力量也非常雄厚,学院不仅拥有一支爱岗敬业、教学经验丰富、科研能力和学术水平较高、结构合理的师资队伍,而且现有教职工中具有硕士以上学历的教师比例达到 90% 以上,专任教师中具有博士学位的占 25%。近年来,自动化学院教师还获得"长城学者"、市级教学名师、国家留学基金委 – IBM 优秀教师、北京市优秀教师等荣誉称号,多人获得北京市市属高校中青年骨干教师称号,学院还在教学科研等方面培养了市级优秀教学团队等几支具有高水准的教学科研团队和团队负责人。

当年我是学院最年轻的教师,留校时刚满 21 岁,我兼做班主任的 82 级学生有约 1/3 的学生比我这个老师年纪大,被他们称为老师还真是适应了很长时间。现在我已是 51 岁的老教师了,伴随着学校的发展,我自己也在不断学习和成长,职称上从助教、讲师、副教授到教授,学位上从本科学士到软件工程硕士,30 多年来我个人的成长过程没有离开过院校一步,院校就是我的第二个家。

三、教学设施和实验条件逐步完备丰富

我校教学实验条件的改善之大也是我作为一名学生到教师体会最

深刻的地方。在我当学生的时候，除了电子电路实验是在自己校内开设，其他专业课程的实验我们都要去校外上，经常为实验课奔波于北京航空学院、清华大学等院校之间，非常辛苦，也浪费了很多时间在路上，最后的毕业设计过程和答辩也都是在北京航空学院完成的，主要的原因是缺乏设备、实验场所等实验条件。北京联合大学成立后，我们的教学设施和实验条件开始得到逐步改善。我参与了工业自动化仪表与过程控制课程的实验室建设，首先购置了一批模拟信号控制的DDZ－Ⅲ型仪表和一些传感器等，工业自动化仪表方面的实验我们自己就能够开设了，过程控制方面的实验我们再联系去北京工业大学完成，并去北京化工二厂实地参观学习。在有限的经费和场所等实验条件下，学院能够逐步开设大部分的实验。

现在的北京联合大学，教育教学资源已称得上优质。仅以自动化学院为例，其校级实践教学示范中心——自动化工程实践教学中心，引进了国内外企业常用的、先进的设备和最先进的自动化技术，开发了丰富的实验项目和模拟生产现场的环境，建立了一套完整的专业核心课程的实验教学体系，能提供控制工程领域、实际的现场环境和就业岗位非常相近的实践体系，完成专业基础与专业课程的实验教学任务，为本科毕业设计、课程设计、专业综合训练提供实验条件，为本学科研究生提供硕士论文课题研究条件，为教师的科学研究和科研课题提供实验平台。此外，中心还可以帮助企业完成各类相关项目，提供培训服务。除此以外，具有同样功能的实验教学中心还有"组态王应用技术培训中心"和"ASEA智能建筑工程技能培训中心"等，它们不仅能够完全承担校内教学，还能为社会相关职业培训服务。

四、结束语

我与院校同行了30多年，从学生到教师，从北京联合大学的前身北京航空学院第一分院入学到目前在北京联合大学自动化学院工作，始终没有离开过我喜爱的专业和培养我成长的母校。通过30多年的发展，母校北京联合大学的综合实力已显著增强，已形成了经、法、教、文、史、理、工、医、管、艺等10个学科相互支撑、协调发展，以本科教育为主，研究生教育、高职教育和继续教育协调发展的完备人才培养体系，成为北京市重点建设的应用型人才培养基地，也是北京地区规模最大的高校之一。身为本校的教师，看到这些成绩中也有自己的努力和贡献，感到无比自豪和骄傲，并将继续努力工作，为了北京联合大学和自动化学院更美好的明天而奋斗。

北京联合大学十年有感

李　媛

一、初入联大

2003 年，我进入北京联合大学自动化学院控制工程教研部任教。陌生的环境、陌生的同事，一切都是渐渐地熟悉；10 年时间如白驹过隙，与联大一起走过。

在北京联合大学上的第一门课是自动控制原理或计算机控制技术，已经记不太清了，但是上课时的状态还是记忆犹新：2 个班的课堂，1.5 小时的课程，几乎每分钟都在维持课堂纪律。你说，学生也说；你停，课堂也会稍微安静，像打游击战一样。"什么问题？这是课堂吗？还是菜市场？"带着不解，课下向"前辈"教师请教，"前辈"教师笑着说"都这样，慢慢你就习惯了"。进入联大之前，我曾经在 3 个学校学习或工作过，但是联大的第一堂课还是把我镇住了。我该怎样面对？我会适应吗？还是我们都需要有所改进？

觉得不习惯的还有校园晚上的安静。大学的学习和研究一般是在晚上 6 点以后开始的，图书馆、教学楼、实验室灯火通明；可是联合大学的校园四五点之后基本没学生了，静悄悄的校园，与别的大学热火朝天的夜晚学习景象形成鲜明的对比。老师们主要教课，论文、科研项目很少，基本没有科研方面的要求。面对难教的学生，没有科研氛围的环境，自己很是迷茫了一段时间。

二、转折与起色

何谓大学？非楼宇之高，占地之大。大者，乃是一种凌然正气，一种兼容并包的学术态度和海纳百川的内蕴。大学主要有三大功能，即人才培养、科学研究和服务社会。服务社会是人才培养和科学研究功能的延伸。大学的这三大功能相互联系、不可分割。

要实现大学的三大功能需要大师支撑。大学的建设，人才是关键，制度是保证。

随着北京联合大学要建设成为什么样的大学的目标确认，各种政策相继出台。越来越多的博士、教授被引进，教学和科研层次不断提高，教学研讨和科学研究的氛围不断强化。记忆中印象最深刻的就是科研考核的改变。为了鼓励教师申报项目、发表论文，EI 和 SCI 的会议论文不仅有很高的研时数，还有物质奖励，一时间，学校的科研论文数量有了很大增长。当然，这个政策执行一段时间后，被更高要求的科研论文政策所取代，但也是从那时起，逐渐有了科研的导向和氛围。人才培养是大学的核心工作，科学研究是大学的重要职能，也是人才培养的重要载体。学校的科研工作提到了一定的高度。

另一类人才——学生的入学素质也在提高。这对北京联合大学来说又是一个利好的消息。随着联大录取分数不再降低，外省市的学生进入联大，学生的整体素质不断提高。在教学方面对老师提出了更高的要求，教学内容、教学模式不断更新。学校"学以致用"的校训更是要求教师不仅能写论文，还要有实际动手能力，教学与科研平衡发展。

三、创新与变革的快速发展

"十二五"以来，学校学生的素质提高了，科研氛围逐渐形成。经过一段时间的发展，学校对教师的考核政策标准也提高了。高水平的期刊论文有了，还在增加；高水平的项目有了，有国家级重点项目及各类的基金项目；教师队伍的学历、职称层次水平提高了，实践教学能力增强了。学校、学院在教学成果、科研成果方面不断突破，产学研合作基地建设、实践教学环节不断增加，为师生提供了更好的科研、教学和学习的平台与环境。

教学模式不断改进，教学大纲不断调整：2011 版，2013 版，2015

版，在夯实基础的前提下，微调专业课程，跟进热点领域；加大实践教学环节的力度，使学生学到实用的知识。在学中做，在做中学，"学以致用"，"用以致学"。变关门教学为开放式教学，产学研用相结合，为学生提供前沿的理论知识和先进的应用环节。开辟第二课堂，增加实践环节，搭建创新平台，培养应用型精品人才。本着分层、分类人才培养的原则，在保证绝大部分学生达到大学本科毕业生的基本要求基础上，重点开辟学生的第二课堂，建设学生创新创业实践平台，以"启明星"等学生科技项目为导引，以各种学生科技大赛为依托，打造学生的科研、创新创业氛围，激发学生学习兴趣，培养应用型精品人才。

以自动化专业 2014—2015 年学生科技活动为例，说明教学改革、科技活动带来的人才培养成果。2014 年，"启明星"大学生创新科技项目立项获批 24 项，如表 1 所示。

表1 自动化专业 2014 年"启明星"大学生创新科技项目立项获批

项目级别	国家级	北京市级	校级	合计
项数	2 项	19 项	3 项	24 项

本专业的多名教师在 2014—2015 年分别指导了"全国大学生西门子工业技术挑战赛""全国大学生电子设计竞赛""中国机器人大赛暨ROBOCUP 总决赛"，并获得了特等奖和一等奖的好成绩。

再看看现在的校园，晚上，教室的灯亮起来了；早上，校园中有读书声了；图书馆门前也排起了等座位的长长队伍。考研和出国留学比例逐年增长。学生的报到率、就业率稳定，专业符合度逐年提高。如表 2 和表 3 所示。

表2 自动化专业报道统计

	专业名称	计划数	录取数	报到数	报到率	平均分
2012 年	自动化	95	95	93	98%	506
2013 年	自动化	101	101	96	95%	503
2014 年	自动化	113	113	112	99%	509

表3 自动化专业就业统计

学历	时间	毕业生人数	签约率	就业率	专业符合度
本科	2012 年	212	96.7%	100%	67.65%
	2013 年	183	90.11%	98.9%	73.96%
	2014 年	142	77.46%	100%	76.62%

10 年时间，学生来来去去，每当看到即将毕业的学生一张张的笑脸，见到已经毕业、走上工作岗位的学生满足而自豪的笑脸，作为教师很欣慰，也为联大的成长、发展而高兴。

参考文献

[1] 叶家言. 何谓"大学"？概有大师之谓也 [EB/OL]. 中安教育网，2010.

[2] 马陆亭. 高等学校的分层与管理 [M]. 广州：广东教育出版社，2004.

[3] 徐辉，季诚钧，等. 大学教学概论 [M]. 杭州：浙江大学出版社，2004.

忆电气工程系二三事[*]

李 战

10月了，秋天了，秋风来了。秋风吹向了原野，绿油油的稻田被吹得金黄。秋风吹向果园，青色的苹果变红了，秋风吹向山谷，群山变色了，枫叶红了，银杏黄了。秋——一个美丽的季节，一个充满活力的季节，也是收获的季节。在金色的10月我们迎来了北京联合大学建校30周年。

自1986年7月，从北京工业大学自动化系毕业来到联大工作，快30年了，真是不堪回首！记得在当年炎热的夏天，来到位于白家庄的北京联合大学机械工程学院。机械工程学院前身是1978年成立的北京工业大学第一分校，1985年北京联合大学成立时，更名为北京联合大学机械工程学院，办学地址处在清末成立的京师初等工业学堂和之后的北京工业学校的旧址，北京工业学校后来发展成为北京机电研究院。机械学院与北京机电研究院同院，中间也没有围墙隔开，机械学院当时只有两栋楼，一栋是新盖的实验楼，另一栋是和机电研究院合用的教学楼，好袖珍呀！2002年联大学院调整，机械工程学院的电气工程系与其他院系合并成立自动化学院，机械工程学院更名为机电学院。

来到教学楼，在一楼的人事处，杨森老师热情地接待了我，并介绍了机械学院的情况，在教学楼里有图书馆（我记得只有一间阅览室）、教工食堂（只能打饭，无座位）、教室、机床实验室、院办、院团委，还有机电院的部分办公室；实验楼全部是机械学院的，有机械系、电气工程系、外语部、社科部、基础部（数学、物理），真是麻雀

---

* 本文作于2015年。

虽小，五脏俱全！

由于机械工程学院前身是北京工业大学第一分校，许多老师都和北京工业大学有千丝万缕的联系。在实验楼二楼的电气工程系，我找到系副主任郭维钧老师报到。郭维钧老师是我的校友，还有廖文国、游小平、宋光汉、蹇真、周冠玲，以及后来的我的学妹王莺、张怡倩。郭维钧老师、吕炳仁老师、王如泉老师就是从北京工业大学自动化系调过来的，吕炳仁老师的夫人周丽娟还是我大学的英语老师。郭维钧教授几年后又回到北京工业大学当博士生导师。所以，来到电气工程系我丝毫没有陌生的感觉。

电气工程系规定新入职的老师要在实验教研室工作一年，我和同是北京工业大学毕业的涂承媛来到电子实验室，斯文的王维、军人气质的方来鹏、白面书生清华电机系79级的尤铭德、高大帅气的电气系86届毕业生刘铮和我们成为共处一个办公室的同事。老师们手把手地教我们这些新人调试仪器设备，自制实验电路板，讲解电路工作原理。为了不影响学生的实验，我们常常利用休息时间焊接电路板，修理示波器，凡是能修的都自己修理，我先后指导过学生的模拟电子、数字电子、微机原理、自动控制、电工、检测等课程的实验，一年的实验室工作大大提升了我的实际动手能力。来到大学工作，自然要成为教师，从自己听课到给学生授课是我人生的一大转折，刚开始指导学生实验，老教师要求我们必须预排实验，当年看着梁爱琴手写的实验指导书、实验记录开始的教书生涯，也使我养成我做事严谨的工作作风。

学校是孕育明天的摇篮，教师是培植希望的园丁。业不精、身不正的教师何以培育出美丽的花朵？在联合大学工作，我的岗位是教学，要成长为一名合格的教师，就必须苦练教学基本功。教学基本功是教师专业素质的基本要素和基础，也是提高教学质量的前提和保证。

在第一次走上讲台之前，教研室尤明德老师、王乐仁老师、廖文国老师、王维老师帮助我选择讲课题材、组织教案、精心指导，试讲后系副主任郭维钧老师认真讲评。作为一名工科院校的教师，实验是必不可少的环节，实验室的方来鹏老师、王维老师从准备实验、实验原理、调试设备、实验过程和数据记录等多方面都给予了指导和帮助。多年来联合大学各级组织，尤其是电气工程系从基本功训练入手，不断强化教师特别是青年教师的教育教学能力，规范课堂教学行为，促进青年教师专业发展的快速提升。在各位老师的帮助、教导下，经过自己的不懈努力，我已经成为一名历经近30年风雨、受到学生欢迎的合格教师。

近年来，为了进一步加强教师队伍建设，提高教师的整体素质，推进新课程改革，增加课堂教学的实效性，市教委、联大、各学院均开展了教师基本功比赛活动。

早在1990年电气工程系就组织开展讲课比赛，为工作在技术岗位上的教师提供充分展示自己教学基本功的舞台，对全面提升教师的专业化水平和业务素质起到了促进作用。比赛达到了关注教师成长、促进教师基本功训练、提高课堂教学效率、提升教学质量的目的。现在的教师都经历过教师基本功比赛，而电气工程系实验工程技术人员参加基本功比赛，还是不多见的。图1为1990年5月电气工程系实验员袁铮老师参加工程实验人员讲课比赛。

图1　1990年5月，电气工程系袁铮老师参加工程实验人员讲课比赛

俗话讲：铁打的营盘，流水的兵。30年的时间，有老同志退休，有新人加入，也有许多老师因工作关系离开电气工程系，去寻求更好的发展空间。1987年7月，当时机械学院的物理、数学教研部并入电气工程系，老系主任高汉同志退休，周凯老师考上清华大学的博士研究生（现在为清华大学精密仪器系教授，博士生导师），尤明德老师考上辽宁大学的硕士研究生，马平汉老师考入西门子公司，欢迎欢送大会上各位老师畅所欲言，周凯老师回忆起在电气系的点点滴滴，没有宿舍而住在办公室，一起工作的同事，上课的教室……抑制不住激动的热泪，见图2和图3。

图2　高汉同志临别致辞

图3　周凯老师在临别讲话时抑制不住激动的泪水……

　　光阴似箭，时代变迁，30年来北京联合大学发生了巨大的变化。2002年联大学院调整，电气工程系与联大其他部门合并成立自动化学院。历史我们不应该忘记，让我们记得——电气工程系，是一个有爱、有凝聚力、作风严谨的集体。

教书育人

周冠玲

教育家赫尔巴特早就指出："教学如果没有进行道德教育，只是一种没有目的的手段；道德教育如果没有教学，就是一种失去了手段的目的。"也就是说教书是手段，育人是目的，唯有把教书和育人有机地结合起来，才能实现手段与目的的辩证统一。教书育人是社会赋予教师的神圣职责和使命，教书是天职，育人是道德操守，只有不辱使命把教育事业看得高于一切，才能真正做到教书育人。下面结合自己多年的教学经验，谈谈教书育人的体会。

一、热爱本职，努力提高专业素质

常言道："十年树木，百年树人。"社会赋予教师"教书育人"的神圣使命，培养具有合格灵魂的人才不是一朝一夕的事，需要长时间的积累与沉淀，我们应该以高度的责任感和使命感，把自己的全部智慧和力量，贡献给"教书育人"这一事业。

"教书育人"老生常谈，但要落到实处并非易事，作为专业教师首先要教好书，要有过硬的专业素质，对自己的学识应从不满足，平时要多读、多记、多思，要从书中学、从网上学、向他人学，不断拓宽知识面，完善自己的知识结构。

对于大部分老师来说，教学工作其实很平淡，很少有辉煌精彩的瞬间，教好书在于上好每一节课、指导好每一节实验、改好每一本作业，良好的师德恰恰体现在这些点点滴滴、平淡无奇的工作上，正所谓师德如水，真水无香，春风化雨，润物无声。

看似平淡无奇的工作，但要做好并非易事，需要教师时刻保持高昂的工作热情，坚守高尚的职业道德，对待每一节课像对待一件艺术品一样，要周密设计、精雕细琢，表现手法要不断翻新，使每一件艺术品即每一节课都鲜活诱人。

周密设计体现在每讲解一个新的知识点，都要花一定的时间介绍知识点的相关背景、与其他知识点的联系、是否为重点或难点以及学习这部分知识的方法，还有知识的呈现方式能用图或表尽量用图表，这样做可以起到化繁为简、化难为易、化抽象为具体的作用。

精雕细琢体现在对重点和难点要从不同的视角剖析讲解，最好一题多解，以加深学生的理解，激发学生的探究兴趣和学习热情，使学生在学习的过程中能将知识进行转化、概括和重建，加强学生创造性思维的培养，这一点至关重要。

表现手法要不断翻新体现在要根据教学内容灵活采用多种教学方法，包括直观演示法、讨论法、任务驱动法，无论采用哪种教学方法，都要以启发式教学思想做指导。

教好书不仅要把知识传授给学生，更重要的是在传授知识的过程中努力培养学生的独立思考和创新性思维能力，知识容易遗忘，能力和思维方式才是价值所在。在教学过程中要注意知识的前后联系，善于抓住知识的主线，深入浅出地将知识穿成串，厘清知识之间的脉络结构，潜移默化地培养学生总结归纳的能力，让学生能够将书越读越薄。另外，通过实例的讲解，还要让学生能够透过现象看本质，能够举一反三，有些重要的实例还要有多种解法，以打开学生思考和想象的空间，让学生在多层面知识的基础上进行判断、推理，从而切实培养学生的创新性思维能力。

从上述讨论可以看出，教学的目的不单是传授知识，更重要的是培养学生自主学习和应用知识的能力。通过老师的教育，学生学会如何有效地自学，学会自己去探索、辨析、积累，他们也就可以根据实际需要获得更丰富的知识和更实用的技能，即所谓实现真正的学以致用。

二、厚德载物，育人良知坚守在心

厚德载物是对中华民族崇尚道德、高度重视人的道德修养和社会道德建设的优良传统的高度概括，无论对于一个民族，还是对于一个人来说，道德都是至关重要的。厚德载物即以崇高的道德、博大精深的学识努力培育学生成才，这也是教育工作者毕生追求的最高境界和最高价值取向。

教师承担着两下神圣的使命，一个是教书，另一个是育人，教书是天职，育人是道德操守，教书是手段，育人是目的，二者相辅相成，只有把教书和育人紧密结合在一起，既做知识的传播者，又做高尚心灵的塑造者，才能不辱使命，成为合格的人民教师。

育人是教师的基本职业道德，恪守职业道德，矢志不渝地忠诚党的教育事业，是一个教师严于律己的表现，也是良知的坚守。社会尊称教师是人类灵魂的工程师，也就是说育人是关乎灵魂的教育，育人的过程是一个灵魂唤醒另一个灵魂的过程，这也注定了教师是一个能影响人甚至塑造人的职业，正因如此我们每位教师都应心存敬畏，唯有兢兢业业、鞠躬尽瘁把我们所有的德与才全部用于教育学生、感染学生，才会无愧于教师这个光荣的称号。教师育人主要体现在以下几个方面。

践行社会主义核心价值观，树立良好的教师形象。育人是触及灵魂的教育，是追求正确价值观的教育。教师的价值取向，甚至一言一行，都会潜移默化地影响每一位学生。所以教师站在学生面前情绪要昂扬向上，心态要积极健康，要让学生看到教师的爱岗敬业和治学严谨，避免将偏激和灰暗的思想带到课堂，力求树立良好的教师形象，在学生心目中树立崇高的威信。唯有如此，教师的教诲才会渗透到学生的内心，才会触及学生的灵魂，引起学生灵魂深处的共鸣。

以爱唤醒和滋润学生的心灵，以爱贯穿育人的始终。教育家陶行知说："没有爱就没有教育。"对待学生要充满爱心、充满耐心，爱是教育的源泉。禾苗生长旺盛需要阳光雨露的滋润，学生渴望教师的爱就像禾苗需要雨露阳光一样，点滴的关爱能拉近心与心的距离，唤起心灵的回应。学生只有感受到老师真诚的爱，才乐于听从老师的教诲，正所谓"亲其师才能信其道"。所以作为教师不仅要有敬业精神，更重要的是要有情感的投入，要把真心的爱无私地奉献给学生，只有这样学生才会信服老师。

关心、理解和尊重学生是育人的重要手段。关心学生，包括关心学生的学习，在方法上给予指导，关心学生的进步，对其获得的每一点成绩给予肯定和鼓励，关心学生遇到的种种困难，主动出主意帮助化解；所谓理解学生，就是要求教师要以朋友的身份去接近学生，努力营造一种轻松融洽的气氛与之进行心与心的沟通，学会角色转换，能站在学生的立场体察其所思所为、所好所求，以求掌握学生的思想特征和个人差异，有的放矢地进行教育和疏导，有效地实施因材施教，努力做学生的良师益友；所谓尊重学生，就是教师要学会宽容与接纳，为学生提供充分表达自己的机会和空间，激发个性化的思想火花，培养学生的思辨能力。另外，教师还要学会发现每个学生的闪光点，能以欣赏的眼光看待学生，不轻易批评学生，要让每个学生在成就感中获得自信。尊重学生最能唤醒学生的自我完善意识，增长学生的乐观情绪和信心，激发学生的学习热情。

三、严格管理，营造教书育人的良好环境

营造良好的教学环境是育人成功的关键环节，专业教师不光要教好书，还要加强对学生的管理，帮助学生在学习过程中逐渐养成良好的生活习惯、学习习惯。教师要不失时机地在课堂内外加强学生的人生观、价值观、荣辱观教育，培养吃苦耐劳精神，明确学习目标，严明学习纪律，建立良好学风。

实施严格管理首先要走进学生的生活，增进与学生的接触，以平等的朋友身份与学生谈理想、谈学习、谈学生最关心的话题；还要经常与班主任、其他任课教师联系，全面了解学生在各方面的表现，这样才能掌握学生的心理动向，及时发现问题和解决问题。

在管理学生的过程中，要善于抓两头促中间，对品学兼优的学生在课上要大力表扬，对后进生在课后要和风细雨地批评教育。另外，

要充分发挥班干部的带头作用，保持与班干部经常性的交流和沟通，打通消息渠道，在细节上掌握学生的生活、学习状态，有的放矢地进行管理和教育。

总之，教书育人是一个系统工程，是教师一生成就的事业。我们要坚定教书育人的信念，在业务上要精益求精，严谨治学，在职业操守上要道德高尚，感化灵魂，只有如此才不会辜负社会重托。

参考文献

［1］姜建良. 教书育人新视角［J］. 教书育人，2011（1）：60－61.

［2］杨勇涛，于莹. 专业课教学中教书育人的原则和方法谈［J］. 职业教育研究，2006（3）：73.

［3］张天佑. 追求有灵魂的教育［J］. 河南教育，2014（3）.

［4］巩育军. 在专业课教学中教书育人的思考与实践［J］. 广州化工，2011（14）.

昨天桃李芬芳，今天社会栋梁

金 祎

　　我从 2004 年开始担任联大自动化学院的班主任和辅导员，见证了联大这十余年的飞速发展，不仅仅是校园建设上了一个台阶，学生的培养也上了一个很大的台阶。现在，各学院每年都有大量的学生考上研究生，继续深造，但是十多年前，考研的学生还是凤毛麟角，更多的是就业。

　　那时，作为电气自动化专业的学生管理负责人，我在实践中摸索出了一套适合管理学生的方法，当时是保姆式管理，对大学生的管理像中学生一样，一些大学生说自己是在上高四高五，每年我们还要召开家长会，一些保姆式的管理引起了学生的反感，学生认为他们岁数长了，是大人了，渴望得到老师的承认，需要自我管理。结合当时的"三育人"方针（教育育人、管理育人、服务育人），我提出了"三自管理"，就是学生自我管理、自我服务和自我发展，其中一例就是坚持每周一中午的班长例会制度，设立执勤班长，每次由执勤班长主持周一的班长例会，传达学校学院的精神和本周的工作要点，再由执勤班长监督和督促各班长贯彻落实，并检查汇报各班落实情况。执勤班长制度调动了学生干部的积极性，培养了学生干部的主动性和能动性，各班长都愿意做执勤班长，执勤班长任劳任怨，没有报酬，就是秉持一颗为学生尽心尽力服务的热心。事实证明，这些执勤班长成为学生和老师沟通的桥梁。有一些学生和班长不好意思说的事情，各班级的情况，执勤班长都会如实和我说，每周布置的工作也得到了有效的贯彻落实，没有浮在表面。执勤班长成了我的得力助手，帮我照看各个班级，从某种意义上说减轻了我的工作强度，我可以从繁杂的事务性工作中解放出来，可以思考一些事关学生发展的大事。从管理方法来说，这叫放手发动群众，依靠群众，也是我们党的思想方法和工作方法。

我管理的电气自动化专业里有本科生也有专科生。那时学校办学条件很简陋，住宿条件有限，大多数学生都是走读，没有宿舍，迟到现象比较普遍。一些路途较远的学生刚入校没有申请住宿，认为自由了，但是经过一段时间的奔波，实在是受不了；也有一些路途不远的学生经常迟到，要求住宿。我们经过讨论，积极为路远学生协调解决住宿。当时住宿证是由老师发，为了严格控制住宿证，避免造成腐败现象，我在所管专业的20多个班都是实行班级讨论制，把住宿证分到班级，由班级发放，接受全班同学监督，对于特殊情况积极协调宿管解决，几年来没有出现任何不满和投诉。对于没有住宿的同学，严格要求他们上课不迟到，并在班级严格考勤制度。把班级考勤委员列入班干部行列，每年在同等情况下可以优先评优秀班干部。每周要单独召开考勤委员例会，了解出勤状况，要求考勤委员无私记录实际情况，处理权交给学院，在学院实行严格管理，对违反考勤纪律的坚决按学生手册给予纪律处分，并且在学院公布，起到警示作用。每个学期在处分警告学生违反考勤纪律后考勤状况都会明显好转。

解决了不迟到现象后就是要抓上好课这个环节，当时我们总结了学生上课的"三带、三不带"，就是上课带吃的、带喝的、带手机，不带书、不带笔、不带本。首先我就抓这个"三带、三不带"现象。这种现象，任课老师反感，学生自己也不满。同时我分析认为这种现象也是上课说话的根源，把上课当作茶馆。我就大会小会和学生们算成本，一算学生上课克服路途遥远，更应认真听讲；二算每年学生学费多少，核在每节课多少钱，父母亲挣钱不易，浪费更加不该。许多学生家庭困难，父母都在吃低保，听到我算经济账，他们就自觉转变，并抵制别人说话；三告诉学生们上课吃喝不仅气味大影响别人和老师，更对自己身体不利。经过反复教育，并且配合课堂纪律措施，比如，每节课由任课教师评价课堂纪律，并作为班级评优的依据，学风明显有所好转。

针对专科生基础差，我主要抓他们课堂纪律和专升本学习，让大家都树立目标，以升本为努力方向。当学生们知道可以升本后，学习的自觉性和能动性明显增强。由于升本名额有限，我又请学院管继续教育的李崇兢老师给大家做辅导，开拓学生们升本的途径。

针对本科生到了大四想起来考研而考研率极低的情况，我专门给大二的学生开会，告诉他们考研要从大二准备，并给他们算了一笔账，结合培养计划，告诉他们每年每学期应该做什么，让他们意识到时间紧迫，激发他们的考研热情。告诉他们，学院对考上研究生的同学有 1000 元的现金奖励，这样，到了大四，渐渐有一些人考上了研究生。

我的学生中，常常有一些家庭困难的学生，更多的学生也愿意分担家庭的负担，利用课余时间外出打工。针对这些同学常常去肯德基、麦当劳、必胜客应聘打工，我结合我所知道的招聘信息和要求，告诉同学们，我们工科学生外出打工既可以挣钱又是一种宝贵经历，打工时不要去这些技术含量极低的企业，要去一些科技公司做一些技术辅助工作或者销售工作。另外，我以我们班的戴蓉蓉为例向全体学生宣讲。戴蓉蓉是困难生，她没有外出打工，而是凭借自己的努力学习和良好的成绩荣获国家奖学金和励志奖学金，仅这两项奖学金加起来就有 1.4 万元，我给同学们算经济账，像这样努力学习取得成绩的比打工挣的钱还要多，真正鼓励了一批刻苦学习的同学。

我要求自己做学生的良师益友，每次开会也是这样向学生们宣布的，希望同学们监督我。我要求每个同学每学期主动找我谈话 3 次，如果没有主动找我，被我主动找他就要扣他的分。有一次，一个学生找我谈话，谈了两次熟悉后就对我说，老师，我们从来没见你笑过。听了这话我当时就一震，对我触动很大。我反思后发现，我每次开班会开大会都是布置任务，或者监督都是很严肃的事情，不能嘻嘻哈哈，但是我确实需要改变在学生心目中的形象。如果总是板着脸，哪个学生愿意找你聊天或说心里话呢？平时我确实非常严厉，以严师的身份对待学生，我对一些调皮的学生会严加训斥，许多男生非常怕我。从此之后，我就抽很多业余时间参加学生们的活动，比如一起去唱卡拉

OK，一起聚餐，周末一起去公园划船比赛，等等，通过活动，拉近了与学生们的距离，学生们在课余时间都喊我金老大，我知道这是一种亲昵的称呼，也装作不知道，从不去干涉他们。从此，这个称号就被传开了，最后办公室的老师们也都知道了，都喊我金老大。

我觉得一个老师做得怎么样，学生当面说了不算，背后说了算；离校前说了不算，离校后说了算。许多学生离校后都和我保持着联系，逢年过节都会打电话或发短信，一些学生路过学校甚至拿着家乡的特产或者买了东西来看我，我感到做老师非常幸福，学生做各行各业的都有，真是桃李芬芳遍天下。现在许多学生都已经结婚生子，学有所成。在我全家2013年暑期去英国旅游时，在英国约克大学留学攻读博士学位的我院学生赵朔，他就是我曾经的执勤班长，他热情地接待了我们全家，让我们住在他家，并带我们去他的学校约克大学参观，游览英格兰湖区和苏格兰高地、爱丁堡，他关心学校的发展，2015年又来学校并参观了新建筑，这浓厚的师生情谊将会伴随我一生。

联大学子，昨天桃李芬芳，今天社会栋梁。

我的联大生涯

余文欣

我与北京联合大学的缘分开始于 1992 年，那年我考入北京联合大学职业技术师范学院电气工程系，也就是现在的联大师范学院。当时师范学院的院子很小，只有两栋楼，一栋是 20 世纪七八十年代的四层灰砖老楼，另一栋是刚刚落成的新教学实验楼，操场只有三个篮球场大小，每次上体育课都要在下课后赶到一两公里外的安德路中学借用人家的操场上体育课，柳荫公园旁的小马路也是我们长跑的跑道。不仅如此，有些课程我们还会从安定门外外馆斜街跑到白家庄去上实验课。从大一到大四，总会有些课程是北京师范大学或北京工业大学的老师来上课。在大学四年的走读生活里，每天都盼着马路对面的那栋宿舍楼能够让我们早日入住，过上盼望已久的真正的大学生活，可直到 1996 年毕业也没能如愿。

大学毕业后我一直在北京市医药器械学校工作，做着一名普通的中专教师，谁也不会预想到，在我大学毕业 12 年后还会和北京联合大学再续前缘。2008 年 12 月北京市医药器械学校合并入北京联合大学，我的人生轨迹发生了重大的转变，我意外地重返了我的母校——北京联合大学，并成为一名大学教师。

大学毕业 12 年后的这次回归让我发现，在这十几年里，北京联合大学发生了很大的变化。以前低矮破旧的教学楼，现在都重新翻建了，校区面积在不断地整合扩大，校本部小营校区高楼林立，图书馆、教学楼、实验楼、综合实验楼拔地而起，楼更高，教室更宽敞明亮了；以前我们需要在大课间跑到几公里外借用某中学的操场上体育课，现在不仅有了标准的运动场，还有了体育馆，体育课的内容除了有篮球、足球、乒乓球、羽毛球等经典球类运动，还有健美操、旱冰等冷门项目。经过这十几年的发展，北京联合大学变高了、长大了、成熟了、漂亮了。

自从听到合并的消息，我的心里一直都很忐忑，对自己的前途完全没有自信。2009年，我仍在北苑校区坚守我班主任的工作岗位，为送走最后一波中专生坚持认真上课，站好最后一班岗。而面对教师逐渐减少、纷纷奔赴新岗位，我心里也慢慢焦躁起来，但一想到我还要把最后的这40多名中专生顺利送上工作岗位，我抚平心中的涟漪，继续埋头工作，并于2009年6月取得了高校教师资格。

2010年年初，在北苑校区领导的推荐下我来到了自动化学院教科办参与教学行政管理工作。同年5月，正式转岗到自动化学院教科办从事教学运行管理工作，从一名教师转变为教学行政管理人员。作为行政管理人员，我的工作就是为广大师生提供各种服务。对学生，我把让学生顺利完成学业作为一切工作核心，时刻把这个核心记在心上。例如每个学期第3~5周都要进行不及格科目的重修工作，发通知时，要将教务处的通知转发到自动化学院网站教务公告上，及时张贴纸质通知到公告栏上，并通知、提醒班长尽量广泛地通知学生，以免错过重修机会。另外，许多重修的学生都不能认真阅读重修文件，常常出现理解错误，我经常帮他们解读文件，让他们正确理解以免错过网上报名或办理重修手续。在办理重修手续时，我也不是简单地给学生们盖个章就完事，有些同学因为在限定期限不能及时找到任课教师签字而着急的时候，我会宽限他们几天，允许他们晚些找我盖章确认；而对更多的同学我会对他们说一句"好好学"或"明年别再来找我了啊"等半开玩笑的话，鼓励他们重修并能取得良好成绩。另外，由于重修选课时间一般都要在开课3~4周才开始，学生可能会错过前几周的课程，我还会和老师解释学生到课较晚的原因，以免师生之间产生不必要的误会。所谓"金无足赤，人无完人"，成绩优异的学生，我们看到他们渴望的眼神、求知的勤奋、良好的习惯；成绩不理想的学生，往往不及格、挂科似乎掩盖了他们金子般的光芒。静下心来想一想，真的有没有优点的学生吗？我眼前浮现出的一幕幕，不正是那些孩子们在闪耀着他们独特的光芒吗？每个人都有自己的闪光点，都希望别人看到自己的长处，希望得到认可、鼓励和赞扬，我们只需摘掉有色眼镜，变换一个角度去观察，做个善于发现的"有心人"！对教师，我会尽我所能多做多想。因为我有 14 年一线教师的工作经历，我懂得一线教师的各种辛苦，所以在工作过程中，我会征求部门领导的意见，工作过程尽量简化，通知内容尽量简洁明了，尽量不给老师增加额外负担。

经过这几年的工作，我已经适应了现在的工作节奏，并对管理工作有了自己的一点想法。教科办的管理工作都是基础工作，都是至关重要的，教学稳定运行是必须保证的，只有教学秩序稳定管理工作才有可能提高与发展。维持教学稳定运行说起来很容易，但实际并不简单。首先，要提前一个学期确定教学执行计划。其次，下教学任务的同时要安排好下一个学期的教学进程和集中实践；安排课表要躲避各种冲突；期末还要预制一些任选课学生名单或专业分班名单；在正式开学后还会遇到系统出现的各种毛病；解决各种不能预料的突发事件和问题。在这漫长的过程中，有一个环节犯了错误而没有及时发现，都会造成比较严重的后果。一如既往坚持认真负责的工作态度，做好本职工作，让学院的教学工作稳定运行，我们才有可能向更高的目标发展前进。

教学与科研

浅析应用型大学学生学习行为特点及学风建设对策

李九丽　　刘欣欣

当代大学生具有十分鲜明的学习行为特点，应用型大学的学生也是如此。对此进行认真的分析和研究，将有利于做好应用型大学学生的日常教育及管理工作，同时也为实现科学的行为管理，培养大学生良好的学习行为规范提供有益的帮助。《现代汉语词典》对学习的定义为：（1）从阅读、听讲、研究、实践中获得知识和技能；（2）学习不仅指特定环境条件下（学校、课堂、书本）的学习过程，还包括人从出生到生命终结的全部实际生活和劳动过程，即实践过程。行为泛指有机体外显的活动，包括动作、运动、反应或行动。换言之，每个人都存在学习行为，但是由于学习者的禀赋、目的、环境、教育等不同，学习的结果也不同。

本文对学习行为的定义选取了王爽在《民办高校大学生的学习行为研究》中的定义，即学生在学习中所表现出来的行为，包括积极的和消极的两个方面，涵盖注意力、学习态度、策略运用和学习动机四个层面。

一、北京联合大学学生学习行为特点分析

北京联合大学作为北京市教委直属的二本大学，是一所秉承"学以致用"精神的应用型大学，学生生源以北京学生为主，招生分数线一般为北京市的二本分数线。近年来，随着外地生源逐步增多，一些接近外地一本线的学生也陆续走入北京联合大学，这为学校的学风、校风带来很大提升，学生特点也发生了一些变化。对于学生学习行为特点的分析将根据调查问卷的调查结果分三个层面有针对性地进行分析。

（一）学习优秀学生的学习行为特点

学习优秀学生主要指获得奖学金的学生，这些学生的学分绩点在 3.0 以上，平均成绩在 80 分以上，没有不及格科目。以自动化学院为例，这部分学生约占总人数的 20%。这些学生的学习行为主要有以下几个特点：一专多强，即不仅专业课成绩好，在其他方面表现也较突出，比如社会工作、科技竞赛、宿舍生活等方面，除了学习专业知识，他们的学习范围也很广泛，会根据自己的实际情况学习英语、计算机、社交、金融等相关知识；注重实践，即他们重视将课堂上学到的知识运用到实践中去，如自动化学院 2011 级所有获得奖学金的同学全部参与了 2015 年的"启明星"科技立项，最低立项级别是北京市级的，最高为国家级的；有创新意识，主要表现在科技活动、班团活动等社会活动中；学习自主性强、有目标，这些学生可以有效安排自己的课余时间，制订较合理的学习计划，以 2013 年自动化学院 4 位国家奖学金获得者为例，他们都为自己制订了学习计划。

（二）学习困难学生的学习行为特点

学习困难学生主要指有不及格科目的学生，这些学生既包括学习成绩普遍较差的，也包括因偏科出现一到两科不及格的学生。以自动化学院为例，这些学生约占学生人数的 30%，其中以成绩普遍较差的学生为主，留级学生占到学院人数的 7% ~ 9%。这些学生一般具有"三少一浅"的特点，即阅读少、听讲少、研究少、实践浅。从每年图书馆统计的借阅量来看，学习困难学生的图书借阅量大大低于学习优秀的学生，甚至部分学生的年借阅量为 0；从课堂听讲情况来看，学习困难的学生课堂听讲少，存在迟到、早退、旷课现象，上课玩手机、睡觉等不听讲现象在这部分同学中较普遍；从课后研究来看，这部分学生的研究能力差，很少或基本不研究，大部分存在不交作业和抄作业的现象；对于实践来讲，这部分学生由于学校严格的管理制度，基本都参与其中，并且投身实践课程或者实践活动，对于实践的兴趣高于课堂学习的兴趣，但是实践较肤浅，重视形式多于知识本身。

（三）学习一般学生的学习行为特点

学习一般学生主要指没有不及格科目，但是也没有获得奖学金学生。以自动化学院为例，这些学生约占学生人数的50%。这些学生外显的学习行为是正常的，但是大部分学生内在的学习行为有厌学的成分，有些是为了家长学习，自身没有强烈的学习欲望。这些学生的学习习惯一般，对自己的未来没有长远规划，顺利毕业不挂科、不留级是他们的共同心愿。

二、影响应用型大学学生学习行为特点的主要因素

影响学生学习行为的主要因素分为两个方面，分别为内部原因和外部原因。内部原因主要包括学生的注意力、学习动机、学习态度和策略运用四个方面；外部原因主要包括学校、教师、家庭和社会四个方面。

（一）内部原因

1. 学习习惯原因

学生的学习习惯直接影响到学生的学习成绩，具有良好学习习惯的学生一般成绩较高，学习习惯不好的学生成绩基本较低。通过调查和访谈，我们发现具有良好学习习惯的学生注意力集中的时间较长，课堂上可以集中注意力认真听讲，课后独立做作业时也可以集中注意力，学习效果好，学习成绩也就优异。反之，学习困难学生的注意力集中时间较短，课堂上不能认真听讲，玩手机、睡觉、说话等现象较普遍，课后没有复习的习惯，作业很少独立完成。因此，学习成绩较低。

2. 学习动机原因

学习动机对于学习行为的影响体现在学生学习时间的长短、学习动机的不断调整和学习压力的缓解上。对于学习动机强的学生来说，他们通常有较明确的目标，大到职业生涯规划，小到班级成绩排名，在这些目标的指引下他们会通过自发的内在动力主动学习，不需要外界的督促，学习效率较高；他们会主动寻找适合学习的环境，有效利用校园的学习资源，如向老师们请教，上图书馆借阅图书、上网查资料等。

学习动机对于学习成绩的提高是至关重要的。很多学生在进入大

学后认为自己完成了学习任务，不像高考前那样有明确的目标和考大学的动力，因而丧失了学习热情，缺乏学习动机，从而导致学习行为偏差，影响学生的学习态度和成绩。

3. 学习态度原因

学习态度是影响学生学习行为的一个重要内在因素。学习态度不端正的学生往往会把学习看作负担，学习对他们来说毫无吸引力，忽视了学习是增长知识、提高能力、使自身不断充实的过程。处于被迫学习的学生一般有以下表现：迟到、早退、旷课、不写作业或抄作业，上课不听讲，不回答问题，考试不及格甚至作弊。而对于学习态度端正的学生来说他们的表现截然相反。他们在学习中是积极的、乐观的、进取的，在学习的过程中找到乐趣、不断进步、建立信心，从而树立更远大的目标。

通过调查发现，这些学习态度消极的同学大部分是从小学习习惯不好、成绩不高，被扣上了"差生"的帽子，或者是远离"优等生"的学生；小部分是曾经学习成绩不错，但是在学习的过程中遭遇挫折而一蹶不振。对于他们的学习行为研究应该分别对待。

4. 学习能力原因

学习能力是学生从小积累并建立起来的一种能力，因人而异。学习能力强的学生在学习时能花更少的时间和精力获得更好的学习效果。学习能力包括听课时抓住重点的能力、找到适合自己的学习方法的能力和调整自己学习目标的能力等。学习能力低的学生一般在这些方面存在不足。

（二）外部原因

1. 学校因素

学校是大学生主要的学习场所，其影响学生学习行为的因素主要是学校的学习氛围、学习风气，学校的校规校纪以及学校的硬件设施。

学校的学习氛围和班级的学习风气影响学生的认知策略和行为。一般情况下，良好的学习氛围、端正的学习风气会带动大部分学生努力学习，反之，在不良学风的影响下学生会相互影响，导致集体成绩较低。完善合理的校规校纪中，奖励部分会给学生的学习行为带来正强化，惩罚部分会帮助学生规避一些小聪明，改正消极、错误的学习行为。学校的基础设施为学生提供良好的学习环境，在干净、安静的氛围中，学生更易集中注意力，提高学习效率。

2. 教师因素

教师在高校教育活动中起重要的作用，对于学生的学习行为有着深远的影响，主要体现在以下三个方面。

（1）教师的专业水平。作为应用型大学主要培养高水平应用型人才，教师的专业水平直接影响到学生的学习兴趣和学习目标。目前有个别教师的专业水平不是很高，教授一些非本专业的课程；教师责任心不强，讲课死板、千篇一律，打击了学生的学习兴趣。（2）教师的教学方法。有些教师的教学以教师为中心，照本宣科、缺乏互动，无法满足学生的学习需求，忽视了学生的特点和需求导致学生缺乏学习兴趣。（3）教师的人格魅力。有人格魅力的老师大都受学生爱戴，他们不但能够激发学生的学习兴趣，帮助学生树立正确、远大的学习目标，更可以帮助学生树立正确的学习理念。因此，教师对于学生的影响极大。

3. 家庭因素

家庭因素对学生的学习行为影响主要表现为三个方面：家长对待学习的态度、家庭经济条件和家庭氛围。一般情况下，重视学生学习的家长会对学生的学习行为产生正强化。随着"90后"进入大学，越来越多的家长把学生学习不好归结为学校教育原因，这种习惯性的客观归因会对学生产生极大影响。家庭经济条件的影响主要表现为，家庭相对富裕的学生缺乏学习动力和学习目标；而家庭较困难的学生学习目标明确，学习动力足。家庭氛围对于学生的影响主要表现在问题家庭的学生一般情况下厌学的比例高于正常家庭的学生。主要原因是家庭原因牵扯了学生的精力，甚至影响学生的身心健康。

4. 社会因素

社会多元化导致个人选择的多元化，这种多元化让学生感觉学习不学习影响不会太大；社会多元化导致舆论的多元化，错误的舆论导向直接影响学生的学习行为；主流的意识形态受冲击，在冲击下学生缺乏正能量的指引。

三、应用型大学学风建设对策

应用型大学学风建设应围绕提高应用型人才培养质量为目标，在以学生为本理念的指导下，加大学生工作与教学工作的有效融合，进一步加强学风建设，为培养出更多社会需要的高素质的应用型人才服务。

（一）尊重主体，分类指导

分类指导是针对不同学生采取不同的指导方案，这种有针对性的指导有利于全面提升学生的自主学习效能，从而更好地培养学生成长成才。学生是学校教学工作的主体，要把学生的主体地位在整个学校的各项工作中凸显出来，着力构建"教学、科研、管理、服务、环境"五育人的工作体系，按照学生人才成长的规律和成才的需要，来配置大学的教育资源，优化教学元素，为促进学生全面健康发展创造更为优良的教学环境和有效的教育平台。使学生工作进一步向纵深发展，逐步实现精细化教育和管理。

在实施的过程中调动学生和教师两方面的积极性，从入学教育开始提前开展职业生涯教育；建立学习困难学生学业辅导机制，通过"一对一"学习帮助小组、团体辅导、深度辅导、任课教师辅导学业等方式，帮助学生尽快完成角色转变，适应大学的学习生活。建立优秀学生成长机制，帮助优秀大学生形成正确的信念，促进大学生提升精神境界，促进其自我完善。以"学生科技协会"为主，积极开展学生参赛选拔、培训和管理工作；组织专业基础课程竞赛，实现理论与实践相结合；开展科技文化讲座，出版科技创新作品集。普通学生就业辅导机制。通过 SWOT 分析写一份生涯规划，看一本励志书籍并写读后感，参加一次素质拓展活动，做一份精美的简历，参加一次招聘会，帮助学生把握普通大学生就业趋势，了解大学生相对容易就业的行业岗位，指导大学生学会生涯规划与管理，为顺利步入社会奠定基础。

（二）以赛带练，实践育人

以赛带练就是通过组织多样化的科技或学科竞赛带动学生专业学

习和综合素质的提高。在我校学生特点调查问卷中显示：学生认为学校应该重点培养的能力排在前三位的分别是：实践能力（25.3%）、思想政治素质（18.9%）和创新创业能力（15.5%）。学生喜欢的日常教育形式中，社会实践、志愿服务达到31.7%，参观博物馆、纪念馆等占27.9%，校园各种活动占20.1%。由此可见，实践和活动对于学生是十分有吸引力的，多举办这些学生喜欢的比赛有利于激发学生的学习兴趣，让学生在比赛准备过程中加强阅读，带动学生在课堂上的听课效果，从而让他们对自己感兴趣的领域深入研究，在实践中运用所学知识，发现不足再学习，从而形成良性循环。同时，通过比赛有利于培养学生的实践能力、思想政治素质和创新创业能力，这些能力的培养有利于学生的成长成才。

（三）学专融合，质量提升

学专融合的思想是指和学生工作和专业教学工作都要从学生的实际出发来进行一切教育教学活动，坚持以学生的健康成长和全面发展为宗旨，关心学生、尊重学生，要始终把工作重心放在学生的全面、健康成长这一根本目标上。注重学专融合，有利于学生培养质量的提升，有益于促进学生学习行为。

首先，在理想信念教育上有效融合，用社会主义核心价值体系引导学专融合，形成全员育人的良好氛围。教师、辅导员要把社会主义核心价值体系融入教育全过程，把理想信念教育作为教育核心；要把德育渗透于教育教学的各个环节，创新德育形势，丰富德育内容，不断提高德育工作的吸引力和感染力。其次，在课堂教学上有效融合，通过教师导学、辅导员督学、班主任助学帮助学生形成良好的学习习惯，掌握科学的学习方法，提高学生的学习效能。再次，在实践教学和学生课外科技活动上有效融合，以专业教师有效指导、辅导员组团动员、学生有效参与的良好互动，积极开展各种与专业相结合的大赛及实训课程，提高应用型人才的培养质量。最后，在社会实践与生涯规划、就业指导上有效结合。由学生兴趣出发，辅导员指导学生暑期社会实践，让学生在实践中锻炼成长；专业教师在上课时对学生进行职业意识、职业标准教育，指导学生学习、实践，提高职业能力，并把应用型人才培养思路带入日常工作中去。

（四）五多一严，心理帮扶

在学生学习行为的调查中发现，学习困难的学生有近60%或多或少存在心理困扰，这些困扰不及时解决不仅挫伤了学生的积极性，还导致他们逆反心理的产生，造成恶性循环。加强大学生的心理素质教育是提高学生学习成绩、搞好高校思想政治教育不可缺少的方面。我们尝试开展大学生心理咨询活动，营造为心理素质教育服务的氛围。另一方面，创造条件，促进学生心理素质教育从"他律"转变到"自律"。针对我校学生北京生源多的群体特征，总结、形成了"五多一严"，即多激励、多帮助、多活动、多培养、多实践和严管理的学生思想政治工作心理素质教育服务模式。"多激励"即对学生多进行肯定和表扬，在教育过程中积极开展评优，不仅表彰成绩优异的学生，也要表彰进步明显的学生，让更多的学生感受喜悦，增强自信；"多帮助"即采取多种手段和途径开展"助学、导学"活动，帮助学生解决学习中具体困难，同时也帮助他们解决生活及成长中的各种困难，并帮助他们养成刻苦钻研、勤奋好学、不畏艰难的意志品质；"多活动"即针对北京学生见多识广、思想活跃、活动能力较强、参与热情高等特点，组织他们多开展丰富多彩、健康有益的校园文化活动，充分调动学生的积极性，并使其从中得到锻炼，提高素质；"多实践"即针对应用型人才培养目标和教学特点，在思想政治教育过程中利用实践性教学多的优势，加强在实践教学环节的德育工作；"多培养"即针对学生政治上积极向上、渴望成才的特点，努力培养入党积极分子和学生骨干，形成良好的政治氛围，着眼于学生的政治成长；"严管理"就是针对学生自觉性不够高、自律性较差、自我管理和约束能力较弱等特点，对学生严格管理，严格要求，促进学生良好的学习、生活习惯和优良品德的养成。

参考文献

[1] 冀芳. 不同课程形态的课堂教学中学生学习行为现状的个案研究［D］. 长

春：东北师范大学，2007.

［2］王爽. 民办高校大学生的学习行为研究［D］. 长春：东北师范大学，2011.

［3］傅四保. 独立学院学生学习行为分析［J］. 中国科教创新导刊，2011（2）.

［4］高杰. 关于高中数学绩优生数学学习行为的研究［M］. 上海：华东师范大学，2005.

［5］张奇. 学习理论［M］. 武汉：湖北教育出版社，1999.

［6］李刊文. 论学习及学习行为［J］. 天水师范学院学报，2000，20（4）.

［7］林云，梁雄军. 大学生学习行为及其影响因素的实证研究——基于浙江省 A 大学 802 名学生的问卷调查［J］. 天津大学学报：社会科学版，2010，12（3）.

应用型创新本科人才培养模式探究

廖琪丽

创新人才培养模式，促进人的全面发展，实施人才强国已成为我国教育的重大决策。其中应用型创新人才的培养成为我国高等教育的重要内容。

一、应用型创新本科人才的内涵

应用型创新人才的核心特质之一是应用型。与理论型人才相比，应用型人才重在将理论成果转换应用于实践，实现理论和实践的有机融合。应用型创新人才的核心特质之二是创新型。创新人才分为应用型创新人才、理论性创新人才和技能型创新人才，分别是应用型本科院校、研究型大学和高职学校的人才培养目标。创新是创新意识、创新精神、创新思维和创新能力的具体体现。创新人才的基础是人的全面发展。创新人才的创新意识、创新思维、创新精神和创新能力不是从来就有的，也不是完全独立发展的，创新人才与人才的其他素质有着密切的联系，创新人才应该是个性自由、全面发展的人。

二、应用型创新本科人才培养的特点

应用型创新人才培养具体来说就是应用型创新人才培养理念、培养体系、培养途径和实践机制。

（一）培养理念突出能力和创新

在新的历史阶段和形势下，重视实践能力和创新精神的人才是我国高等教育的基本价值取向，是当前高等教育的核心所在，能力性和创新性是应用型本科人才培养体系的主要特点，地方性普通本科院校

要以创新精神和实践能力为主线来构建人才培养模式，突出实践教学，注重培养学生的实践动手能力，为学生顺利就业铺平道路。因此，具有创新精神和实践能力不仅反映了时代发展对高级专门人才能力与素质的新要求，也使得我国高等学校人才培养具有一定的时代性和前瞻性。

（二）培养目标突出实用型

地方性院校出于生存的现实需要，将立足地方，依托地方，培养实用型人才作为重要指针，这种人才培养模式以提高大学生社会适应能力、综合素质和就业竞争力作为人才培养的主要目的，强调教育与生产劳动相结合，鼓励合作办学、培养学生的实际动手能力。务实致用是地方大学培养应用型人才的基本准则，通过四年的专业学习，使学生真正具备做事的本领是应用型大学应达到的基本要求。[①]

（三）培养体系的双重性特征

应用型本科人才主要是面向地方经济社会生产第一线的人才，不仅要有一定的基础理论知识和初步的研究能力，而且要有突出的实际动手能力和较快的上手能力。以此为目标，一些高等学校按照共性要求与个性发展相结合、学术型与职业性相结合、理论教学与实践教学相结合、科学和人文相结合、专业和行业相结合等原则构建人才培养体系。

（四）培养机制的人性化特征

随着高等教育大众化的到来，人才培养规格的多元化、多样化，客观上要求改变整齐划一式的人才培养制度，创新有利于学生个性发展、更加灵活的制度安排。应用型大学的培养机制应有利于学生的个性发展，富有弹性，实施分流、分层、分段、分地培养，因材施教，促进学生个性发展，以创造有利于学生学习的环境。

---

① 刘耘：《务实致用：对地方大学应用型人才培养模式的探索》，《中国高教研究》，2006年第5期，第7-9页。

三、应用型创新本科人才培养的途径

应用型创新人才具有应用和创新双重核心素质，在人才培养上需要围绕这两个核心素质开展分层培养、分流异地培养、大类招生和构建应用型创新课程体系，这些手段需要综合运用方能有助于实现人才培养目标。

（一）分层培养

长期以来，我国传统本科教育注重学科型人才培养，重视专业教育的统一性要求，人才同质化现象比较明显。在入学资格上，有着一个严格、统一的入学基准——特别是入学最低总分，甚至一些专业对单科入学最低分也有明确规定；在教学过程中，基本上是统一设课、统一考核，重视期末闭卷考试，追求标准答案；在学业标准上，对课程学习有着诸多详细的统一规定，比如对必修课不及格累计学分都有详细要求。其结果是，一部分学生跟不上，一部分学生吃不饱，学生的个性得不到充分发展，发展潜能也没有得到充分挖掘。并根据学生的学习成绩分为实验班和普通班，实验班的教学内容侧重理论的深度和广度，鼓励试验班学生考取研究生。普通班以就业为导向，课程体系需要体现学以致用的特点。在课程设置方面增加校内实践环节和企业实践环节，在课程考核方面注重学以致用，在毕业设计环节采用企业真题作为毕业设计的题目。应用和创新两个核心素质始终是人才培养各个环节体现的精神和理念。实行分层培养体现了以人为本的理念。

（二）大类招生

大类招生目的在于培养知识面广博、基础扎实、素质全面、具备扩展知识领域的潜质和终身学习的能力，具备多元知识技术能力的复合型人才，使之具有更强的竞争力和创新力。大类招生所体现的教育理念是通识教育。通识教育，又称通才教育，旨在培养学生的综合素质，使学生在道德、情感、理智等方面全面发展。通识教育的核心在于培养人的整体素质，而不是培养人的某一领域的专业知识。它强调对不同文化的了解，同时也重视对人情志的培养等。美国大学的通识

教育有着上百年的历史。哈佛大学本科生在上主修课之前，必须上通识课程，必须文理并重，了解掌握人文科学和自然科学领域的基本知识和学术流派，课程分成 8 个领域 11 大类，要求学生在一定时间内所修课程必须涉及 9 大类，使之具有宽厚的知识基础。哥伦比亚大学规定，理、工、医科学生在大学就读期间必修课程包括亚里士多德、莎士比亚等大家的经典著作。通识教育的作用在于：可以培养人的思维能力、条理性和智慧，这将有利于其增强学习其他学科领域的能力，不管是文学、社会学还是会计学的具体领域的心智锻炼都将增强学习其他学科领域的能力；可以帮助学生学会自己思考，使之拥有自己的意见、态度、价值和观念，一旦养成良好的思考习惯，就能胜任每一种工作；可以增强创造性，使学生在大学真正获得的不是一堆死知识，而是学习技能的方法。大类招生是培养创新思维的有效手段。

（三）分流异地培养

我国的高等教育模式曾经基于这样一种理论预设：同一层次的所有人，都应该适用于同一种培养方案、同一种教学计划、同一种学习要求，被培养成具有一样或是大体一样的知识结构、能力的人。而随着社会的发展，学生不仅要具有扎实的专业背景，而且需要厚基础、宽口径、具备终身学习能力、能够扩展知识领域的潜力和适应社会人才市场的多变的复合型人才。根据统计，目前高校学生本科毕业 10 年后，仍然从事原来专业的不到 5%；博士毕业 5 年后，仍然从事所学专业的不到 40%。故传统的培养方式与市场经济体制的要求有偏差。分流异地培养体系是高校和企业联合培养人才的新模式，采用 3 + 1 或 3.5 + 0.5 的模式将学生的学校教育和企业培训相融合，以社会需求、市场需求和企业需求为导向，缩短大学生社会化的进程，提高大学生的社会化能力，提高服务社会的本领。

（四）应用型创新课程体系

根据国家规定的本专业本科人才培养规格的一般要求，结合学校人才培养的总体定位，按照"知识、能力、素质和谐发展"的设计主线，根据学术性与职业性相结合、知识教学与能力培养相结合、共性提高与个性发展相结合的基本原则，从知识、能力、素质三个方面分析本专业应用型本科人才培养规格。在确立了人才培养规格之后，提出本专业的理论教学体系、实践教学体系和素质拓展体系，并分别列出每一个体系中的具体课程。按照"平台＋模块"的方式，确立公共基础课程、专业基础课程、专业方向课程和模块课程，基础实验（实践）课程、专业实验（实践）课程、模块实验（实践）课程，公共素质拓展课程、专业素质拓展课程。最后，按照课程的纵向结构安排教学进程表，并合理分配学时与学分，形成人才培养的整个体系。根据课程在人才培养中的地位与作用，按照"必修＋选修"的要求，确立每一个体系中具体课程的课程性质。一般而言，必修课程是共性要求，是保证专业基本规格的统一要求；选修课程是个性要求，是保证专业发展方向和促进个性发展的需要。课程体系和教学内容不仅要适应经济社会发展对人才培养规格的要求，而且要适应学生创新思维发展的要求，因材施教。

高校行政管理创新之我见

王爱民

当前，我国的高等教育逐步大众化，规模和数量迅猛增长。因此，提高高校行政管理的效率变得越来越重要。我国的高校行政管理是高校实现其教学、科研两大社会功能的基础。随着高等教育改革的不断深入和高等学校自身的改革与发展，高校行政管理创新的领域和内容也在不断地走向深入。

一、我国高校内部管理体制现状

（一）高校的权力结构

高校一般存在二元权力结构的问题，即行政权力与学术权力共存：一方面，是以行政管理组织结构为网络的行政权力系统；另一方面，是以教授、专家、学者为核心，以学术组织为主体的学术权力系统。在高校内部管理中，学术管理与行政管理的矛盾也就不可避免地存在着。

高等院校的行政权力是处理学校教学、科研及其他一切行政事务的权力。这个权力，对外代表学校，体现相关民事法律关系，承担相关民事法律责任，校长是学校的法人代表；对内，它具有计划、统筹、支配、组织等一系列职能。宏观上，要规划、设计学校的发展方向、发展战略、发展布局；微观上，要组织学校的常规工作，确保学校按照高等教育的运行规律运转。学校工作的任何领域，不论它有什么特殊性，都是学校行政权力的适用范围，都必须接受学校行政权力的支配。目前。我国大学的权力结构仍然属于行政权力主导模式。舆论倡导和强调教育信念，而在所有的场合实际上保护并强化的是行政信念。

这就必然导致这样几个问题：一是高校价值导向偏移。在高校中，行为价值不取决于教育价值、学术价值、社会价值和文化价值，而是取决于它对行政权力的顺应程度。官本位意识的进一步强化，使得人们更关注权术而不是学术。二是高校的管理主体错位。由于行政权力泛化，高校的管理中心偏上，本应是高校主体的教学、科研人员成为行政权力的从属，行政支配着学术。三是高校机构职能重复，造成人浮于事，效率低下。四是办学资源浪费。一方面，大量的行政人员的存在，使得高校有限的资源消耗于非教学科研的行政和准行政行为中；另一方面，为了追求一定的利益，许多有学术造诣的教师、科研人员涌向行政管理部门，热衷于当官，而毁掉了学术前途，造成资源的浪费。

（二）高校的学术管理体制

高等学校的学术领域，具体包括教学活动的计划、学科建设与课程设置的安排、教学活动的组织与监控、学位工作的管理、科学研究（科研计划的制订、科研课题的评审、科研活动的组织、科研成果的应用等）、教师职称评审、学术问题的认定与处理，等等。这一领域是高等学校的"主战场"，是高等学校实现教书育人、创新知识、服务社会三项功能的承担者，是高等学校这一特殊法人实体性质的主要体现者，是高等学校一切工作的中心所在。学术界把这一领域行使的权力称为学术权力。但是随着高校行政权力的泛化，官本位愈演愈烈，高校内部的行政管理机构在一定程度上演变为资源的垄断部门，导致学术权力与行政权力的冲突越来越激烈，学术权力弱化。

在大学中倡导和强调学术信念，淡化行政信念，对于大学内部管理体制改革的成败有着至关重要的意义。大学内部管理体制改革，应该始终贯彻学术精神，将弘扬学术价值作为改革的重要原则，回归学术权力，健全各级学术组织，发挥学术组织的作用。校园内的其他一切活动的设计与开展，如行政管理活动、文化体育活动、生产服务活动，都必须围绕学术活动来进行，都应该有利于学术水平的提高，从而真正确立学术为本的校园核心价值地位。

（三）教师队伍建设体制

无可否认，仅仅只有教师，只有学者，对大学组织的正常运转来说是不够的，支持大学组织系统的运行还需要行政管理人员、教辅和服务人员，他们是大学组织这一有机体中不可缺少的要素。但师资队伍、干部队伍和职工队伍这三支队伍如何协调建设，是值得深思的。通常的做法是把三支队伍放在同一层次上一起抓，贯彻平均主义的管理理念，事实上淡化了教师"主体性"要素的地位，影响了教师积极性的发挥。那么应该如何协调这些关系？原湖南师范大学校长张楚廷教授说得好："毫无疑问，要办好一所学校，干部和教师都是必要的和重要的，但是，两相比较，应当把教师摆在前面，尤其是从干部方面来说，应当把教师看得更重要。这样，干部的作用和意义也就得到了更好的体现，干部要主动地为教师服务。""学校干部队伍的建设当然非常重要。但干部队伍重要性的表现首先就在于干部是否对教师积极性、创造性能爱护好、发挥好，能高度重视教师队伍的建设。干部队伍建设得如何，一个主要的方面就是通过教师队伍建设的状况来考虑和判断。"

此外，还需要树立这样一种观念：一个教师的成才和发展绝不是他个人的事情，他在学业、职称、学术发展上的要求也是学科建设的需要，是大学发展的需要。大学管理活动应紧紧围绕激发和满足这种教师的成才需要来展开，用好的政策和机制提高教师学术水平。教师置身于一种能发挥自己聪明才智，体现自我价值的氛围中，才会扎根于大学，奉献于学术事业。大学的管理活动应千方百计为教师的成才创造条件和机遇，而不能制约人的发展。如果管理仅仅作为一种制约的权力，其结果就是制约了大学的发展，损害了大学的声誉。

因此，大学内部管理体制改革的目标之一就是要凸显教师的"主体性"地位，营造成就大师的氛围，建立成就大师的机制，制定引导教师努力成为大师的政策，使教师在大学中真正得到不光是理论意义上的权力和利益分配上的高度尊重。

二、创新高校行政管理体制与机制的思考

（一）学术权力与行政权力适当分离

"当前，许多研究都把行政管理权力与学术权力相对立，而事实上，这两种权力是相互补充、相互借鉴，并且可以共存共荣的。"学术

权力应当是高等教育管理权力中的基础，行政权力不应泛化，不应当凌驾于学术权力之上。学术权力与行政管理权力适当分离并相互制衡，是高等教育健康发展的保证，这是由高等教育的性质和高校的职能所决定的。要树立权力制衡的理念。高校的权力分配要做到行政权力、学术权力和民主权力的互补，做到党委实行决策权、行政落实执行权、纪委监督检查权的"三角制衡"。

要改变行政管理权力泛化的现象，首先就要从基层出发，在院系一级营造良好的学术氛围，尽可能把行政权力的影响力降到最低。高校各部分应松散地结合，充分发挥基层学术权力自我控制、自我管理的功能，还应加强对基层教学和科研的资金和技术支持，彻底打破"官本位"思想，以服务为出发点，摆正学术权力和行政部门在高校中的位置，这也是高校有效运作和朝正确方向发展的保证。同时，要注意适当分散权力，让权力在各利益群体之间有效地配置，适当地建立一些代表机构让各利益群体参与高校的决策过程。

（二）调整管理重心，突出教学中心地位

高等院校的职能归根结底还是它的教育职能，因此必须确立教学的中心地位，充分尊重学者、学术组织在教学管理决策中的作用，要创造一种宽松和谐的学术氛围。要理顺学校内部学术权力和行政权力的关系。应建立以行政权力和学术权力经纬交叉的网状运行路径。高等学校要使行政管理重心适当下移、学术管理重心适当上移，促进两个重心的有机结合。一方面，在组织体制上尽可能实现学术权力与行政权力的结合；另一方面，学校的各级领导层和管理人员，需要同时具有学术与管理两种文化背景。

（三）提高管理人员素质，增强行政执行能力

制度创新是提升我国行政执行能力的保证。在传统的高校行政管理模式中，人是作为一种部门的资产而并非一种具有创造性的资源存在的，采取的是一种"大锅饭"的管理模式，不重视对人力资源的开发与管理，使得广大教职员工的积极性和创造性大打折扣。要提高行政管理人员的素质。首先，要提高他们的思想政治素质。端正政治立

场和政治作风。其次，行政管理人员要加强专业知识的学习，提高理论素养，掌握新的服务技术和方法。行政执行是实现行政管理目标的一种手段，高校行政管理离不开行政执行。应当在充分考虑高校实际情况的基础上，逐步推行行政执行监督问责制。

同时，要努力做到管理公正，充分保障师生员工的合法权益。首先，行使权力必须以事实为根据，以法律与合法的规章制度为准绳，在法律规章面前，人人平等。其次，在相同或相似的情况下，管理权力的行使应当体现一致性。最后，管理人员与其所处理的校内行政事务存在利害关系可能影响公正处理的，应当回避。

（四）以人为本，树立新的管理理念

管理工作者应该树立新的管理理念。首先，要树立以人为本的理念，强化民主管理意识，构建民主管理格局。学校的重大决策、制度建设，都应及时让广大教职员工了解、参与制订并予以监督，从而规范学校的各种办学活动，使学校的各项制度、办法体现人本、人权、人性。其次，要树立和谐的理念。构建和谐社会对大学的发展提出了新的要求，必须有和谐的大学理念与之相呼应。高校要把改革的力度、发展的速度和学校可承受的程度统一起来，坚持以科学发展观为统领，制订出和谐的发展战略，坚持走特色化与综合性和谐发展、非均衡与整体性和谐发展以及跨越式与可持续和谐发展之路。最后，要树立经营的理念。高校管理也要有市场意识、竞争意识、用户意识、质量意识、名牌意识、效益意识、风险意识、人才意识以及开放意识。

参考文献

[1] 陈巧玲. 高校行政管理与运行机制研究 [J]. 湖北教育学院学报，2006 (3).

[2] 唐丹. 高等院校行政管理的创新思考 [J]. 高等教育研究，2006 (4).

[3] 管宁. 高校行政管理中的问题与对策 [J]. 理论界，2008 (3).

基于应用型人才培养的物流工程专业建设

李　平

一、中国物流企业对应用型物流工程人才的需求

物流业是融合运输、仓储、货代、信息等产业的复合型服务业，是支撑国民经济发展的基础性、战略性产业。加快发展现代物流业，对于促进产业结构调整、转变发展方式、提高国民经济竞争力和建设生态文明具有重要意义。

1. 物流工程应用型技术人才培养是国家经济发展的战略要求

我国物流业增加值占国内生产总值的比重由 2005 年的 6.6% 提高到 2013 年的 6.8%，占服务业增加值的比重达到 14.8%。物流业吸纳就业人数快速增加，从业人员从 2005 年的 1780 万人增长到 2013 年的 2890 万人，年均增长 6.2%。传统运输业、仓储业加速向现代物流业转型，制造业物流、商贸物流、电子商务物流和国际物流等领域专业化、社会化服务能力显著增强，服务水平不断提升，现代物流服务体系初步建立。

在物流行业中，物流技术装备条件明显改善，信息技术广泛应用，大多数物流企业建立了管理信息系统，物流信息平台建设快速推进。物联网、云计算等现代信息技术开始应用，装卸搬运、分拣包装、加工配送等专用物流装备和智能标签、跟踪追溯、路径优化等技术迅速推广。

我国物流业发展环境不断优化。"十二五"规划纲要明确提出"大力发展现代物流业"。国务院印发《物流业调整和振兴规划》，并制定出台了促进物流业健康发展的政策措施。有关部门和地方政府出台了

一系列专项规划和配套措施。社会物流统计制度日趋完善，标准化工作有序推进，人才培养工作进一步加强，物流科技、学术理论研究及产学研合作不断深入。

2. 基于物流行业人才需求确立工程应用型物流人才培养基本要求

深入物流行业进行物流人才需求调研，分析物流行业的发展趋势，物流企业的现状以及物流行业对人才的岗位需求及能力需求。通过与北京顺义空港物流园区、天津港保税区、北京通州物流产业园区和北京平谷国际陆港建立合作，同时作为中国物流与采购联合会常务理事单位与中国物流与采购联合会密切合作，与行业和企业一同分析人才能力和岗位需求，分析中国现有的物流企业的类型和技术需求特色，分析北京地区的物流节点的布局、特点，并在与30多家物流企业调研的基础上，整理归纳出工程应用型物流人才培养基本要求，从而确定物流工程的应用技术人才能力培养定位。

企业对应用型物流工程技术人才培养基本要求：

（1）了解物流管理、物流工程、采购与供应链管理领域的发展历史、学科前沿和发展趋势，了解相关政策法规，认识物流业在经济社会发展中的重要地位与作用；

（2）系统地掌握物流管理与工程基础理论、基本方法；

（3）掌握必要的物流系统优化理论与工程技术方法，掌握常用的物流应用软件工具，掌握必要的物流信息管理理论与工程技术方法；

（4）掌握本专业类所需的数学、管理学、经济学、计算机等相关学科、专业的基础知识；

（5）具备从事物流系统分析与规划设计、物流业务运营与运作管理、物流装备设计开发与自动化运作、物流信息管理与开发应用、采购与供应链管理等的基本工作能力，以及综合运用专业知识解决实际问题的实践动手能力；

（6）具备必要的外语基础，具有一定的国际视野和跨文化交流与合作能力；

（7）具备良好的学习能力、沟通能力和社会适应能力。

二、基于校企合作的应用型物流工程人才的培养模式

北京联合大学物流工程专业定位是依托全球国际知名 IT 企业，立足物流领域，突出物流信息化人才培养特色，为物流行业培养具有扎实理工基础的应用型物流工程人才。应用型物流工程人才的培养模式，如图 1 所示。

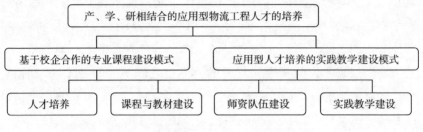

图 1　应用型物流工程人才的培养模式

1. 依据行业对物流人才的能力需求，基于校企合作形成特色鲜明的专业建设模式

专业的建设理念是物流学科的理论体系与现代物流技术发展相结合、专业理论与实践教育相结合、教学与科研相结合、基础理论教育与创新性教育相结合、专业教育与素质教育相结合，发挥物流信息化研究优势，从人才培养、课程与教材、师资队伍、实践教学四个方面加强建设，完善产、学、研相结合的专业建设模式和以实践环节为主线的应用型人才培养模式；建设并形成具有扎实工管结合的应用型的物流工程人才的培养模式。

面对就业市场日益严峻的竞争趋势，必须提升学生的就业竞争能力。竞争能力就是适应企业需要的能力。很多学生把自己的思维都局限在课堂和书本上，对于行业的需求和职业能力的需求不了解。在校期间培养学生专业工作能力和适应社会的能力在应用型人才培养方面是至关重要的。

为更好地适应首都现代服务产业和京津冀物流产业发展，推进高等教育改革，使人才培养适应北京物流产业发展的需求，北京联合大学物流工程专业在与美国国际商业机器有限公司（IBM）、德国西门子公司、北京空港物流集团、中关村软件园、上海商派网络科技有限公

司、北京平谷陆港物流园区合作的基础上，与北京通州物流基地、北京奥运城市发展促进中心、天津港东疆建设开发有限公司、甲骨文（Oracle）公司、安卓越（北京）科技有限公司、神州数码集团、北京超市发集团、燕山石化集团、新捷物流集团、天津博浩工贸有限公司等企业实践教学建设。

主要建设内容包括共同建立"物流人才培养产学研合作基地"、物流行业专家讲学、组织开展物流专业学生的实践教学、共同开展物流领域联合技术创新研究和物流人才的定向培养等工作。

2. 物流工程专业与国际商业机器（IBM）中国有限公司开展教育合作

北京联合大学物流工程专业与国际商业机器（IBM）中国有限公司签署人才培养教育伙伴合作协议，并参加教育部—IBM中国高校合作项目，开展课程体系建设、师资培训示教、专业技术认证、教学平台共建、教材编写出版、联合研究开发、学者交流访问、奖教奖学奖研、专家学术巡讲、校园科技活动、毕业实习招聘、技术支持服务等方面与开展教育合作，利用IBM全球资源优势，共同培养多层次、实用型、高素质物流信息化人才。合作领域：运筹学、供应链管理、智慧物流、智能商务、面向服务的架构技术、数据挖掘、云计算、业务流程优化、物流信息系统开发等技术。

在与IBM的教育合作中，IBM公司提供英文专业技术教材、技术资料和电子教学课件，并免费提供相关技术软件用于专业学生的实践教学。每年免费对专业教师提供技术培训，免费为学生提供技术培训和前沿技术讲座，IBM工程师亲自指导学生的专业实践，并从中选拔优秀学生参加IBM企业实习和就业招聘（见图2）。

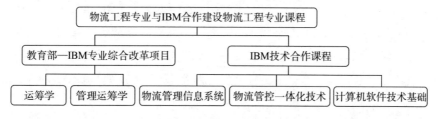

图2 物流工程专业与IBM合作建设物流工程专业课程

物流工程专业与 IBM 合作建设物流学科大类平台课建设中,《运筹学》课程作为教育部高等教育司组织的"教育部—IBM 专业综合改革项目",由 IBM 公司提供有关技术资料,委派工程技术人员协助建设,并给予经费支持。目前完成运筹学理论教学电子教案制作、习题设计与习题答案制作、IBM ILOG OPL 教学电子教案制作、IBM ILOG OPL 教学的考试大纲和模拟试题、教学录像制作、专业的案例设计以及实验指导设计、课程网站建设。目前该课程已通过项目验收。在该项目建设的基础上,面向全校开设了通识教育选修视频公开课——管理运筹学。

物流工程专业在与 IBM 开展技术合作的课程教材建设中,《数据库原理与应用》被评为北京市精品教材,《办公自动化信息系统》被评为北京市精品课程,《管控一体化技术与应用》和《计算机软件技术基础》被评为北京市精品建设教材,《管理信息系统》被评为校级精品教材。

在合作期间,IBM 公司选派优秀工程师和行业专家每年为物流工程专业教师进行免费新技术培训。IBM 公司为物流工程高年级学生开展技术培训、科技讲座工作,每年有 100 名左右的学生获得 IBM 技术认证证书。通过岗位技能培训,选拔了优秀的学生推荐到国内知名公司实习。

到目前为止,物流工程专业教师已有 5 人次获得 IBM 中国优秀教师称号,4 名教师获得国家留学基金管理委员会颁发的"IBM 奖教金"。

3. 物流工程专业与甲骨文(Oracle)公司开展教育合作

目前,物流工程专业依托北京联合大学的国家级暨北京市服务外包人才培养模式创新实(试)验区建设与甲骨文(Oracle)公司开展共建应用型大学特色专业课程体系,包括教学资源,主要是专业课程、案例资源及专业硬件资源及精品课程资源;联合出版教材;开展"教改"和"课改"项目校企合作。相关课程体系架构如图3、图4所示。

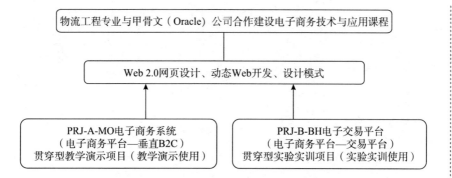

图3 电子商务技术与应用类课程建设

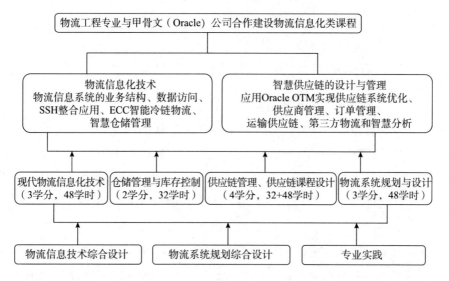

图4 物流工程专业与甲骨文（Oracle）公司合作建设物流信息化类课程建设

4.校企合作构建应用型人才培养的企业实践模式

在校企合作教育的机制上，做到企业实践对象上有选择、内容上有层次、角色上有分工、运行上有监管。结合学生实际，开展物流工程专业学生导师制，围绕企业实际需求、教师科研课题，组织学生创新研究小组，开展技术研究和社会服务，培养学生的实践能力和创新素质。详见图5。

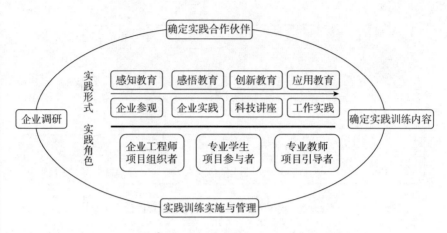

图5 校企合作构建应用型人才培养的实践模式

三、基于应用型人才培养的物流工程专业建设成果

1. 开展应用型师资队伍建设成果

所有教师获得教育部颁发的物流骨干教师培训证书，多名教师参加北京市师资培训、行业师资培训、出国英语培训、国外访问学者和学术交流。获国家高级物流师资格，全部教师成为中国物流学会会员；全部教师获行业和职业资格证书，多名教师获得学校授予的"双师"称号。

2013—2014 年，完成教育部—IBM 合作项目运筹学资源共享课程建设（省部二级）教研项目，完成北京市精品建设教材《计算机软件技术基础》教材出版工作，完成校级视频公开课管理运筹学的建设工作，开展双语教学课程 4 门，多门专业课程完成了网络学堂的建设工作。物流工程专业与北京奥运城市发展促进会开展学生专业实践教学活动并于 2014 年获校级校外人才培养基地称号，开展北京市科研项目 2 项，中国物流学会项目 5 项，获得国家发明专利 4 项，实用新型专利 4 项，发表 SCI 期刊 4 篇、核心期刊 4 篇、EI 期刊 15 篇，出版专著 2 部，国内外普通和会议期刊发表 10 篇论文，其中 4 篇获中国物流学会优秀论文奖。

2. 开展校企合作教育的物流工程专业人才培养成果

在人才培养方面，物流工程专业设立本科导师制，为每个学生配备专业导师，每位导师指导 4~5 名学生的学习、技术实践和科学研究工作。通过开展专业导师制和应用性与创新性实践活动取得了较好的教学改革成果。2014、2015 年物流工程专业毕业学生的就业率和考研及出国深造人数比例在学院名列前茅。

（1）物流工程专业学生多人在校期间获国家级奖学金、多人获得多项国家、市、校级学科竞赛奖励和各种优秀称号；1/3 的学生毕业前获国家物流师职业资格证书；全部学生获得 IBM ILOG 技术认证；学生"环保多循环"研究团队获"首都大学生社会实践优秀成果"奖。

（2）在科研方面，6 个学生团队曾获得"启明星"市级科研立项，依托校企合作，学生参与了基于 SOA 的 BPM 在冷链系统中应用研究、基于智能算法的物流配送路径优化与仓库选址问题的研究、冷冻食品企业物流配送规划、冷冻食品企业物流信息网络安全访问控制设计与实现、无线传感器网络技术在物流仓储系统中的应用、军一公司仓库选址问题研究、企业网络系统中管控一体化技术研究、基于面向服务架构的物流业务管控技术应用等科研课题的研究，在学术期刊上发表相关学术论文。

（3）拓展服务领域，提升对社会经济发展的贡献力。物流专业学生深入北京奥运城市发展促进会，开展奥运物资仓储管理工作。利用物流专业知识对奥运剩余物资进行分类、整理、存储、信息化管理，在亲历实践中传承奥运精神。学生利用暑期深入通州物流基地相关企业开展专业实践活动，与企业员工同吃、同住、同劳动，在实践中既增长了专业知识和实践经验，又锻炼了吃苦耐劳的工作精神和团队合作的能力，同时掌握了商业物流的运作能力和配送中心管理的实战经验。

总之，北京联合大学物流工程专业是以工管结合的复合型应用型人才培养为目标，构建专业理论与实践一体化的课程教学体系；以物流系统理论为基础，将信息技术融合于物流工程项目设计与实践中；以"校企合作，实践教学基地建设"为手段，构建应用型人才培养的实践教学模式。

参考文献

[1] 国务院. 物流业发展中长期规划（2014—2020 年）. 国办发［2014］42 号文件，2014.

[2] 何黎明. 稳中求进 改革创新 全面打造中国物流"升级版"——2013 年我国物流业发展回顾与 2014 年展望［J］. 中国物流与采购，2014（4）.

[3] 国务院办公厅. 关于促进物流业健康发展政策措施的意见. 国办发［2011］38 号文件，2011.

浅谈慕课教学

刘继承

北京联合大学是于 1977 年成立的几所大学分校合并组建的一所全科地方性大学。我是北京联合大学的前身北京几所大学分校之一——北京工业大学第一分校的 78 届毕业生。记得我当时就读的专业与我们学院专业同名——自动化专业，毕业后我被分配到北京电器研究所工作。1991 年我回到曾经学习、生活过的学校机械工程学院（原北京工业大学第一分校）任教，就是现在的机电学院。目前在北京联合大学自动化学院从事电路、模拟电子技术、数字电子技术等专业基础课教学。

我记得当时我们的学习条件是非常艰苦的，学校缺少师资，学生只能在简陋的校舍里接受毫无互动可言的电视教学；学校没有住宿条件，我们只能采取走读形式。而现在的学生学习条件有了很大改观，吃住在学校里，在宽敞的教室里接受面授，在设备齐全的图书馆里从事网络多媒体学习，并可以享受慕课（MOOC）学习，学习条件发生了翻天覆地的变化。就慕课（MOOC）而言，目前进入中国时间还不是很长，可能有些读者对慕课还不是很了解，下面我就慕课教学谈一下自己粗浅的认识，如果能给读者以帮助，自己将感到无限的欣慰。

所谓慕课（MOOC），"M"代表 Massive（大规模），与传统课程只有几十个或几百个学生不同，一门慕课课程动辄上万人，多时达 16 万人；第二个字母"O"代表 Open（开放），以兴趣为导向，凡是想学习的，都可以进来学，不分国籍，只需一个邮箱，就可注册参与；第三个字母"O"代表 Online（在线），学习在网上完成，无须旅行，不受时空限制；第四个字母"C"代表 Course，就是课程的意思。

一、慕课课程范围

慕课的课程范围是以连通主义理论和网络化学习的开放教育学为基础的。这些课程跟传统的大学课程一样循序渐进地让学生从初学者成长为高级人才。课程的范围不仅覆盖了广泛的科技学科，比如数学、统计、计算机科学、自然科学和工程学，也包括了社会科学和人文学科。慕课是以知识点为最小授课单元，课程短小，但又不同于微课程。慕课课程并不提供学分，也不算在本科或研究生学位里。绝大多数课程都是免费的。Coursera（免费大型公开在线课程项目）的部分课程提供收费服务"Signature Track"（特征追踪），可以自由选择是否购买。你也可以免费学习有这个服务的课程，并得到证书。

二、慕课课程形式

慕课的课程形式是一种将分布于世界各地的授课者和学习者通过某一个共同的话题或主题联系起来的方式方法。尽管这些课程通常对学习者并没有特别的要求，但是所有的慕课会以每周研讨话题这样的形式，提供一种大体的时间表，其余的课程结构也是最小的，通常包括每周一次的讲授、研讨问题，以及阅读建议，等等。

三、慕课课程使用群体

从 2008 年开始，一大批教育工作者，包括来自玛丽华盛顿大学的吉姆·格鲁姆（Jim Groom）教授以及纽约城市大学约克学院的迈克尔·史密斯（Michael Branson Smith）教授都采用了这种课程结构，并且成功地在全球各国大学主办了他们自己的大规模网络开放课程。每门课都有频繁的小测验，有时还有期中和期末考试。考试通常由同学评分（比如一门课的每份试卷由同班的五位同学评分，最后分数为平均数）。一些学生成立了网上学习小组，或跟附近的同学组成面对面的学习小组。

慕课在中国同样受到了很大关注。根据 Coursera 的数据显示，2013 年 Coursera 上注册的中国用户共有 13 万人，位居全球第 9 位。而在 2014 年达到了 65 万人，增长幅度远超过其他国家。而 Coursera 的联合创始人和董事长吴恩达（Andrew Ng）在参与果壳网 MOOC 学院 2014 年度的在线教育主题论坛时的发言中谈道，现在每 8 个新增的学习者中，就有一个人来自中国。果壳网 CEO、MOOC 学院创始人姬十三也重点指出，和一年前相比，越来越多的中学生开始利用慕课提前学习大学课程。以慕课为代表的新型在线教育模式，为那些有超强学习欲望的 90 后、95 后提供了前所未有的机会和帮助。Coursera 现在也逐步开始和国内的一些企业合作，让更多中国大学的课程出现在 Coursera 平台上。

而在中国的慕课学习者主要分布在一线城市和教育发达城市，这些地方学生的比例较大。

四、在中国比较有名的慕课网站

1. MOOC 学院

MOOC 学院是最大的中文慕课学习社区，收录了 1500 多门各大慕课平台上的课程。有 50 万学习者在这里点评课程、分享笔记、讨论交流。

2. 慕课网

慕课网是由北京慕课科技中心成立的，是目前国内慕课的先驱者之一。现设有：前端开发、PHP 开发、Java 开发、Android 开发及职场计算机技能等课程。其中课程包含初级、中级和高级共三个阶段。

3. 酷学习网

酷学习网是上海首个推出基础教育慕课的公益免费视频网站。在网站首页上，写着这么一句话："你有一个苹果分给别人一半，你还有一半。你有一门知识，教会别人，你和别人都拥有一门知识。"

4. 果壳网 MOOC 学院

五、慕课课程特点

1. 大规模

慕课不是个人发布的一两门课程，而是"大规模的网络开放课程"，是那些由参与者发布的课程。只有这些课程是大型的或者叫大规模的，它才是典型的慕课。

2. 开放课程

慕课尊崇创用共享（CC）协议。只有当课程是开放的，它才可以称之为慕课。

3. 网络课程

慕课不是面对面的课程，这些课程材料散布于互联网上。人们上课地点不受局限，无论你身在何处，都可以花最少的钱享受著名大学的一流课程，只需要一台电脑和网络连接即可。慕课这个网络课程被证明是一种高效的学习方式。如果和大课相比，更是如此。

最后，我引用李克强总理对教育的要求来结束这篇论文，李克强总理讲道：大力推动大学专业设置与产业需求、课程内容与职业标准、教学过程与生产过程"三对接"。（摘自：强国论坛 bbs. peopie. cn）我认为我们应按照总理的要求去努力，"春华秋实谋发展，学以致用铸精品"一定会成为现实。

"翻转课堂"教学模式的实践与探讨

窦晓霞

科学技术的发展给人类文明带来重大改变，同时也给教育带来巨大影响，互联网与教育的融合为知识和信息传播提供了强有力的工具，不仅使教育的知识内容信息量增加，而且使教育思想、方法、手段更加先进。《教育信息化十年发展规划（2011—2020 年)》指出，教育信息化的发展要以教育理念创新为先导，以优质教育资源和信息化学习环境建设为基础，以学习方式和教育模式创新为核心。教育部已明确，信息化应该担起改变教育模式的角色，面对云时代柔性学习的挑战，提高应用型大学人才培养质量是根本。翻转课堂（The Flipped Classroom）已被越来越多的教育工作者所关注，如何推进课程教学改革向纵深方向发展，探索以学生为中心的模式改革，需要做好哪些方面的准备和实践探讨也提上了重要日程。

一、翻转课堂的教学理念

教育的根本目标在于追求人的自由而全面的发展。人是天生万物中最杰出的一类，有可变和不变之处，人也是各不相同的，世界上没有完全相同的人。如果教学模式过于一律化，欠缺因材施教，则难以发现和实现学生的个性特长、优势和潜能。倘若人人都能各展其才、各尽其才，社会也必然会发展成为创新型社会。

翻转课堂是一种以学生为中心的教学模式，是一种强调学生个性化学习的手段。翻转课堂最重要的是其代表的教学思想，我们到底要培养什么样的学生？是做题考高分的机器，还是一个独立人格的个体？翻转课堂教学模式依据多种教育理念，包含了以人为本的理念、创造性理念、主体性理念、个性化理念和开放性理念等。其中，最根本的就是以人为本的理念。

翻转课堂与传统的课堂教学模式不同，课堂和老师的角色发生了变化。翻转课堂的重点是学生在课下完成自学，老师由授课转为进行引导。传统的教学模式是老师在课堂上讲课，布置课后作业，学生课外练习。翻转课堂是学生在课下完成知识的学习，学生可以通过互联网和计算机技术在教育领域的应用上获取优质的教育资源，不单纯地依赖老师去教授知识，而是发挥主观能动性。课堂成为老师与学生之间和学生与学生之间互动的场所，包括答疑解惑、知识的运用等，老师更多的责任是去理解学生的问题和引导学生去运用知识，从而追求更好的教育效果。大学作为文明社会中的重要组织机构，不仅传承知识文明，还要发挥人类文明的引领作用，翻转课堂是人自然的学习方式，也是未来学校的趋势。在实现人才培养的过程中，不断提高课堂教学的有效性是教师工作永远的追求。

二、教—学流程的重构与实施

对于课堂教学，笔者努力追求高质量，在备课时也始终在研究和思考：学生在课堂上到底能学到什么？学生学得愉快吗？如何才能使自己所授的课程具备"有效性"，又如何使自己的每一个教学环节、每一句教学语言都承载教育的意义。教育本身是多元化、多样化的，能解决教—学问题的方法应当去实践并应用。

（一）翻转课堂对教和学的过程进行重构

通常教—学过程由两个阶段组成：第一阶段是"信息传递"，通过课上教师讲授知识和与学生之间的互动来实现；第二个阶段是"吸收内化"，在课后学生自己来完成。由于"吸收内化"阶段缺少教师的支持和同伴的帮助，学习中的困难易使学生感到挫败，甚至丧失学习的动机和成就感。翻转课堂模式要求教师重构教学流程，着力把课程变成有意义的活动，而不是仅仅为完成工作。

1. 教学内容的创建与传递

首先，教师需要通过网络发布课程信息，使学生在课前自主进行第一阶段的"信息传递"，教师对组织和创建教学内容的目标要清晰明确，内容要有较强的针对性，查找比较方便，并落实到需要表现的具体信息内容；在制作过程中还应考虑学生的想法，以适应不同学生的学习方法和习惯，符合学生身心发展特征，具有可以自我控制的功能，便于完成知识的简单记忆、理解和运用，有利于学生的自主学习。

2. 设计组织课堂学习活动

由于学生对知识的"吸收内化"是在课堂上通过互动来完成的，教学内容在课外传递给学生后，课堂内更需要高质量的学习活动，才能使高层次的知识得以综合运用，创新得以发生。教师要充分准备，做好课堂活动的组织并在课堂上理解学生的问题给予有效的辅导，引导学生去运用知识，通过师生之间的相互交流促进知识的吸收内化过程，让学生有机会在具体环境中应用所学内容，独立解决问题，开展探究式活动，培养学生的探究精神和创造性思考的能力，使他们获得终身学习的能力。

（二）翻转课堂的实践

在大众化教育的日常课程教学中，我们努力用好探究式、启发式、讨论式等教学方法，注重保障学生的学习主体地位，增强课堂教学互动，调动学生的学习积极性，但翻转课堂模式的实施因学生、教师和环境因素的差异确有难度。基于电机与拖动基础校级精品课程建设的数年积累，选择授课对象为自动化电气1301S专升本的学生群体，根据学生的需求特点，把大学本科教育视为从事专业性课题研究的开始，作为一种尝试，借鉴由美国兴起的MOOC（Massive Open Online Courses，大规模开放在线课程）和翻转课堂理念，在电机与电力拖动基础课程章节内容中选择了以"直流电机的换向"为主题，进行了翻转课堂的模式探索。

换向问题是带有换向器电机的一个专门问题，也是电机在运行和制造中必须予以重视的问题。电机换向不良将会在电刷下产生有害的火花，当火花超过一定程度，将会烧坏电刷和换向器，不良的换向会给电机运行造成困难，甚至不能持续运行，影响其正常的使用寿命。然而换向过程是十分复杂的，电磁、机械和化学等方面因素相互交织在一起，至今还没有掌握其各种现象的物理实质。实施教学时，选择了换向的电磁现象以及改善换向的方法为学习和讨论内容，通过网络向学生传递信息，并设置了自我可以控制学习进程的功能，要求学生课下自学提出问题。

教师作为课堂教学的第一责任人，承担着管理者的角色。重要的是为了能与学生在互动交流中一起学习，答疑解惑，并引发新的思考，真正成为学生专业学习道路上的引路人。在上课之前，笔者做了大量的准备工作，制作模型教具，设置问题环节（以免出现冷场尴尬），深度检索相关资料，甚至查阅了笔者设计的电机产品图纸、电刷材质与电机运行的研究分析报告等，还专门设计了翻转课堂教学调查问卷，以便课后得到学生的反馈信息。

在实际的面授课堂，上课铃响后教室极为安静，但当第一个问题打破僵局后，课堂便成为教师与学生之间、同学与同学之间互动交流的场所，同学们纷纷提出自学过程中产生的问题和思考。换向极是怎么改善换向的？怎么确定和标注换向极的极性？为什么电刷的材料使用电碳制品？可否换成其他材料？电刷和外电路是如何连接的？……学生提出了一系列问题，有针对讨论主题的，也有涉及已学知识的，还有时会因一个问题诱发下一个问题，问题是发散的，课堂不再以老师讲授知识为主，貌似是展开了一场答辩会，知识的交互是双向的，课堂气氛十分活跃，兴奋的时候，老师和同学一起在互动学习中产生新想法，两节课有欲罢不能的趋势。翻转课堂改变了学生的学习方式，知识的吸收内化过程是通过教师给予有效的辅导以互动方式来完成的，课堂上同学之间的相互交流也会印象更深，有助于促进知识的吸收内化。

三、教学反馈与可行性探讨

为了探讨翻转课堂模式在专业课程教学中的可行性，达成更好的师生交流，改革教学方法，提高教学水平和效果，笔者设计了翻转课堂教学调查问卷，从翻转课堂的模式、课程的组织、学习方式等方面进行了跟踪调查，在同学们真诚地参与课程实践后，15 名学生经过深思熟虑提供了有价值的反馈信息，经统计分析归纳如下。

1. 对翻转课堂模式有95.6%的人认为，翻转课堂是一种以学生为中心的模式，强调学生个性化学习，利用互联网和计算机技术，简单地记忆、理解，运用被放在课下，而高层次的综合运用和创新则可在课上发生，赞同课下在线自主完成一门课程或其他部分知识学习，将自学过程中产生的问题和思考带到面授课堂中与老师交流，对推进素质教育有意义。但也有一些同学对一门课程采用此模式持反对或无所谓态度。

2. 课程的组织方面灵活，83%的人认为翻转并不是颠覆，只不过是对教学现状的一种优化，对老师的要求非常高，在直流电机换向的教学中，翻转课堂增加了学生与老师沟通交流的机会，开阔眼界，可以提高学生学习兴趣，对于同学之间提出的问题也能多一些思考，感觉课上时间过得很快，教学效果好。17%的人认为课堂上不单纯地依赖老师去教授知识，而能发挥主观能动性有不确定性。

3. 认同翻转课堂学习方式，符合人类自然学习方式的，感觉有意思、有效果，代表着未来学习方向者占80%，而20%的人持观望态度。对缺乏学习主动性的同学，无法完成课下自主学习并提出问题，还是需要讲授知识的课程，约30%的人认为因难以进行课堂讨论，翻转课堂也就没有可行性，其他则认为不一定没有可行性。

四、模式改革的体会

模式改革对教师和学生都有很大的影响。翻转课堂因教—学流程的重新建构，授课教师的角色发生转变，在教学组织、方案设计和学习效果测试方面投入了更大的精力。课程实践中切身体会到翻转课堂对老师有非常高的要求，不仅要有足够丰富的理论和实践经验，面对发散的问题，互动交流答疑解惑；也要有海纳百川的胸襟从学生那里获取知识；还要有足够宽的视野引导学生探索更广阔的世界；更要有把控整个课堂的气场来灵活驾驭课程节奏和进程。翻转课堂改变了学生的学习方式，在学习上具有针对性强、节奏可控、互动充分、开阔眼界和易引发创新思考等特点。翻转课堂的实践探讨符合应用型人才的培养需求，实现了课内与课外结合，课堂教学与网络教学结合，目标与过程结合，利于充分体现教学的全面效果，推进素质教育，从而深化专业课程教学改革成果。

翻转课堂教学模式重在发挥学生的主体作用，前提是学生有主动学习的渴望，在课前一定是要真实地发生了学习，高层次的综合运用和创新则可以在课上发生。教师良好的期待必须通过学生的内因作用方能有效，翻转课堂丰富了上课的模式，可作为对教学现状进行优化和补充的手段。翻转课堂只是众多教学方法中的一个，而教育环境之复杂，教育资源之不均衡等问题不可能靠一种或一类的教学方法就能解决。若运用此模式完成一门课程的学习，还有更多的路要走。在教育信息化发展进程中，翻转课堂对教育教学已产生一定的影响，代表着未来学习的方向，在良好的教学制度保障的前提下，翻转课堂也必将会促进学生学习积极性的成长。

"教亦多术矣。"教学是一门艺术，教无定法。教学内容不同，学生情况不同，教师性格与造诣各异，还有教学环境、社会风尚等都是影响教学方法的因素，但万变不离其宗，有一条是要恪守的，就是"要为学生着想"，要考虑如何能对学生对社会大有裨益。教师对科学真理追求的态度，人生价值与职业价值的相契相谐，师生间的智能互补、教学相长，将影响学生终身发展的道路。确信教师能做到以身示范，获得学生的信任和崇敬，会促进教学发挥更全面的效应，呈现出教学的魅力。

参考文献

[1] 教育信息化十年发展规划（2011—2020 年）. 教育部，2012.

[2] 贾馥名. 教育的本质——什么是真正的教育 [M]. 北京：世界图书出版社北京公司，2006.

教学工作内外的点滴思考与思辨

童启明

　　教学，无论基础课或专业课，"把别人的故事讲给别人听"肯定占了很大比例。依个人理解，"两头宽中间窄""内紧外松"大约是常态。所谓"两头宽"，即事前规划、搜集素材、准备教案这些工作大概是"韩信点兵、多多益善"，尽可能地博采众家；而到了讲台上，面对的学生或听众即便常有限定，也是众目睽睽、各有所需。执教者，或审慎推理演绎，或专致辨析扬弃，笃定精神过独木，洒脱神气示江河，可谓"中间窄"。

　　教师和学生比较，早念了几年书、多看了几本书，能把似乎明白的说明白、大概清楚的说清楚已经不易，更求新意启迪时，必当多思考、再延伸。教与学虽有常规，却不可一概而论，也没有人能我也能的道理，有的只是踏实脚下行远路，不期登高视野宽。

一、从"有用""没用"说起

　　现在专业技术的学与教，设定专门的领域和目标似乎已是自然，至于学成而谋生，则必是未起步而设限、未入门而定界，几乎就是按既定方针办。此种高效率、大规模生产式的教学模式自西向东而来，以尽量低的成本追求尽量大的利益，大兵团、集群式作战，要的就是整齐划一、万众一心，万万人像一个人一样才好。

　　这样的理念之下，限定之内为"有用"，界限之外可有可无，"有用""没用"即便不明说好像也有了轮廓。

　　问题就在这里。

　　专业之外叫业余，课堂之外是课余，工作之外称工余，然则生活之外乎？没有！

内外既非泾渭，"有用""没用"也就没有那么绝对。

《凤凰周刊》（2015 年第 28 期）上刊有北京大学中文系教授陈平原《新文化运动是一个播种的时代》一文，其中谈到新文化人的学养问题：五四新文化人和 20 世纪 30 年代以后的读书人最大的区别，是他们不够"专业化"，其趣味接近于百科全书派，什么都知道，什么都感兴趣，什么都想学，但不是某一个领域的专家。……那个时候的读书人，饥不择食地吸收各种知识，他们读书不是为了拿学位，撰稿也不是在做博士论文，学到了新知，赶紧用它来改造中国。……我们今天的学者，学养大都不如晚清及五四的新文化人。我们确实受过很好的学术训练，但只知道自己专业领域的那一点东西，只能做一些专家之学，专业以外，若需发言，往往捉襟见肘。

受过很好的学术训练的大教授如是说，可见"学养"和"知识"实在不是一回事。

不过"有用""没用"就像一网用得顺手的筛子，有心无心地就去"知识"的海洋里捞一把，显然成了习惯到自然的做派，时时刻刻地提醒着自己和他人：别净整那些"没用"的！这或许是直达目标的通途、克敌制胜的法宝，但往往也是势利之耳、功利之眼。

那些文理兼通、学贯东西的大师们，将工学理化与文史经哲、诗词歌赋融于一室，出神入化地如数家珍自然全赖修与养，而后来智者如潮奔涌却难企及，这"有用""没用"定是在其中起了些拖后腿的作用。

二、"差不多"是"差"多少

传统思维中不太讲究精确，精益求精、精耕细作、精打细算、差之毫厘谬之千里等教诲，一碰到中庸的大传统，就显得不那么理直气壮，"大概其""差不离""基本还可以"往往成为定夺的中心或决议的标线。

偶有外人问及，你们常说的"差不多"到底是"差"多少？未答而先踌躇，只能说因事而异、因时而异，具体问题具体分析吧。

精确大约是在现代工业制造中被发扬光大的，瑞士钟表、德国精工一再地被标榜、被艳羡，与华夏古国之手工技艺的精巧是方向的不同。现在国内一些大城市开始在公交站台试用电子提示系统，能将此种发达之地已遍及的精确性应用落实到以往不够"精确"的场所，当是可喜可贺。

"大概其"并非贬义，工程上很多问题的处理不可能也不能精确，过于追求精确反而会物极必反。控制系统单纯追求精确无误，不但不现实还可能导致振荡，所以有"误差带"之说；工程设计中将数量等级过大或过小的物理量忽略，有利于突出主要矛盾；数据处理中的应用插值法、最小二乘法时，侧重变化趋势而将精确置于其次；数值计算方法中用代数和取代积分、以差分取代微分；如此等等，可以算是"差不多就行"的工程应用了。

实际上，精与不精、准与不准总是相对的，"分毫不差"与"八九不离十"有不同的论域。可以略做议论的是把握"精确"的态度和过程。"鸟宿池中树，僧敲月下门"，"推"还是"敲"，"推"显孤寂而与心境调和，"敲"则温情不免弄声，后人揣摩也只是臆测，尽量地设身处地、感同身受。类似的，数字计算机再精确、再迅捷，截断误差、舍入误差总是有的，若要求百分百准确，则简单运算也将无结束之时，真就是瞎耽误工夫了。

所以真正要较劲的不是"差"与"不差"、"准"与"不准"，是"讲究"与"将就"。"差不多就行"可以，得讲究差多少；"基本大概其"可以，得讲究基本是多少；"不用知道为什么，能用就得了"，拿来急用可以，解决有无可以，但绝不能成为习惯，因为将此变为万事通的依靠就失了根，就成了流水浮萍，再炫耀、再得意也不过是烟花泡沫了。

三、"到时候再说"说什么

所谓"到时候再说"，谨慎之外表达出另外两种含义。一是胸有成竹，自信满满，不做预期和规划，完全是逢山开路、遇水搭桥的气势；二是心里没底，懒得斟酌，就是脚踩西瓜皮的战略，出溜儿到哪儿是哪儿。

"摸着石头过河"没错，并不意味着莽撞与乱撞，调研、借鉴、规划、预案总是必要的，要有目标、有评判，有反馈、有修正，特别关键的还得有积累，无论是自己的还是他人的，是正的还是负的，这里边都用得着。如果真的不借鉴、不参考，又太缺乏积累，那或许就只剩下"再说"一个选项了。

积累的重要不言自明，一分耕耘一分收获也。

可这"积累"确实难，不像由高到低的一泻而下，得一砖一瓦地慢慢垒，得用心花时间，"萝卜快了不洗泥"不成，"多""快""好""省"在这儿不是正相关的物理量。"六六六"现在不能用了，剧毒有害，可当初要是没有六百六十六次的失败，也没有曾经的全无敌。乙醚提取青蒿素，一百九十一次实验成功，那只是面上有记录的数据，背后得失了多少实在难以计数。如今时兴"文化之旅"，看老祖宗那些老玩意儿，哪件是"多""快""省"出来的，为了图个"好"字，全是"磨蹭"出来的，"积累"出来的。

积累是积少成多、聚沙成塔，是铁杵磨成针、水滴石穿。

我们常说量变引起质变，其实量变时已经有了质变，只是量变易见而质变难察。积累的外特性是量变，内在的消化运作则是质变。

应该说明的是，积累虽然是时间的函数，也有速度和效率问题，就像积分控制，还有个时间常数呢。讲究积累不是磨洋工，是要消除稳态误差，是追求更好的跟随性能指标。不讲效率那不叫积累，那叫懒惰。积累不仅"耗时"，还要"耗工"，得专心致志花精力，否则，单指着"到时候再说"，到时候就没得说了。

四、莫将"以为"作真谛

备电力电子技术课时，"三相交流调压电路"一节中做两个Simu-link仿真模型。乍看很相似，三组反向并联的晶闸管都是三角形联结，好像只是三相负载接法不同，前者串联在控制电路之中，后者串联在控制电路之外。如图1、图2所示。

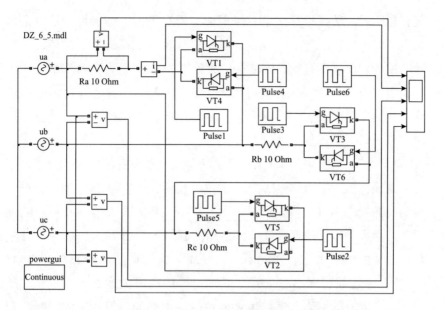

图1 支路控制三角形联结的三相交流调压电路仿真模型

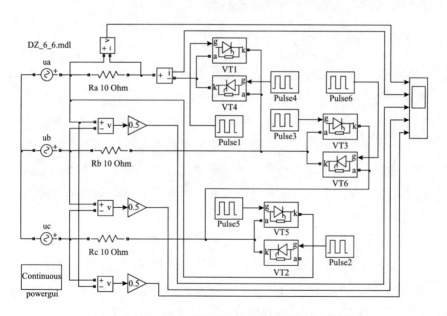

图2 中点控制三角形联结的三相交流调压电路仿真模型

就是这一点的不同，却使得负载工作时承受的电压不同。前者一相负载独立工作在线电压之下，后者则是两相负载串联分担线电压。

偶有忽略时，仿真计算结果总与理论分析有出入。细看发现疏忽，负载电压应与半幅线电压比较，才是相符。教材上只有定性描述，若非数字试验印证，难有正确结论收获。究其原因，"以为"者作祟。

由"以为"而至失、至错甚而至败并不鲜见，最悲惨莫过于切尔诺贝利核电站事故。一等的专业、专精团队，由想当然始，至急不择法，至一错再错，至成地球疮痍。

"以为"总有经验为依据，难免缺漏，时过境迁就要及时修正，不能一意孤行、不撞南墙不回头；"以为"是主观推断，猜想为主，可做行动之源，却不可为行为标的。"以为"而至个人失落，或不影响他人，若误大局时，损失的就不只是局部利益了，所谓"大以为"者造成大损失的例子太多，在此不论，只局限在专业技术的教与学之内，"以为"者也需特别小心。因为"以为"的宽宏大度之下，也常有严厉而不容反复的一面，试错虽是通往成功之必经，但耗费的时间和精力还是宜少不宜多，这仍然是效率问题。

五、简单问题简单处理的把握

备课一例，应用 Simulink 构建仿真模型，模拟演示电气机车单相交流串联三重联结整流电路采用顺序控制时的工作过程。

该电路中只有第一组整流桥工作时，直流输出限制在三分之一最高电压之下；第一组整流桥持续导通工作，控制第二组桥电路工作时可以输出最高电压的三分之一至三分之二之间；若第一、第二组桥皆连续工作，控制第三组桥的触发角度，则直流输出在最高电压的三分之二以上。如图 3、图 4 所示。

乍看起来第二种情况最复杂，三组整流桥处于三种工作状态：第一组连续导通，第二组受控触发，第三组封锁无输出。如果原原本本地按照原理图构建模型进行仿真，需要连续触发信号触发第三组整流桥的 VT_{33} 和 VT_{34}，使之构成续流通道以保证该组没有输出电压，这在 Simulink 中并不易实现。实际建模不妨变换思路，简化操作。第一组的"连续导通"就是"不控"状态，省略功率开关器件，代之以电力二极管，遇正即通、遇负即断，没问题。第三组，既然无输出，将其放在负载回路之外也可。

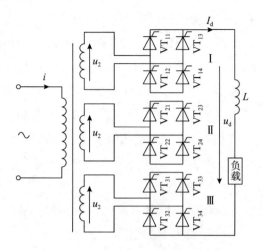

图3　单相交流串联三重联结整流电路原理

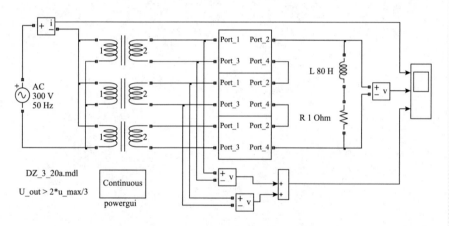

图4　单相交流串联三重联结整流电路仿真模型

这个似乎"简单"的问题落实到简单的实现方案并不简单，其中蕴含着思辨的过程。

变换的方法常用，但不是每次都自觉，经常是先顺着别人的指引或在经验的惯性作用下低头往前跑，忘了约束条件的限制，待到障碍时不思变通，结果就是进退不得。

简单与复杂这一对矛盾的统一体，总是在实际应用中成为我们的老师，不讲大道理，但求真效果。比如工程分析时，常将高等数学问题转化为初等数学能够描述的对象，曲线变折线、积分算面积、导数换除法、高阶变低阶，简约简洁但不敷衍，合理高效，一目了然。

提醒学生这样想、这样做时，自己确实应该做在前面。

文中之议唯小处论，多有习以为常之后忽然陌生感。"有用""没用"的界限本不分明，却常被作为取舍的准绳；"差不多"无害，但绝不能当作解决问题的标志；"到时候再说"要真想有得说，之前、之外就得下真功夫；"以为"本是求未知的动力，若习惯性地加个"自"字，往往就失了客观的量度；"简单"与否不在表象，变换思路是值得尝试的方法。

不以高谈阔论为理所，不以习惯成见为当然；实践出真知，思考思辨同样出真知，二者其实不能剥离。学之辩证，努力用而辩证，潜心为教者。

以身作则，做学生的良师益友

夏明萍　于　鑫

班主任是一项光荣而艰巨的岗位，同时又是一份长期而艰巨的工作。大学生的专业知识和技能的传授主要依靠教师的教学过程来实现，而学生们优良品德的培养正是依靠班主任的教育管理来实现。作为一名班主任，对创建良好的班级集体，全面提高学生素质，培养学生成为有理想、有道德、有文化、有纪律的全面发展的社会主义建设者，具有举足轻重的地位和作用。在 20 年高校专业教师的从教生涯中，笔者担任了 4 届班主任。一直以自己的行动践行着"一切为了学生，为了一切学生，为了学生的一切"的理念。

做一名合格的班主任，要善于接近学生，体贴和关心学生，和他们进行思想交流，让他们真正感受到班主任老师对他们的关心和真诚，这是班主任顺利开展一切工作的基础。

一、做好学生工作要把握好切入点

刚入校的新生，没有了考试的压力，没有了中学老师的监督，没有了家长的唠叨，彻底放松了。在这个关键时期，第一次班会非常重要，要提前给学生打预防针，反复强调大学更是专业知识和专业能力培养的孵化器，更应该踏踏实实学习专业知识，开阔视野，绝对不能放松。要拿出考大学甚至比考大学更努力的劲头来学习。学生的职责就是学习，如果认为上大学可以轻松了，绝对是严重错误的，如果学习搞不好，其他都不要谈。为了督促和帮助同学们顺利进行角色转换，班级内成立学习小组，营造良好的班级学习氛围。

二、重视班委班风建设，增强班级凝聚力

学生干部来自学生，有利于了解学生思想动态，反映学生愿望，便于和同学交流、沟通、疏导学生情绪、及时反馈学生中存在的各种问题，同时他们是校园文化的组织者和倡导者，也是维护学校稳定的有力保障。加强学生干部队伍建设对于强化校园文化建设、构建和谐宿舍、和谐班级、和谐校园有着十分重要的意义，是高校健康发展的需要。

民主选拔品学兼优的班干部，成为师生间的桥梁；同时建立竞争机制，班干部轮流上岗，全班有实力的学生都有机会参与。手机每天24小时开机，经常保持与班干部的联系。

班级学风建设、提高班委竞争力、增强班级凝聚力是班主任的工作重心所在。对待班干部，要求他们具有凝聚力，成为一个牢不可破的集体，经常教育他们树立为集体服务的光荣感和责任感，要求他们努力学习、团结同学、以身作则，鼓励他们既要大胆工作，又要严格要求，注意工作方法。对于班干部中出现的一些错误思想和做法，要具备敏锐的洞察能力，及时发现问题，积极交流解决问题。

三、及时解决学生的困难和思想波动，做学生的知心人

班主任要心里始终装着学生。注重与学生沟通，和他们进行平等的交流，从学习上关心他们，在课堂上对学生们的表现给予肯定和鼓励，增强他们的自信。在兼任讲课教师时，不仅仅传授书本知识，而且要经常结合自己的体会与学生交流做人的道理及对生活的感悟，教书的同时做好育人工作。很少批评或抱怨学生，尽量去找每个学生的闪光点，心里爱护并关心他们。无论是学生生病急需住院费，深夜同学们之间发生了纠纷，生活、学习中有困难，还是学生的心理出现了问题，班主任都要耐心细致地进行沟通、协调，彻底解决。努力做到学生有困难，第一个想到班主任，做学生的贴心人。时时以"一切为了学生，为了一切学生，为了学生的一切"为目标。

四、引领学生，激发学生对学习和专业的热情

一个好的班主任并不会替学生做出决定，而是在视野、经验和专业判断力方面为学生权衡利弊，提出中肯的意见。从对专业懵懂无知的大一新生慢慢引领到自己的专业上来，不仅仅需要各科老师的辛勤耕耘，也需要班主任正确的引导。在学习期间，班主任比其他任课教师与学生接触得更多，对学生的了解也更深入。在 4 年学习的过程中，有的同学可能会有些思想不稳定，现在 90 后的孩子思维活跃，对新事物接受得快，学习过程中思想也会有所变化。班主任应该因势利导，引领学生积极学习本专业知识，引导学生热爱自己的专业，达到润物细无声的境界。班主任应该积极了解学生的心理状态，掌握学生的思想脉搏，激发学生的学习热情，完成学业。为此，班主任应该以各种形式与学生全方位接触，加入到学生班级 QQ 群、微信群、飞信群中，通过网络进一步了解学生的思想动态，帮助学生总结自己的长处，找出自己的不足，从而做好人生规划。

五、及时与任课老师沟通

要建设好一个班级，光靠班主任一人的力量是远远不够的，需要任课教师和同学们的共同努力。因此，作为班主任要非常注重与班级各任课教师的联系，不定期地向他们了解对学生的学习要求、学生的课堂表现等方面的意见。做好学生和任课教师之间的桥梁，起到纽带作用。

班级是学校教育和管理的基本组成单位，班主任要按照学校的教育要求和教育目标，充分利用和调动班级内外一切教育力量，做好班级的教育管理工作。同时班主任要有责任心，有爱心，只要通过努力，能够确立班级的学习奋斗目标，培养正确舆论和良好的班风，促进学生之间的相互了解、相互关心，就可以建立一个学习气氛浓厚、相互之间和谐团结的优秀班集体。

六、取得成绩

目前正带着的班级成绩单：班长大一、大二学分绩点都在 4.0 以上，大二专业第一、第二都在这个班。1 位同学获得国家奖学金，学校特等奖学金，北京市三好生；4 位同学获得国家励志奖学金；4 名同学获学风建设先进个人；所带班级被评为院优良学风班。大一的物理和高数没有一个学生挂科。大一、大二没有留级的学生。大一第二学期，班级里多了一个 2010 级的留级生，该生在物流系大名鼎鼎，学校甚至要劝退他。通过积极联系家长，在班级内派了学委和班长进行帮扶，并经过不懈的努力，他大二期间所有的科目全部通过。

一个好校长就是一所好学校，一位好班主任就是一个好班级。学校一切教育教学活动都要靠班主任去协调和贯彻实施，班主任带队伍的作用发挥得好，就会形成良好的班风，为建设精品学院添砖加瓦，最终形成良好的校风。对于学校的教师队伍而言，一支高素质的班主任队伍在教育教学中起到的作用是巨大的。很多家长在送孩子上学的时候，都对孩子的未来抱着极大的希望，都希望有一位好班主任。作为学校，家长的心愿很大程度上决定了我们办学的出发点和落脚点。如何让最好的资源发挥最大的作用，是让教师队伍教书育人功能最大化的不二选择，也是不断提高教育教学质量的有效手段。选派素质高、业务精、工作方法好、思路新的老师成为班主任，并逐步打造一支高水平的班主任队伍，对提高教育教学质量必将取得良好的效果。好的班主任，应该是心系学生，以身作则，本着"一切为了学生，为了一切学生，为了学生的一切"的理念，想尽一切办法与学生打成一片，引领学生，激发学生对学习和专业的热情，做好辅导他们规划人生之路的导师，成为帮助他们事业起步的良师益友。

参考文献

[1] 程凤春. 教育中的全面质量治理：模式、争论和趋势 ［C］//褚宏启. 中国教育治理评论第 1 卷. 北京：教育科学出版社，2003.

［2］　http：//zhidao. baidu. com/link？　url ＝ W0CsdfDw6CO8W5VQeG57 ＿ EVop2Ye AtJ1E9IobUgaJtxQDNd7 － C9ammNCkgOgQx28Ymfys4wh2Jj3uiVdEXStJvJutpVXyToq － cP0g1uSEr3.

［3］　龚益鸣. 质量治理学［M］. 上海：复旦大学出版社，2000.

超课时现象成因及解决办法研究

宋玉秋　杨清梅　刘艳霞

一、超课时现象分析

高校教师在心理、行为和工作等方面具有自身的特点，学校对这些人员在管理上如果存在弊端，比如超课时费分配不合理现象，会给在职老师带来很大的心理压力与不满，长此以往，这种现象对学校的发展会产生巨大的阻碍作用。本课题是 2013 年校工会立项课题，课题组人员深入各学院、系、教研部，调查超课时问题的现状、存在的问题、各类人员对该问题的态度和建议等，还调研了其他院校这项工作的开展情况，借鉴好的经验和方法，提出切合本校实际的解决超课时问题的措施和方案，为上级部门制定相关政策提供参考和依据。

联大自动化学院电气工程及其自动化专业曾经是"市级品牌建设专业"，每年招收本科生 3 个班，专升本学生 1 个班。电气工程教研部原有教师 12 人，2006 年至今刚引进一位新人，近几年有 3 名教师退休，2 名老师调到了实验室工作，但学生数没有减少，总学时没有减少，致使全体老师出现超课时现象，有的甚至超过规定工作量 1 倍以上。但同时，由于新建了物流专业和交通工程专业，学生人数少，一些教研部专业老师工作量不够，出现"吃不饱"现象，但又不能承担电气工程及其自动化专业的教学任务。由于这两个是新建专业，近几年学院引进了几位博士，但电气工程及其自动化专业一直有引进博士的申请，至 2015 年才有一位进入。其他学校和专业也有类似的情况，就是教师总数符合编制要求，但分布不均匀，这是出现超课时现象的一个原因。还有现在的院级领导以及教科办、综合办、学生办等行政人员属教师编制，但现任工作繁重，无法承担太多的教学任务，可是平均工作量是按照教学计划总学时数除以全体在编教师人数得出来的，这也是一部分教师出现超课时现象的原因。对超课时现象进行分析会发现，自动化学院强电类课程教师比较缺乏，能够承担这类课程的其他人员，比如目前教学工作量不够饱满的老师，从现状看也不多。也就是说存在各专业人员分配不均的问题，这也是师资队伍建设中的问题。一部分教师出现超课时现象之后，如何对他们的工作给予肯定，采用何种行之有效的办法对其进行经济补偿，实现多劳多得，解决现时存在的问题，这些对学校的发展至关重要。

二、"阶梯式"超课时费用发放方法

所谓"阶梯式"超课时发放方法，就是根据相关政策及方法先制订一个标准工作量，比如副教授每学年300学时，超过100学时以内的按现在的标准发放课时费，超过100学时以上的应提高一个台阶。当然这是在保证教学质量的基础上进行的。可以算一笔账，对于严重缺乏教师的课程，如果选用外聘教师，按现在的课时费情况是在职教师的两倍以上，而在职教师在完成同样工作的情况下实际上是为学校节约了资金。另外，有些课程，寻找外聘教师非常困难，比如电气工程及其自动化专业（专升本）电力系统继电保护课程，当初本院教师无法承担，一直在寻找外聘教师。终于找到了一个退休老教师，结果开学前审查，由于年龄超标没通过，又不能马上找到其他合适的人。领导只好安排本专业老师承担，致使这位老师那个学期承担了5门课程，严重超课时。如果按照学院当时的政策，每学年教学工作量超过450学时以上是没有课时费的，这对教师的工作积极性是很大的打击，而且也不符合社会主义"按劳分配，多劳多得"的原则。学校制订教学工作量每年450学时封顶的政策，是为了保证教学质量，同时让老师们有时间和精力进行科学研究，但对于严重缺编的专业，政策应灵活。可以制订教学学时与科研研时互相冲抵的政策，适当根据实际情况制订比例系数，比如两三个学时抵一个研时，等等，到年终考评时兑现。这样才能调动老师教学超学时的积极性。同时，对于科研能力强、教学工作量偏少的老师，也可以用科研研时冲抵教学课时数，这样人尽其用，还能减轻部分教师的工作压力，调动广大教师的工作积极性，提高生活幸福指数，使其能达到愉快工作的境界。

三、师资储备与教师培训相结合

高校师资培养是高等教育中的一个基础工作。师资是学校的第一资源，是加快学校发展，提升核心竞争力和综合实力的动力之源。学校应进一步调动教师教育教学和科研工作的积极性，培养和建立一支规模适当、结构合理、素质优良、爱岗敬业，教学改革意识强，科研应用能力强，与学校发展相适应相对稳定的高水平师资队伍。通过对超课时现象的分析研究发现，有些专业需要尽快进行师资储备工作，比如自动化学院电气工程及其自动化专业，6 年内将有 5 位老师达到退休年龄，这些年如果再进不来新人，将无法完成规定的教学任务。应注重专业带头人、课程负责人和青年骨干教师的培养。对带头人、课程负责人和青年骨干教师，给予相关岗位的津贴，在出国进修、国内培训、学术交流和申报职称时给予优先考虑。组织教师定期开展教学比武和优质课竞赛活动，推广优秀教学方法，提倡教师采用新的教学方法，鼓励教师大胆创新。教师之间相互听课、相互学习、共同提高，加强教学改革研究，提倡集体攻关，充分发挥老教师的传、帮、带作用，使新进青年教师迅速成长，使学校教师的教学水平和科研水平得到整体提高。

同时，对现有在职教师，特别是教学工作量不饱满的人员，进行各种培训，提高执教能力，增强其适应能力。对教师的培训主要采取在职学习为主、脱产学习为辅、专业对口的原则。每年安排新进教师进行岗前培训，试用期满必须取得高校教师资格证，落实教师持证上岗制度。对新进教师要及时帮助确立专业发展方向，安排其学习学院教学管理及学生管理方面的规定、各教学环节的总体要求等。在技能培训方面，帮助教师提高计算机应用技术和外语水平，在业务培训方面，通过举办各类教育教学方法和专业技术讲座，开展论文写作规范、科研项目申请、国内外学术交流等方面的培训，帮助教师全面提高学习能力、教育教学能力和科研能力。进一步加大校外培训力度，广开"双师型"培训渠道。一是采取从企业中选聘工程师、技师、管理人员到学校经过教学业务培训后担任实习实训教师；二是从社会上聘用既有专业理论水平又有实践经验的工程技术人员到学校任专、兼职教师。同时，要有计划地安排专业教师到对口企业进行专业实践锻炼，在职务晋升、岗位津贴、课时补贴、年度考核等方面，向具备"双师"素质并定期下企业实践的教师倾斜。

参考文献

［1］陈倩兮．高等职业教育的教师素质［J］．高校教育研究，2007（3）．

［2］甘华鸣．人事管理速成［M］．北京：企业管理出版社，2001．

［3］苏丽娴．充分运用现代技术推动学校师资建设［J］．辽宁教育研究，2002（5）．

电气工程"专升本"实践教学体系的实施

宋玉秋

一、实践教学体系设计理念与特色

实践教学体系分别由课程实验、实习、设计和专业综合训练等环节构成。

课程体系设计的总体思想是：着力加强学生的公共基础、专业基础知识，重点提升专业基本能力与素质；拓宽专业知识面，强化电气工程系统的概念，培养学生综合应用专业知识分析和解决实际问题的能力。

专业能力培养体现在专业基础课程和专业课程，设置的课程涉及电气工程及其自动化专业的主干学科：电气工程学科、控制科学与工程、计算机科学与技术，重点强化专业基础课程，主要课程的学时学分设置与普通本科对齐，使学生通过两年的学习，专业基础知识"升"至（达到或相当于）本科水平。

专业必修和选修部分面向国家和首都经济社会发展需要，注重职业能力培养，开设"电气工程"和"嵌入式系统"两个选修课程模块。"电气工程"模块，侧重强电与弱电结合，软件与硬件结合，在电力系统供配电技术、电气设备运行及管理方面扩展和延伸专业知识；"嵌入式系统"模块，侧重嵌入式系统应用开发与设计，理论与实践结合，系统与部件结合，在无线通信与无线网络、嵌入式系统硬软件开发工具和环境方面扩展和延伸专业知识。

职业能力拓展主要包括学生各类课外实践项目、各类竞赛、社团活动、参加学术讲座和获取相关的职业技能证书等。

二、课程实施的形式与教学方法

课程实验包括验证性实验（电力电子技术、电机与电力拖动基础）、设计性实验（供配电技术、电力系统继电保护等）。课程设计课题来自工程实际，比如供配电技术课程设计课程通过完成一个实际的企业供配电系统整体设计这种训练，使学生初步具有实际工程设计和运行管理的基本技能，包括用电气 CAD 绘制工程图纸。专业综合训练通过完成一个专题或项目的设计与执行过程，使学生学习查找参考资料文献方法、了解行业技术标准（或规范），培养综合应用所学专业理论知识的能力，获得系统实现、系统运行调试的实践经验，提高问题之发掘、分析、处理能力，培养学生严肃认真的科学态度、创新精神、有效沟通与团队合作能力。

课程设计以实际训练为主，课堂讲授为辅。课堂讲授采用多媒体教学方式。由于课程综合性、实践性较强，课件收集了大量现场资料图片，配合工程实例讲授，多组织各种形式的讨论，使学生得到实际的工程训练。实验教学分为两部分，一部分在实验室利用实验设备进行；另一部分是 MATLAB 仿真实验，充分利用现有条件及资源，开阔学生眼界，提高动手能力。嵌入式系统综合训练课程在实验室进行，通过任务分析，指导学生按照实际工作的思路，通过需求分析、软硬件系统分析、软件实现和集成测试等步骤最终完成综合实践任务。在实践的过程中对学生遇到的难题给予充分的指导，注重启发和引导学生的编程思路，提高其根据语法错误的编译提示排除错误的能力，培养学生利用各种调试手段定位和查找难以发现的逻辑及功能性错误的能力。实际训练在实验室现有的嵌入式系统开发平台"NET－ARM2410 经典"上完成。

课程设计多为考查课，考核包括三部分：平时考核（随机提问、阶段抽查、出勤情况等），答辩，课程设计报告。成绩包括三部分：平时成绩占 20%，课程设计报告占 60%，答辩占 20%。在专业综合实训阶段，教师应注重学生在综合训练过程中的表现，建议根据学生在各个阶段的设计成果、实验结果、学生口头报告以及综合训练书面报告等综合评定课程成绩。课程的最终成绩为"电气控制系统设计与实现""单片机应用系统设计与实现"两部分成绩加权求和。其中"电气控制系统设计与实现"占70%，"单片机应用系统设计与实现"或"可编程逻辑器件应用系统设计与实现"占30%。

三、实践教学环境及师资队伍

电气工程模块有电气传动实验室、继电保护实验室、PLC实验室、微机实验室和自控实验室等作为支撑，集合了整个自动化学院的实践教学资源。嵌入式模块，还有专门的嵌入式实训室，目前是能够满足人才培养的要求的。校外实践教学环境的利用，目前虽没有固定的校外实习实践基地，但部分学生在第三学期的6周综合实训期间，及第四学期16周的毕业设计期间，可以自寻校外单位岗位实习，由学校老师与校外工程师共同协商指导完成相关内容，取得相应学分，充分利用了校外资源，也为学生就业提供了方便。实践教学体系涉及的各门课程均按要求制订教学大纲，严格按照教学大纲执行，保证教学质量。课内实验要说明学时、实验名称、实验要求、实验内容和重点难点等。集中实践环节，如课程设计、专业综合训练等要说明课程教学目标、实训课程内容及学时分配，每周实际实训时间不得少于24学时。严格按照考核方式、成绩评定方法去执行。到校外参加实习的学生，需按客观条件写申请报告，详细说明实习单位情况，现场指导老师需具备工程师职称，写明实习任务、工作天数等，经专业负责人批准，学工办领导同意方可离校。实习结束，需按要求完成实习报告，交校内指导老师评阅并进行答辩方可取得成绩和学分。

自动化学院电气工程及其自动化专业是北京联合大学校级骨干专业，经过多年的建设，该专业在适应社会需求、培养应用型人才方面具备了比较鲜明的特色，在通才教育与专才教育的结合方面积累了相当多的经验，软件与硬件基本教学条件也已得到不少加强。2005年，被北京市教委批准为市级品牌专业建设项目，划拨了专项建设资金予以资助。专业定位：电气工程与自动化专业是强弱电结合、电工技术与电子技术结合、硬件与软件结合、元件与系统结合的宽口径工程技术专业。与之匹配的是有一支实力雄厚、经验丰富的师资队伍。从教多年的专职教师队伍里有教授、博士后、双师型人才等。学院对专升本教育非常重视，配备的教师都是精兵强将，这些人本身具备的优良品质、敬业精神、职业能力和创新能力等，从而保证了教学质量。

四、教学体系存在的问题及建议

1. 存在的问题

（1）师资队伍建设方面：强电方向的教师缺乏，人员老化，需要新鲜血液。

（2）实践教学资金缺乏：电气 CAD 企业版软件的经费需要几十万元，这些年都是在用演示版软件。

（3）实践教学场地紧张：强电设备拥挤，与两个或三个本科班学生共用实验室。

2. 建议

（1）师资队伍建设方面：除引进强电方向的年轻教师外，对现有在职教师，特别是教学工作量不饱满的人员，进行相应的培训，提高执教能力，使其适应性更强。

（2）解决资金及实践教学环境拥挤的问题，利用已有机房，购买仿真软件，开展仿真实验，比如发电厂、变电所电气设备及运行等仿真实验。

参考文献

［1］杨清梅. 可编程控制器（PLC）的教学实践与探索［J］. 应用型大学课程体系与教学质量研，2008（10）.

［2］华红艳，楚随英. "电气工程及其自动化"专业实践教学改革探索［J］. 郑州航空工业管理学院学报，2005（1）.

［3］童启明. 对工程技术实践教学的一点讨论［C］. 北京联合大学自动化学院提高执行力专题论文集，2014.

浅谈学以致用在教学中的成效

陈辉东

北京联合大学早在 2006 年以本科教学水平评估为契机，提出了"发展应用性教育，培养应用性人才①，建设应用型大学"的办学宗旨，以培养"高素质、应用性"的人才为目标，并以"学以致用"作为学校校训。学以致用的"致"是使达到、实现的意思，学以致用的意思是将学到的知识应用于实践，指导和服务实际的生产、生活。如今，老师们对学校应用型本科教育的办学定位已经很明确，在实施学以致用教学上也取得了很大成绩。

一、明确应用性教育

将近十年来，老师们对学校应用型本科教育的办学定位已经很明确。应用型大学为满足本地区社会经济建设需要而产生，是有别于研究型大学而高于高职高专院校的一种新型大学，应用型大学是高等教育大众化发展过程中的产物。

应用型大学与研究型大学的人才培养目标不同，它培养的不是学科型、学术型、研究型人才，而是面向现代社会的高新技术产业在生产、建设、管理、服务一线岗位，直接从事解决实际问题、维持工作正常运行的高等技术应用性专门人才。高职高专院校重应用轻理论，更强调技能训练和培养。应用型本科教育应该是：理论知识的掌握达到本科教学大纲的基本要求，实践能力超出普通本科院校学生的平均水平。强调应用并不意味着就以应用为主，而忽视基础理论知识教育。

---

① 全书仅在本文中使用"应用性人才"这一说法。

应该是基础理论知识和技术应用并重，两者是相辅相成的，没有基础理论知识，就谈不上应用，而应用又可巩固加深基础理论知识，并可转化为职业素养和技能。

二、学以致用教学取得的成效

1. 重基本理论的分析讲解和应用

应用型大学培养的人才在基础理论知识的掌握上要求达到本科教学大纲的基本要求，教师的精力就可放在大纲要求的基本原理、基本理论的分析讲解上，放在理论知识的应用上，而不用把精力放在理论知识的产生及推理上。比如模拟电子技术里的 PN 结，我们不用纠结于电子和空穴的运动规律，而重点讲解 PN 结的特性，讲解 PN 结的应用，如二极管、三极管的应用等。以前，为了与重点大学看齐，使用的教材与重点大学一样，又厚又不实用，学生们不仅看不进去，而且应用例子讲得很少。所以，这些年来教师们根据学生的特点选用了适合学生特点的教材，有的课程则编写了适合学生使用的教材，例如自动控制原理。

2. 重实践教学

实践教学有着和理论教学同等重要的地位，实践教学是课堂理论教学的延伸，是理论联系实际，培养学生的动手能力、专业素养、职业技能和创新能力的重要环节。2006 年以后，实践教学得到校院领导的高度重视，有些课程增加了实验学时，把实践教学提升到了一个前所未有的高度。这一点已经得到广大教师的认同，人人努力提高自己的实践技能。教师都受过精英教育，专业知识扎实渊博，理论上过硬，这几年教师们主要在教学方法和实践能力上下功夫。

自动化学院是工科学院，几乎每门课程都含有课内实验，这种课程以理论课为主，验证性实验为辅。而单独设立的课程设计、专业实训则以实践为主，理论教学为辅。因而，学院里的教师既是理论教师又是实践教师。教师课前经常到实验室排实验，特别是到新购置设备的实验室做实验，一个实验排 3~4 次，做到出现的问题心中有数，等到学生来做实验时，就可轻松答疑解惑。真正做到：要求学生明白的原理，我先明白；要求学生动手操作的环节，我先动手；要求学生掌握的技能，我先掌握。

3. 学生能力的提升

2006 年以后，学校学院加强实验室建设，实验环境得到很大改善，实验室购置了许多新仪器设备。随着实验学时的增加，专业老师投身实验室，熟悉实验设备，开设了一些实用的实验项目。

通过实验项目的训练，学生的专业知识进一步加深巩固，动手操作能力、专业技能得到很大提高。在专业实验室，学生实验时每组人数 2~4 人，这几个同学通力合作完成实验任务。在这里沟通合作能力尤为重要，因而在实验过程中学生的团队意识、协作精神、交流沟通能力、综合素质等都得到很好的锻炼。

把专业知识学得较好有能力的学生拉进教师的科研项目，使学生更早接触专业研究方向，培养学生的专业兴趣和科研精神，为将来的就业打下基础。另外，越来越多的老师会指导学生的科技活动，例如团委主办的"启明星"大学生科技创新项目，教师带领学生制作一个小课件、小产品或完成一个小项目；指导学生各类科技竞赛，如全国大学生电子设计竞赛、物流或交通项目竞赛。学院近些年老师带领学生参加"西门子杯"全国大学生工业自动化挑战赛均取得国家一等奖的好成绩。通过指导学生参加学科竞赛，学生掌握的专业知识更深入，知识应用更灵活，分析问题、解决问题的能力提升。最近几年的就业表明，用人单位优先录用参加过竞赛的学生，特别是竞赛中获奖的学生，单位会优先聘用。按用人单位的话说，参加过竞赛的学生，竞赛科目知识扎实，工作责任感强，思维活跃，动手能力更强，具有较好的交流沟通能力和团队合作精神。

三、学以致用教学存在的不足

1. 开发新课程、新实验项目的能力有待提高

虽说现在的实践教学趋于成熟，然而处于科技发展的时代，知识和技术日新月异。这就需要我们跟上时代的步伐，适时调整知识结构，不断开发新课程、新实践内容来训练学生，培养出满足社会需要的新人才。

鼓励教师到实验室研发新的实验项目。尽量把闲置的实验设备都开发利用起来，做到物有所用。这样一旦课程增加实验学时，就可做到心中有数。在实验室建设购置的实验设备中，有一些价值较高的大型设备，这些设备操作复杂，有单独的编程软件，程序设计繁杂，会熟练操作的教师并不多，因而设备的使用率较低，一般只在毕业设计和科研项目研究时用。如果会使用的教师编写较详细的使用说明书，那么有更多的教师会操作使用，也可以开发新的实验项目。

2. 教师之间业务交流学习机会较少

在有条件的情况下鼓励教师到公司、企业接受培训，学习本行业先进的技术，把企业正在研发的技术手段与新技术相关的课内知识给学生们讲一讲，让学生知道所学的知识社会上还在用，这样肯定能激发学生的学习热情。然而校外培训经费有限，因而在校内交流学习就显得尤为重要。

教师平时忙于教书育人，空余时间又忙于科研，彼此之间交流学习较少。笔者认为应该多开展以课程为单位的讨论，只要你教这门课程，就可提出你的见解和意见。可交流学习的方面很多，包括教学方法和教学手段，如何设计授课语言，先讲什么后讲什么，举的什么例子等都可以讨论。实验课也可以展开讨论，比如课程开设哪几个实验项目，哪个环节学生易出错，实验指导书哪个地方需要修改，针对某个实验如何查找电路故障、如何判断元器件的好坏等。通过交流学习，教师之间可取长补短，互相促进；青年教师可向有经验的教师取经，快速成长。

3. 人人共谋专业发展的热情不够

我们需要高水平的实践教学带头人，但是我们更需要为了学院发展而努力工作、团结合作、奋进的集体。实验室建设不是专业负责人一个人的事，实验室是为专业开设，跟专业相关的教师都应该集思广益，做调查研究，提出方案和意见。只有实验室建设好了，才能更好地为师生服务。一个好的实验室可为教师搭建科研平台，可给学生提供专业技能训练。

总之，从学校提出应用型本科教育的办学定位至今，教师们的教学观念已经转变过来，并在教学中实施"学以致用"，通过实践环节的训练，学生的动手能力、交流沟通能力、团队协作、综合素质、专业能力等都得到很大的提高。

参考文献

[1] 任伟宁. 应用型大学师资队伍建设的几点思考 ［G］//应用型大学教学体系与实践教学基地研究. 北京：中国电力出版社，2007.

[2] 徐安军. 学以致用理念在应用型本科教育中的体现 ［J］. 南京工程学院学报：社会科学版，2008，8（2）.

[3] 陈辉东，袁峥. 优化资源配置 提升实践能力 ［G］//应用型大学工科人才培养研究. 北京：电子工业出版社，2011.

高校辅导员科研能力提升路径研究

吴巧慧

随着高校对于辅导员科研能力重要性的认识不断提高，辅导员队伍的科研能力现状、辅导员队伍科研能力的提升路径与方法等越来越得到关注。2004 年国务院 16 号文件《关于进一步加强和改进大学生思想政治教育的意见》明确指出："大学生是十分宝贵的人才资源，是民族的希望，是祖国的未来。加强和改进大学生思想政治教育是一项重大而紧迫的战略任务。"而 2006 年教育部令第 24 号文件《普通高等学校辅导员队伍建设规定》特别强调高校辅导员"是开展大学生思想政治教育的骨干力量，是高校学生日常思想政治教育和管理工作的组织者、实施者和指导者"。通过《2006—2010 年普通高等学校辅导员培训计划》的实施，辅导员思想政治素质、职业素养、业务水平得到了显著提升，但随着近年来国内外形势的变化以及高校辅导员的工作对象——大学生各方面特点的变化，高校思想政治工作对辅导员的素质提出了更高的要求。教育部思政司司长冯刚指出，要以党的十八大精神为指引努力推动大学生思想政治教育科学发展，这就要求必须坚持质量导向和内涵发展，在加强标准建设和制度建设上下功夫，进一步推动高校辅导员队伍专业化发展。

一、高校辅导员科研能力提升的重要意义

我国高校辅导员队伍综合素质虽然不断提高，队伍建设逐渐从经验型向研究型转变，但仍然过多侧重于事务性工作，对高校辅导员的另一项重要任务——科研工作的认识不够，重视不足，科研能力普遍较弱。作为大学生的人生导师和健康成长的知心朋友，高校辅导员如

果自身缺乏创新意识，科研能力不足，在开展针对大学生的思想政治工作时，由于无法与学生在学术创新上进行深入互动，职业价值只能更多体现在充当大学生的保姆式管理者，无法有效促进大学生创新能力培养。

（一）高校辅导员科研能力提升是辅导员队伍专业化发展的趋势和途径

从 2004 年以来，高校辅导员队伍经过十年多的发展，已经从年龄、学历、职称等基本结构上实现了质的转变和提升。但是，队伍建设在取得阶段性成果的同时，也面临着向纵深推进的瓶颈和难题，职业化、专业化的队伍建设思路固然可取，但队伍专业来源复杂且多样化，且多数为未接受过思想政治教育专业系统训练的群体，基本依靠传帮带和经验主义开展工作，成为影响队伍专业化、职业化进程的一大因素。加强对于辅导员科研能力的研究，提升辅导员对于思想政治教育专业研究的理解能力，是推进辅导员队伍专业化发展的途径和内在趋势。

（二）高校辅导员科研能力提升是辅导员自身内在的发展需求

辅导员作为大学生思想政治教育工作的一线人员，长期以来，囿于缺乏专业依托和支撑，对于自身在高校的专业地位和职业感受度、认同度一直较低，导致队伍的专业化难以形成。如何加强对于辅导员科研能力的研究，就成为提升辅导员科研能力的重要手段。通过系统分析和研究，将成果运用于指导辅导员的科研工作实际，必将从队伍内部提升其开展科学研究的积极性和主动性，将辅导员队伍的科研能力提升至全新的水平，从队伍内部促进队伍自身的发展，形成辅导员成长、发展的内在驱动力。

（三）高校辅导员科研能力提升是提升大学生思想政治教育工作水平和质量的迫切要求

在高等教育由精英教育阶段转向大众教育阶段的进程中，高校学生工作出现了新的课题，对辅导员的素质和能力也提出了更高的要求。

同时，社会思潮的多元化也给大学生的个人成长带来了困惑，迫切需要给予正确的引导和帮助。如何运用专业知识与科学方法加强对学生工作的研究和探索，成为提升大学生思想政治教育工作水平和质量的迫切要求，辅导员队伍迫切需要从单一经验式工作方式提升到复合研究型工作方式，以适应新时期的工作需要。在这一复合研究型工作方式中，开展科学研究工作必将成为其核心理念。

二、辅导员科学研究能力的内涵与外延

科研能力是科学研究能力的简称。辅导员开展科学研究，首先要明确什么是科学和科学研究。"科学"一词最早取自日本人西周的译法，意为对学问进行分门别类的研究。《辞海》中对科学的定义表述为："科学是关于自然、社会和思维的知识体系。它适应人们生产斗争和阶级斗争的需要而产生和发展，是实践经验的结晶。"[①] 科学可以从不同维度去理解，但是归根结底其核心内容包括科学知识和科学研究方法。

辅导员科研能力的构成要素包括以下几个方面：1. 科研的认知力，主要是指对科学研究的洞察力和理解能力，以及对科研的内涵、本质及内在规律的认识；2. 科研动力，主要指推动辅导员开展科学研究的驱动力，包括内在驱动力和外在驱动力；3. 专业知识，主要指与科研内容相关的理论知识以及有关研究方法的知识；4. 创新人格品质，主要指创造兴趣和创造意志，它能激励辅导员开展科学研究，并且能够在科研过程中克服困难；5. 行动力，主要指开展科学研究的主动性、推动性与持续性。

辅导员开展科研的动力有内部驱动力和外部驱动力。内部驱动力主要是对研究本身的兴趣或从研究中获得的愉悦，以及职业发展需求和个人能力提升的需求；而外在驱动力来源于个体外部，主要有科研的环境、政策的激励、职称评定和职务晋升等。内驱力是辅导员科研能力形成的根本动力，因此形成有效的外驱力转换成内驱力的机制，才能真正提升辅导员的科研能力。

---

① 《辞海》，上海辞书出版社1980年版，第1746页。

三、辅导员科研能力提升路径

新时期高校辅导员科研能力的提升，还是要靠两条路径：一是内生路径——自身的努力；二是外在路径——机制的推动。内因是事物变化发展的内在依据，是事物存在的基础，是事物运动的源泉和动力。内生路径的实现需要高校辅导员主体作用的激发，包括高校辅导员科研意识的提高、专业知识的扩充、科研方法的学习和科研经验的积累等。辅导员应该在日常工作中注重加强自身科研意识的养成和在职业化过程中科研习惯的培育，这一点是辅导员科研能力提升最宽厚的基础，也是每个辅导员都必须具备的素养。而外部路径的实现则主要靠机制的建设来推动，其机制建设主要从以下方面着手。

（一）构建科研培训机制

辅导员的科研培训对于提升辅导员的科研能力和思想政治教育学科的研究水平都具有一定的指导意义。培训主要侧重于社会科学研究方法的培训。目前高校辅导员科研能力薄弱主要体现为不知如何选题、如何做文献综述、如何做问卷调研和个案分析等。论文写作技巧缺乏。科研论文写作指导和课题申报培训可以有效改善辅导员科研论文写作水平和课题申报的成功率。

（二）构建科研导师机制

为辅导员选配科研导师，主要从学校思想政治教育专家中选拔。该项机制的建设能有效整合科研资源、构造科研氛围，帮助辅导员进入思想政治课教师体系的科研团队，在科研导师的带领与指导下，真正参与科研项目，学习科研方法与知识等。这一机制的实现一方面需要辅导员体系内部构建科研共同体，加强研究；另一方面需要辅导员进入专任教师研究团队，将思想政治教育与人才培养相融合，交叉学习。

（三）构建实践研究机制

由于辅导员工作的特殊性，其研究来源于实际工作中的问题发现意识，其成果也必然是对实际工作有借鉴作用，这是辅导员开展科研工作有别于其他专业学科的一大特点。因此，如何形成辅导员科研成果与实际工作的对接和互动，在提升科研能力的同时，需要提升开展实际工作的水平。辅导员科研能力的提升，是一个系统工程，对辅导员队伍建设具有一定的指导意义。

（四）构建科研保障机制

辅导员协会学术研究和交流的功能是提升辅导员科研能力的重要影响因素。全国首个高校辅导员协会是上海复旦大学于 2005 年成立的高校辅导员协会。协会目前在指导辅导员科学研究方面还比较薄弱，今后要将辅导员协会的工作重心更多地向为辅导员提供科研培训和指导转移，为辅导员学术交流提供平台，开展社会科学研究方法培训，建立高校间辅导员课题申报指导团队，加强高校之间的辅导员学术交流，为辅导员提升科研能力提供保障。

研究能力是辅导员获得专业身份的基石。科学研究有助于减少重复劳动，研究的目的不是增加额外的负担，而是提高工作效率。研究之初可能会费时费力，但是一旦进入研究的正常状态，就会熟练解决日常遇到的各种难题。只有科学研究才能让辅导员逐渐获得专业属性，成为受人尊重的职业。具有科研意识、知识与能力，是所有专业人员的共同特征。高校辅导员如果自身缺乏创新意识，科研能力不足，在开展针对大学生的思想政治工作时，由于无法与学生在学术创新上进行深入互动，职业价值只能更多体现在充当大学生的保姆式管理者，无法有效促进大学生创新能力的培养。

数字电路系统设计课程教学探索

贺玲芳

随着电子设计技术的飞速发展，电子器件设计的集成度、复杂度越来越高，传统的数字电路系统设计方法已满足不了要求，因此要求能够借助当今先进的 EDA（Electronic Design Automation，EDA，电子设计自动化）工具，使用一种硬件描述语言，对数字电路和数字逻辑系统能够进行描述。因此，高等院校开设数字电路系统设计相关课程是先进技术发展的必然产物，也是符合当代人才培养发展的迫切要求。数字电路系统设计是面向高等工科院校电气信息及自动化类等相关专业开设的应用型课程，是一门实践性很强的必修专业基础课。学习本课程之前需要先修的课程包括电路原理、数字电子技术和 C/C++ 语言设计等课程。本课程通过对数字电路系统大规模逻辑器件——可编程器件 FPGA（即现场可编程门阵列）认识、硬件描述语言运用和 EDA工具操作，使得学生能够迅速掌握 VHDL（硬件描述语言）设计方法，初步了解并掌握 VHDL 语言的基本要素，能够读懂简单的设计代码并能够进行一些简单设计的 VHDL 建模。但在数字电路系统设计的教学过程中，经常会遇到这样的问题：一是 VHDL 硬件描述语言与 C 语言相似的硬件描述语言，可让设计人员易学和接受，但学生对 VHDL 与C 语言的差异不够重视，导致数字电路设计出现错误；二是学生习惯了计算机编程语言的软件，忽略了 VHDL 硬件描述语言的硬件思维，导致硬件资源的浪费；三是学生较少接触 VHDL 硬件描述语言和Quartus II 工具，动手能力差，设计实验水平低。针对教学过程中遇到的这些问题，本文将从基础问题、工具问题、思想问题和设计方法等方面入手，从思维上改变学生的认识能力，使学生对数字电路系统设计所涉及的技术方法和工具有一定的感性认识。然后，在此基础上，结合教学经验，从几个方面提出如何学习此课程，对学生深入学习、提高学习兴趣和应用能力打下坚实的基础。

一、课程特点

数字电路系统设计课程最重要的两个特点是应用性和实践性，它是学生已学知识综合应用能力的体现。应用性是将实际应用形式提取出它真实的逻辑关系，然后运用其相关理论将它描述出来或设计出来，建立在基础理论之上，是学生学习进阶的一种体现，是学生与社会接轨的必经途径。因此，学生接触此类课程时遇到困惑很多，感觉之前学的一些理论基础难以支撑所面临的应用性问题。针对数字电路系统设计课程的应用性，课程所用知识，需提前告知学生，让其早点准备和预习，同时在课程中穿插讲解实际设计案例，对所用知识展开分析，对其应用性进行延伸。教师每次上课之前为学生们精心设计本次课程的课程目标，给出学生需要查阅的文献、图书、网页视频等相关资料，并且要求学生课前自己读书预习，查阅教师所列图书及其中重要章节，这些资料都需要提前给出，可在校园网上下载，有时还要求学生在互联网上查找。另一方面，学生选修了这门课程，就意味着课外要花费大量的时间、精力，通过阅读大量的书籍、资料去准备上课所需的资料，以保证课堂互动效果。要求学生花费 5~6 学时来准备，从而保证自己有足够的知识储备，积极地参与每天 4 学时的实训课堂教学中。

实践性是对数字电路系统设计课程的应用性所用到理论的一种具体实现，是对理论最直观的展示，是培养学生学习兴趣最好的途径。数字电路系统设计课程必须增加使用 QuartusII EDA 工具时间，通过 EDA 仿真，可初步观察设计结果的正确性。在此基础上，运用开发板或实验箱，将所设计真实数字电路系统下载到开发板或实验箱，通过实际的显示，可非常直观发现设计结果的可行性和正确性。

二、课程学习建议

为更好地学习数字电路系统设计这门课程，针对课程的应用性和实践性的特点以及学生初学问题，并结合教学实践中一些实践经验，给出教学和学习几点建议。

1. 基础理论

数字电路系统设计是应用性课程。第一要对电路和数字电路中基本概念比较熟悉，特别是数字电路中最基本组合逻辑电路和时序电路。第二是注重基本分析的方法，不同数字电路系统的性能指标和技术要求，可选择行为特性、数据流特性和结构特性等不同的建模形式来设计其电路，通过方法的对比，可清楚地知道各种方法的优劣，从而实现最优方法，提高学习能力和解决问题的能力。第三是模块设计开发理论方法，先从最简单数字模块电路开始，这样可以复习所学理论，又能将简单模块组合起来形成更大规模电路系统，同时，模块开发可让设计思路清楚，又能及时更改或更新模块，效率高。

2. 设计方法学

当前的数字电路系统设计方法一般采用自顶向下的设计方法。通过自顶向下的设计方法，可实现设计的结构化，使一个复杂的系统设计可由多个设计者分工合作，还可以实现层次化的管理。

3. 思想问题

对于初学者，设计的程序既费资源速度又慢，而且很有可能综合不了，这就要求我们熟悉一些固定模块的写法，可综合的模块很多书上都有，语言介绍上都有，不要用软件的思想去写硬件。在学习 FPGA（Field – Programmable Gate Array，FPGA，现场可编程门列阵）开发的过程中，首先要熟悉电路设计，明白电路的工作过程（电路是并行执行）。

4. 习惯问题

FPGA 学习要多练习，多模仿，建议初学者一定要自己多动手，不能只看书，只看书是学不会的。关于英文文档问题，要多看一些指南，多看例程源代码，一定要耐心看，会有大的收获。

5. 工具问题

熟悉开发环境 Quartus II（Altera 公司的综合性 PLD/FPGA 开发软件）或 ISE（一种设计工具）就可以了，这两个基本是相通的，会了哪一个，另外一个也就很容易了。初学建议用 Quartus II。

三、结论

数字电路系统设计课程内容实践性和应用性强，因此在教学和学习过程中需要利用课程自身特点，再结合实际教学经验，不断总结和改进。在数字电路系统设计课程教学中，学生处于一个系统的集成的综合知识体系中，站在这样一个全局的高度，对数字电路课程的知识结构、内容体系及其重要性有了更直接更深入的认识。完成了相应的设计任务，但与之关联的不仅是本学科的专业知识，还会涉及相关学科领域的知识技能。这对教师的知识水平、结构提出了更高的要求，对于教师，"教"也是在"学"，教师的参与使教与学之间由上下关系变为平行关系。学生和老师在一起工作，大大提高了学生参与的积极性。通过系统设计课程教学，课堂和实际联系在一起，理论和实践缩短了距离，培养了学生分析问题、解决问题及知识综合运用的能力，锻炼了心理素质，考验了耐心和细致，树立了团队协作的精神，为提高学生的综合素质奠定了基础。进一步带动学生的学习积极性和热情，提高学生的实践创新能力，提高教学效果，培养出合格创新人才。

参考文献

［1］王忠林，曹献关. 基于 QuartusII 的 CPLD 的数字系统设计与实现［M］. 北京：机械工业出版社，2012.

［2］严国红，赵文来，张水英. 基于 Multisim 和 FPGA 的数字电路实验教学改革与研究［J］. 中国校外教育，2013（1）.

［3］康华光，邹寿彬，秦臻. 电子技术基础：数字部分［M］. 北京：高等教育出版社，2006.

［4］邓水先.《数字逻辑电路》课程的教改探索［J］. 职业教育研究，2008（8）.

［5］吴延海. EDA 技术及应用［M］. 西安：西安电子科技大学出版社，2012.

［6］袁乐民，陈军. 基于 Quartus II 的数字电路实验教学整合的实践探索［J］. 自动化与仪器仪表，2014（8）.

以学科竞赛为载体　提高学生创新实践能力

——以"西门子杯"工业自动化挑战赛为例

钱琳琳　张益农　任俊杰　苏秀丽　刘彦彬

在我国上千年的教育史上，一直承载着创新思想和培养创新思想的方法。老子在《道德经》中提出了"天下万物生于有，有生于无"的创造思想；孔子在《论语》中提出"不愤不启，不悱不发"的启发式教学方法；著名教育家陶行知先生在他的《第一流教育家》一文中提出要培养具有"创造精神"和"开辟精神"的人才……可见，培养创新能力一直在教育领域中备受重视。

2015 年 4 月，国务院发布了《中国制造 2025》这一中国版的"工业 4.0"，为实现制造强国战略制定了行动纲领。文件提出了坚持把人才作为建设制造强国的根本，营造"大众创业、万众创新"的氛围。人才培养是高等教育的根本使命，高等院校是创新型人才培养的主阵地，学科竞赛则是创新人才培养中的重要环节，对培养学生实践能力和创新能力具有重要作用。本文以北京联合大学自动化学院组织学生参加全国大学生"西门子杯"工业自动化挑战赛为例，论述了通过该项赛事对学生求知精神、创新思维、实践能力和团队精神的促进作用，并介绍了参加该项赛事的运作机制和竞赛成效。

一、全国大学生"西门子杯"工业自动化挑战赛历史由来

全国大学生"西门子杯"工业自动化挑战赛是由教育部高等学校自动化类专业教学指导分委员会、西门子（中国）有限公司和中国系统仿真学会联合主办的，以模拟典型工业自动化系统为对象的工程科技竞赛，是面向全国自动化、机电一体化相关专业大学生的一项创新

型科技活动。根据 2011 年 2 月由教育部与西门子（中国）有限公司签署的合作备忘录规定，本项大赛是教育部认可的大学生竞赛活动之一，并得到了教育部质量工程的资助。大赛秘书处设在北京化工大学。

全国大学生"西门子杯"工业自动化挑战赛的前身是"西门子杯"全国大学生控制仿真挑战赛，是由西门子（中国）公司与北京化工大学于 2006 年创办，并由中国系统仿真学会领导的面向自动化领域工程人才培养的竞赛，已成功举办九届。原教育部副部长吴启迪教授五次亲临竞赛现场指导工作并颁发获奖证书。

这项赛事开创了一种全新的竞赛模式，它以一项虚拟的自动化工程项目为背景展开，大赛组委会充当甲方角色，参赛队伍以团队的形式充当乙方角色，通过分析、设计、竞标、实施、排错、优化和移交等多个实际环节完成竞赛。参赛队伍需要在真实的工业控制器和仿真的工业对象环境下完成全部的自动化工程项目，以实际控制效果来决定名次。

针对德国提出的"工业 4.0"的概念、美国提出的"工业互联网"战略规划，我国在 2015 年 4 月发布了实施制造强国战略第一个十年的行动纲领——《中国制造 2025》，赛事主办方与时俱进，在中国面临制造业大国向制造业强国转型的历史时期，大赛目前已经将竞赛类型扩展为五类，即工程应用型、设计开发型、工程创新型、运动控制型和硬件开发型，分别针对不同领域和类型的工程师进行人才培养的引导。

全国大学生"西门子杯"工业自动化挑战赛创办的核心理念并不是简单地提供一个供院校之间进行比拼的场所，也不仅仅是一个师生之间相互交流的桥梁，它更希望成为一个帮助每一名有志于工程领域的学生成长为一名优秀工程师的平台。竞赛组委会根据工程实践要求，凝练出了卓越工程师的能力模型，如图 1 所示，据此设计了竞赛环节来引导学生注重全面能力的培养。

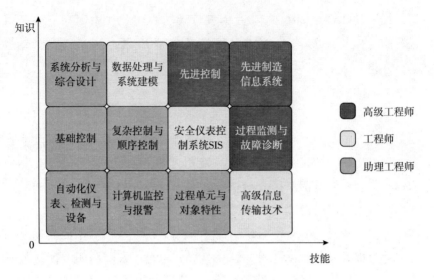

图1 工程师"知识—技能"模块

二、学科竞赛对培养学生创新实践能力的促进作用

大学生的创新能力是指从事实践活动的学生为实现一定经济或社会目的具有的能够产出和获得一定新技术、新经验或新思想的能力，也可以说是学生在学习、活动和实践过程中发现新问题、解决新问题和创造新事物的能力。学科竞赛活动是在紧密结合课堂教学的基础上，以竞赛的方法，激发学生理论联系实际和独立工作的能力，通过实践来发现问题、解决问题，增强学生学习和工作自信心的创新型实践活动。学科竞赛具有培养求知精神、培养创新思维、提高实践能力和增强团队意识等方面的作用，对于培养学生的创新实践能力起着不可替代的作用。

（一）培养求知精神

学科竞赛是一项综合性的创新实践活动，参加该项赛事的学生不仅要有扎实的专业基础知识，还要在竞赛过程中主动学习很多理论知识，亲自动手完成一系列的设计和实验。如果用完成课后作业的思维习惯去参加科技竞赛，往往不会取得好的成绩。通过竞赛活动，教师指导学生将专业理论知识运用到工程实际问题中，不断出现问题，也在不断地解决问题。在此过程中，不断完善大学生的知识结构，培养学生的求知欲望和探索科技的自主能动性，这种求知精神是学生走向成功的原动力。

（二）培养创新思维

全国大学生"西门子杯"工业自动化挑战赛赛题是一项虚拟的自动化工程项目，学生在教师指导下完成工艺流程分析、对象特性分析、用户需求分析、控制需求分析、控制系统设计、系统设备选择和撰写说明文档等多项工作。在整个竞赛过程中，不断地发现问题、分析问题和解决问题，这个过程培养了学生独立思考的意识和发散思维的创新能力，提高学生逻辑思维能力。

（三）提高实践能力

学科竞赛以模拟的工程项目为载体，将理论知识与工程实际相结合，锻炼了学生的工程设计能力和实践动手能力，在"知"与"行"之间架起了一座桥梁。学生在比赛中进行了大量的控制系统调试、控制数据分析，不断地排除错误、修正方案、调整参数。学生通过比赛实现了"在实践中学习、在动手中思考、在创新中提高"的竞赛目标。

（四）增强团队意识

学科竞赛有利于培养学生的团队意识和团队合作精神。科技竞赛的内容往往是综合性、高难度、多学科的命题，这就需要参赛选手取长补短、分工协作、默契配合，在竞赛过程中开展讨论交流，总结各种方案的成败得失；也要求每个成员均具备强烈的个人责任感和集体荣誉感，并最大限度地发挥集体的智慧和团队精神，方能在激烈的角逐中取得理想的成绩。

除此之外，学科竞赛对学生的锻炼是全天候的，包括培养沟通能力、语言表达能力，通过比赛来磨炼意志品质和心理素质，增强抗挫折能力，这些能力的养成对于大学生来说都是受益终生的。

三、学科竞赛的运作机制参赛成效

北京联合大学自动化学院对全国大学生"西门子杯"工业自动化挑战赛相当重视，自 2012 年以来连续 4 年组织学生先后参加此项赛事中的工程创新、工程应用、设计开发三个赛项的比赛，在华北分赛区以及全国总决赛上都取得了很好的成绩，详见表1。

表1　自动化学院参加全国大学生"西门子杯"工业自动化
挑战赛成绩统计表（—表示未设该奖项）

奖项 时间	华北特等	华北一等	华北二等	华北三等	全国特等	全国一等	全国二等
2012 年	—		2个	1个	—	1个	1个
2013 年	—	2个	2个	1个	1个	2个	
2014 年	6个	1个		—	1个	2个	
2015 年	1个	2个		—	1个		
4 年合计	7个	5个	4个	2个	3个	5个	1个

之所以有这样可喜的比赛成绩，应归结为较为科学地组织参赛的运作机制——集体指导、项目孕育、递阶发展，这是几年来逐渐积累的宝贵经验。

（一）集体指导

对于全国大学生"西门子杯"工业自动化挑战赛的组织工作，学院专门由分管领导牵头，并指派专人负责这项工作的具体运作。每年组织学生参赛之前，首先由领队和指导教师组成指导团队，发挥集体智慧、凝聚团队力量。在竞赛的前期准备过程中，各位指导教师同时对所有的参赛队进行不同知识领域和层面的培训及指导。各位老师密切配合、优势互补，在短时间内最大限度地提高了学生的专业知识水准和动手能力。指导团队教师对赛题进行了深入的研究和探讨，审核每支队伍的设计方案，为比赛后期的调试工作奠定扎实的基础。

（二）项目孕育

竞赛指导教师以本科生的大学生创新科技项目为平台，有目的地培养学生、发现人才和遴选队员。鼓励和引导学生积极申报各级、各类本科生的大学生创新科技项目，学生通过项目调研、文献查阅、申报书撰写、研究路线设计、项目研究实现、项目难点攻关和研究成果整理这一条龙的科研项目实施过程，理论素质和实践能力均得以提升。

每年竞赛指导教师指导的各级"启明星"大学生创新科技项目均有 10 余项，如表 2 所示。这些项目充分调动了学生的主观能动性，培养了学生的创新意识、实践能力和团队精神，项目的进行也为下一步参加全国大学生"西门子杯"工业自动化挑战赛遴选了人才。

表 2　近年完成的"启明星"创新科技项目

序号	项目名称	学生姓名	指导教师	项目级别
1	变速恒频风力发电机组功率控制策略	陈文涛、郭嘉成、李响	任俊杰	国家级
2	基于 WinAC 和 VB 的电加热炉温度控制系统	付兴志、胡裕赟、沈立冬	钱琳琳	北京市级
3	基于 PCS7 的物料加热炉燃烧系统优化控制	胡鹏洲、姜丰、吴其吉	钱琳琳	北京市级
4	基于单片机的机械手控制系统设计与实现	刘玉莹、白启东、陈伟强	张益农	北京市级
5	基于 PCS7 的锅炉汽包液位双模控制	孙冰涵、许武	张益农	北京市级
6	洗车行节水减排工艺控制一体化设计	张欢、邓望、张连超	佟世文	北京市级
7	双馈式变速变桨风力发电机控制系统	周祖云、彭广明、曹玉	任俊杰	国家级
8	混料系统在 PCS7 上的控制设计与仿真实现	周瑛子、陈璞、张栋	苏秀丽	北京市级

（三）递阶发展

经过 4 年来学生创新科技活动、指导学科竞赛的历练，指导教师梳理出了切实可行的阶梯式人才培养模式，如图 2 所示。在学生具有一定的专业基础知识后，循序渐进地进行科技项目、学科竞赛和毕业设计等一系列创新科技活动和综合实践课程，最大限度地在本科阶段提升工程实践能力和创新能力。临近毕业，学生的综合素质不仅受到用人单位的青睐，也受到研究生导师的高度肯定，提高了就业率和考研率。

图2 阶梯式的人才培养模式

四、结论

从几年来组织学生参加全国大学生"西门子杯"工业自动化挑战赛的经历可以看出，学科竞赛在学生创新实践能力培养方面起到了积极引导和推进作用。通过参加学科竞赛，学生求知精神、创新思维、实践能力和团队精神等都得到显著提高，向逐步实现培养自动化卓越创新人才这一目标不断迈进。同时，集体指导、项目孕育、递阶发展这一科学的竞赛运作机制成为学院组织学生参赛并取得好成绩的有力保证。

参考文献

［1］乔海曙，李远航. 大学生创新能力培养研究综述［J］. 大学教育科学，2008（1）.

［2］竞赛组委会. 全国大学生"西门子杯"工业自动化挑战赛大赛介绍［EB/OL］. http：//www. siemenscup. buct. edu. cn/Introduction. aspx，2012.

［3］宋光海. 学科竞赛对大学生综合素质培养的积极作用［J］. 文教资料，2012（9）.

［4］沈新华，陈亚鸿，谢鹏. 通过科技竞赛培养大学生实践创新能力的路径探索［J］. 教育与职业，2011（12）.

［5］袁小亚. 狠抓科技竞赛 提升大学生创新能力［J］. 教育创新，2012（12）.

CDIO 工程教育模式

《综合布线实训》课程教学模式研究与实践

耿瑞芳

实践教学作为高等教育不可或缺的一个组成部分，在高校的人才培养过程中起到了不可替代的作用。实践教学方式、方法是否合理在一定程度上关系到人才培养的成败。

CDIO 工程教育模式是近年来国外关于工程教育模式改革的一个重要成果，它在我国教学改革中的借鉴作用是不言而喻的。但"理论与实践的结合是具体的、历史的结合"，在借鉴 CDIO 教学模式时，必须考虑中国的国情，考虑学科、课程的具体情况，客观地分析实现 CDIO 教学模式的本土化的方式方法。

一、CDIO 工程教育模式简介

CDIO 是近年发展起来的一种全新的工程教育模式，它是"做中学"和"基于项目教育和学习"的集中概括与抽象表达。CDIO 代表构思（Conceive）、设计（Design）、实现（Implement）和运作（Operate），表明产品从构思研发到运行改良乃至终结废弃的生命全过程。CDIO 工程教育理念以这个生命全过程为载体培养学生的工程能力，包括学生的学科知识能力、终身学习能力、团队交流能力，以及在企业和社会环境下的构思、设计、实施、运行能力。

CDIO 工程教育改革理念如图 1 所示。

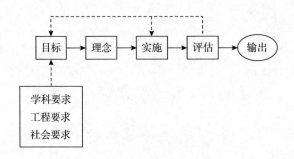

图 1　CDIO 工程教育改革理念

CDIO 的基本内容包括：一个愿景（Vision），指出 CDIO 教育在产品、过程或系统的构思、设计、实施、运行的背景环境下强调基础知识学习。一个教学大纲（Syllabus），对学生提出以下 4 个层面的能力要求：技术知识和推理；个人职业能力和态度；人际交往能力、团队工作和交流；在企业和社会环境下构思、设计、实施、运行系统。12 条标准（12 Standards），对是否实践 CDIO 教学理念的判定标准，对培养计划、课程结构、教学方法、教学评估和学生考核等方面进行指导。

2005 年 10 月，汕头大学工学院在常务副校长顾佩华教授的指导下，开始学习研讨 CDIO 工程教育模式并加以实施；2006 年汕头大学成为首个中国高校 CDIO 成员；2008 年 12 月，CDIO 工程教育模式试点工作会议在汕头大学举行，确定了第一批共 18 所高校为 CDIO 试点高校；2010 年 4 月，第一次试点工作会议在北京举行，确定了 21 所高校为第二批 CDIO 试点高校。

二、传统教育模式存在的弊端

1. 传统的工程教育缺陷

（1）传统的授课方式不能满足全球化经济下产业对工程人才的需求；

（2）学生缺乏自主学习、自主实践的能力；

（3）教材中的内容滞后于工程技术的发展；

（4）教师队伍工程背景欠缺，实践教学脱离工程实际。

上述缺陷造成的直接后果是学生毕业后不能很快融入社会化生产，

社会角色转换较慢。

2. 目前综合布线实训课程教学存在问题

（1）实训项目主要偏重于理论性，学生只需在计算机上利用所学相关软件完成实训项目，学生综合运用所学知识的能力和创新能力不能得到应有的提高。

（2）实际操作项目偏少，学生在项目的构思（C）、设计（D）、实施（I）和运行（O）方面得不到训练，使得他们的工程素质和技术能力得不到应有的提升。

（3）考核方式比较单一。实训课程的最终成绩一般由平时成绩和报告成绩组成，缺少对学习者创新意识、实践能力、主动学习、组织能力等综合素质的评定，所以考核成绩不能准确地反映学生的实际水平。

三、CDIO 工程教育模式在综合布线实训课程教学中的具体实施

基于 CDIO 工程教育模式，对综合布线实训课程教学进行了以下改革：

1. 调整实训教学内容，减少只需计算机操作完成的项目，增加实际操作项目数量

课程改革前，综合布线实训项目主要是上机操作，学生按照综合布线实训指导书在机房完成操作，写出实训报告，就算完成任务。

课程改革后，按照 CDIO 工程教育教学大纲的要求增加了实际动手的实训项目。学生除了完成上机操作任务外，还要在实训（验）室完成实际项目的操作，如制作网线并测试其通信的正确性；参观校园网并复现其网络结构；进行光纤熔接操作等。图 2 是学生在实训（验）室制作网线并进行测试。

图 2　学生制作网线并进行测试

2. 校企合作，提升教学效果

鉴于在实训教学环节中存在的实践教学脱离工程实际的问题，在此次教学改革中采取了"走出去，请进来"的做法：组织学生去专业科技公司参观考察实际工程项目，增强感性认识，同时将专业施工单位的技术专家请进课堂，给学生讲解综合布线工程技术的研发现状、施工过程中经常遇到的问题和解决办法、施工操作的技能技巧，现场演示各种施工工具及检测仪器的使用方法。专家向学生展示有代表性的施工案例，图文并茂，理论与实践紧密结合，学生结合实际案例加深了对所学知识的理解；专家与学生现场互动，激发了学生潜在的求知欲和学习热情，活跃了课堂气氛。图3是技术专家为学生讲课，图4是技术专家为学生现场演示光纤熔接操作技术，并指导学生演练。

图3　技术专家为学生上课

（a）专家现场演示光纤熔接操作技术　　　（b）专家现场指导学生操作

图4　技术专家为学生现场指导

针对教师队伍工程背景欠缺的实际情况，教师可以利用学术假到科技研发公司或施工单位去进行调研，了解相关专业发展动态；或者通过与产业界工程师进行科研和教学项目的合作等方式来提高个人能力，从而提升教学效果。

3. 改革实训教学方法，提高学生综合能力及团队协作能力

根据 CDIO 工程教育教学大纲的要求，学生要满足学科要求、工程要求及社会要求。社会要求包括学生人际交往能力、团队工作和交流能力，以及在企业和社会环境下构思、设计、实施、运行系统的能力。在综合布线实训课程教学中，由原来的每人一台计算机完成同样的实训项目，改为将全班学生分成几个小组，每个小组分配一个任务（项目），各小组项目不同，小组成员共同协作、商议完成本组项目的构思、设计、实施及运作任务。整个实训过程采取以学生为主、教师为辅的方式开展，以利于提高学生的团队协作能力。

四、综合布线实训课程考核方法研究

针对综合布线实训课程教学中存在的考核方式单一的情况，对该课程考核方法进行了以下改革。

1. 成绩评定改革

实训课最终成绩的评定由原来的平时成绩（50%）＋报告成绩（50%）两项，改为考勤（5%）＋学生表现（5%）＋实际操作（30%）＋学生自评（5%）＋学生互评（5%）＋企业专家评价（10%）＋报告（40%）

要求有活动计划、活动记录及活动阶段成果总结。新的考核方法加大了对学生平时学习的检查力度，提高了学生对实训环节的重视程度，也使得最终成绩的评定更趋于公平、合理。

2. 注重对学生综合能力的考核

学生的综合能力包括创新意识、实践能力、主动学习、组织能力和团队协作能力等多方面，基于 CDIO 工程模式开发的实训项目可以培养学生的综合能力，学生毕业后能满足全球化经济下产业对工程人才的需求。

五、结束语

CDIO 是基于项目学习的一种模式。在综合布线实训课程改革中，通过基于项目的训练，学生普遍反映能够将所学理论知识与工程实际相结合，学到了真本事，增强了自学能力、解决实际问题的能力、团队工作和沟通的能力。基于 CDIO 工程模式的综合布线实训课程教学改革实践已经进行了两个学期，实践证明：CDIO 工程教育模式能够弥补传统教育的弊端，改革后的教学及考核方法能够充分调动学生学习的积极性和主动性，收到了良好的教学效果。该方法还可以在其他实践类课程教学中加以推广。

参考文献

［1］李善寿．"CDIO"工程教学模式在实践教学中的实施方法研究［J］．重庆科技学院学报：社会科学版，2010（20）．

［2］陶勇芳，商存慧．CDIO 大纲对高等工科教育创新的启示［J］．中国高教研究，2006（11）．

［3］查建中．论"做中学"战略下的 CDIO 模式［J］．高等工程教育研究，2008（3）．

［4］http：//wenku.baidu.com/view/c1680c175f0e7cd18425367c.html.CDIO 简介．

［5］谢维奇．基于 CDIO 模式的高职"综合布线技术"精品课程建设［J］．教育与职业，2012（33）．

应用型大学多维化人才
培养模式的研究与实践

郭文荣

2015 年正值北京联合大学建校三十周年校庆之际，经过三十年的建设与发展，学校形成了多学科、多层次的专业人才培养体系，向社会输送了大批适应首都和国家经济社会发展需求的应用型人才，为国家和社会的发展做出了积极的贡献。作为一名在北京联合大学任教多年的一线教师，在多年的教学工作中，也不断探讨和研究应用型大学的人才培养模式，总结出了"理论知识结构 + 专业实践能力 + 道德品质修养 + 社会人文交往"的多维化人才培养模式，这一模式在应用型大学的人才培养中起到了积极作用。

一、以理论知识结构体系的构建为基础，重在培养学生的专业综合实践能力

应用型大学的培养目标是培养满足国家和社会发展需求的应用型专业人才。"学以致用"作为北京联合大学的校训，是学校人才培养目标的集中体现。在人才培养方面，以理论知识的学习作为基础，注重培养学生专业综合实践能力，是教学实践中的主导思想。通过贯彻"理论为基础、实践为导向"的教学理念，使学生既能够掌握相关的专业理论知识，又能够培养承担相关专业领域实际工作的综合实践能力，使其就业后能够利用所学的专业实践技能投入实际工作中，从而缩短高等教育成果与社会期望值的差距。基于以上思路，在交通工程专业课程体系中，针对学生不同方面的能力培养需求，制定了系统化、层次化的课程体系，包括：通识教育、学科大类教育、专业教育、实践

教学和素质扩展等课程，以构建学生多层面的理论知识结构体系和专业综合实践能力。此外，在课程内容的设计上，以理论教学内容为基础，进一步提高实践教学环节的课时比例。以交通工程专业2015年的教学培养计划为例，其中实践教学环节占毕业总学分的比例达到31.5%，在多门课程的理论教学内容之后，均安排了与之相对应的实验教学内容和综合课程设计实践课程，充分体现了培养学生专业综合实践能力的重要性。

依托专业课程体系中所体现的"理论为基础、实践为导向"的教学理念，在专业课程的实际教学中，教师也将这一理念深入贯彻执行。在课程的教学中，采取多媒体等教学手段深入浅出地讲授课程相关的基础理论知识，使学生打下坚实的理论基础；在教学实践环节，运用系统化、工程化的设计理念，以实际项目案例为背景，指导学生综合运用所学的专业知识完成实际项目的分析、设计和实施，使学生在实践中加深对专业理论知识的理解，进一步提高学生分析问题、解决问题的能力，使学生的专业实践技能得到很大提升，充分体现北京联合大学"应用为本""学以致用"的教学理念。

二、注重学生思想道德品质的培养，造就高素质的应用型人才

高等学校的教育，不仅仅是培养具有系统化专业知识和专业技能的人才，更是要培养具有良好思想道德品质和个人修养的高级人才。一个具有扎实的专业技能和良好的道德品质的人才才是社会真正需要的。只有这样的人才，才能够更好地立足于社会，为社会服务，以自身的正能量和品行修养影响周围更多的人，更有利于社会的良性发展。因此，对于应用型大学，对学生思想道德品质的培养不可忽视，这将直接影响社会对学校所培养人才的综合素质评价，进而影响到学校的社会影响力和自身发展。

在学生的思想引导和管理方面，北京联合大学建立了由辅导员、班主任、班级助理和心理辅导教师等组成的联动管理机制，定期对学生进行思想方面的沟通、交流和引导，及时掌握学生的思想动态，遇到问题及时协调沟通，确保学生在思想上保持积极乐观向上的态度，

以良好的精神面貌投入大学学习生活。其中，班主任作为班级学生思想工作的第一负责人，扮演着重要的角色。由于班主任多来自一线教师，一方面，班主任担负着知识传播者的重任；另一方面，班主任更是学生思想和道德上的楷模和引导者，帮助引导学生健康成长，是学生的良师益友。为此，教师首先为人师表，在平时的教学工作中展现良好的精神风貌和思想品德修养，认真做好每一堂课的课前准备和授课工作，对学生认真负责，平等对待学生，热心帮助有困难的学生积极解决学习上的问题，做好课程的辅导工作，使学生感受到教师的认真负责和爱心。其次，教师在教学工作之余，还关心爱护学生，关注学生思想、学习、生活各方面的情况，定期与班级助理、班委会以及每位同学进行沟通交流，及时了解学生的思想和学习动态，对于存在的问题及时沟通解决。在平时的学习生活中，注重培养学生乐观健康向上的心态和良好的人格修养，鼓励学生加强个人思想品德的培养，勤奋刻苦、乐于助人，积极帮助身边有困难的同学。鼓励学生参加学校各种社团活动和社会志愿活动，使学生们能够以一颗感恩的心回报社会、热心帮助社会弱势群体，树立健康的道德观、价值观，乐观积极向上。同时，还鼓励学生在思想上与党组织靠拢，积极书写入党申请书，争取早日加入中国共产党。通过以上各项举措，使培养出的应用型人才具有良好的思想品质修养，成为高素质人才，做到树德立人。

三、培养学生良好的社会人文交往能力，使其成为社会健康的一员

大学生活是社会生活的缩影和前奏，相比中小学，大学生活更强调学生的独立、自我管理能力以及与外界的人际交往能力；而人际交往能力，在大学生的个人成长和发展方面占有重要的地位，是其能否顺利走入社会、更好地融入社会的一个根本保障。因此，在应用型大学的人才培养中，应将良好的社会人文交往能力纳入人才培养的基本能力。

在社会人文交往能力的培养方面，北京联合大学建立了由班级、学校社团、社会机构等组成的多级人文交往培养模式。首先由班级作为学生人际交往的第一站，班级是学生们朝夕相处的一个集体环境，作为班级的一员，每个学生都应该团结合作，与同学间建立良好的人

际关系，包括班委会成员之间分工合作，共同做好班级的管理工作；其他同学相互团结，在学习、生活上互相关心和帮助，遇到问题能够以积极的心态相互理解、沟通解决。在班级管理中，提倡同学们树立集体荣誉感，积极参加班级建设，在平时的学习生活中逐步培养学生良好的人际交往能力，感受到集体的温暖和动力。其次，学校组织建立了各种社团，鼓励同学们积极参加社团活动。通过参与组织社团活动以及社团成员之间的相互协作，不仅丰富了学生在相关领域的知识，也锻炼了学生的活动组织能力和人际协调交往能力，对学生的能力培养帮助很大。此外，为了使学生更好地走入社会，快速融入社会，以及培养社会责任感，学校还建立了与相关社会机构的联系机制，在专业课程中设置的社会志愿活动环节，学生们走出围墙，定期参加社会志愿活动，向社会上需要帮助的人提供无偿帮助，这样既培养了学生的爱心和社会责任感，也锻炼了学生直接面向社会的人际交往能力，对学生的个性成长起到了积极作用。

四、结束语

通过采取上述"理论知识结构＋专业实践能力＋道德品质修养＋社会人文交往"的多维化人才培养模式，在北京联合大学近几年的教育实践应用中，取得了良好的效果。学校向社会输送的人才具备了从事相关专业领域的知识结构、实践技能以及良好的思想品德修养和人际交往能力，能够适应当今社会对应用型人才的多元化能力培养需求，这一培养模式对应用型大学的人才培养和学校的发展起到了积极作用。

参考文献

[1] 滕玉梅. 高等教育应用型人才的培养规格与模式 [J]. 理工高教研究，2003 (3).

[2] 赵东福，罗朝盛. 应用型本科人才培养模式的改革与创新 [J]. 浙江科技学院学报，2010 (5).

[3] 李儒寿. 应用型本科人才培养模式改革探索——以湖北文理学院"211"人才培养模式为例 [J]. 高等教育研究，2012 (8).

对智能建筑控制工程
实训室建设的几点意见

黄 娜 王 琦

建筑智能化专业的培养目标是培养从事现代化智能建筑中各类设备自动化、办公自动化、通信自动化系统的施工安装、试验分析、运行管理工作的高级技术应用型人才，智能建筑控制工程实训室作为专业实训室，应根据建筑智能化专业的培养目标而建，目的是为学生提供良好的实践技能培养场所。

一、场景模拟

建筑智能化专业的毕业生就业方向是大中型建筑施工企业、设计单位、系统集成技术企业、国家机关、房地产开发公司、物业管理公司等各种企事业单位从事智能建筑工程的设备安装、运行管理、技术开发以及工程设计等工作，那么，场景模拟就是智能建筑控制工程实训室建设的一种必要模式，即在模拟的场景空间和模拟的项目背景下，让学生获得真实的实践体验。例如：消防系统应该是小型的实际消防系统，或者是实际消防系统的主要部分，模拟消防系统的消防报警系统、广播系统、消防水系统都应与实际设备基本一致，联动设备应避免仅是摆设，而应根据预先编制的联动程序正确动作：在火灾信号出现后，电梯可以在一定延时后归首，空调风机也可以被强制停止工作。系统还应模拟真实系统中直线联动控制方式，在火灾控制器内安装直线控制板，以防联动卡故障时联动设备不能正常启动；安防系统的门禁系统、视频系统及停车场管理系统也应符合真实系统的标准，其中每个子系统的动作方式也都应与实际系统的动作方式一致，例如视频系统可以与停车场管理系统联动工作，使得停车场出入口处于被监视状态，此外，门禁系统的前端设备和摄像机的种类选择应避免以偏概全，尽可能地让学生见多识广是很必要的。

从某种意义上说，场景模拟是现代企业对大学实训室建设的要求，通过场景模拟，学生在实践过程中才会有身临其境的感觉，这对学生从心理上和技能上适应尽快上岗很有帮助。

二、适应多种实践形式

对于一个完整的教学计划而言，实践教学应贯穿于整个培养过程，要避免孤立、形式化地设置实践教学环节，实践教学与理论教学必须相互结合和渗透，换言之，实践教学必须达到实用。实践教学的内容很丰富，包括实验、训练和实训。

智能建筑控制工程实训室的建设所考虑的因素很多：哪些设备可以做实验，实验深入到什么程度，是演示性的实验还是创新性、开发性的实验（创新实验是指非验证性的、激发创新思维的实验）；哪些设备可以做实训，实训的深度是什么程度。（当然，同样的实验设备，本科生和专科生实验的内容也是有区别的）

智能建筑控制工程实训室的每个系统都可以作为一个实验，以消防系统为例，从掌握消防系统的基础知识到掌握系统的结构和工作原理，到地址编程和联动关系设定，就是一个系统的消防实验。实验是为具体课程教学设计，作为课堂理论教学的辅助，通过实验，使学生对课程理论和知识点加深理解。例如在做消防实验之前，学生必须先掌握一定的火灾监控系统知识，通过消防实验，学生可以更加深刻地理解火灾监控系统各部分的关系。实训则相对独立，是借助实训室的软硬件设备来完成的集中实践环节，是对学生包括单项能力和综合技术应用能力进行的训练（含课程设计、毕业设计等），也包括职业岗位实践训练，是应用性实践教学。通过各种实训，使学生能够掌握从事专业领域实际工作的基本操作技能和基本技术应用能力，尤其是综合实训，通过模拟项目、模拟案例对学生进行解决实际问题的综合能力训练。项目虚拟与信息虚拟是校内综合实训的重要特征和必要手段，综合实训必须预先设计项目（工程）背景，这种背景既是虚拟的也是实际的，虚拟是相对企业现场而言的，实际则是项目内容来源于企业的真实素材。例如建筑供配电实训要求学生在教师指导下，在几周之内设计出一套别墅的供配电或照明系统；系统集成实训要求学生几周完成现场总线的集成实训；学生借助实训室电梯系统完成电梯联控编程等毕业设计。

实训室有限的软硬件必须满足各种形式的实践活动，所以资源的合理利用是十分必要的。首先要将每一个专业的实验、实训按模块化设计，往往同一专业大类的实践教学模块中有一部分是相同的，因此，模块状的合理组合是实践教学资源合理利用的必要条件。

三、硬件建设与软件建设并重

智能建筑控制工程实训室的建设涉及硬件和软件两方面的建设，实践教学体系需要硬件的支撑，但更需要"软件"的充实。硬件建设相对而言容易一些，也看得见，而"软件"建设却是难点和重点，这里的"软件"不是实践环节过程中用到的软件工具，而是实践教学体系的内涵建设，没有内涵的实践教学体系只能是一个空壳，没有先进内涵的实践教学体系只能是一个"绣花枕头"。实践教学"软件"建设的重点，是实践教学大纲和教学案例组织，实践教学"软件"建设的最大障碍来自传统的教学方法和观念，以及教学人员自身的实践能力。以学生为主体开展实验、实训教学，不仅仅是操作技能的机械式训练教学，同时也必须是发挥学生个性和潜能的创新实践教学。在以学生为主体的实践教学过程中，学生不仅是知识的被灌输者或机械的操作者，而是技术应用实践过程中的积极参与者，是实践群体中的一员。特别是创新实验和综合实训，应该采用讨论式、团队协作式的教学方法，活跃学生的思维，发挥学生的学习主动性，通过协作获取他人的思想火花和创新思想。

总之，根据建筑智能化培养对象的特点，智能建筑控制工程实训室的建设应当区别于其他实训（实验）室的建设，尤其注重场景模拟和实训项目的模拟，增强实践环节的软硬件真实感，注重实践活动类型的多样化，全面提高学生的实践技能和应用水平。实训室的良好利用离不开良好的实践教学理念，在实践教学环节，以学生为本更多地表现为在实践教学过程中以学生为主体。

参考文献

［1］李俊峰. 实践教学在高等职业教育中重要地位的再认识［J］. 巴音职教，2007（1）.

计算机网络与通信
课程教学改革的探索

蒋　岚

随着计算机技术和通信技术的飞速发展，计算机网络在社会经济发展中发挥着日益重要的作用，在这个互联网＋的信息时代，如何跟上时代发展的需要，培养出网络专业知识扎实，同时又具备较强实践动手能力的人才是这门课程的首要任务与目标，本文将结合我院情况，对计算机网络与通信这门课的课程建设、教学方法改革等问题进行探讨。

一、计算机网络与通信教学中存在的问题

（一）教材陈旧单一

在这个信息时代，掌握网络知识已经成为社会对人才的基本要求，很多专业都将计算机网络与通信列为专业基础课或选修课程，学生专业各异，计算机基础参差不齐，教学方向和教学目标也各有侧重，千篇一律使用一两本教材或教学大纲显然不合时宜。另外，非计算机专业学生的网络课程分配学时数较少，如何在有限的学时内兼顾理论教学和实践环节，这使得网络课程的教学更添难度。

（二）教学方法单一，课堂气氛不活跃

以往的教学通常采用以教师为主、学生为辅的"你教我学"的被动方式，有些同学因为感到理论知识枯燥，容易丧失学习兴趣。如何营造活跃的课堂气氛，有效激发学生兴趣，真正引发学生思考和互动，提高学习效率是教学方式改革中亟须解决的问题。

（三）缺乏有效的实践环节

受传统教学模式以及应试教育的影响，以往在课堂教学过程中偏重理论知识的学习，对网络技术的重视不够，缺乏良好的实验环境和系统的实验大纲，造成学生不能深入理解掌握网络概念和原理，无法将理论应用于实际，对网络应用技术的使用和操作生疏，动手能力薄弱。

二、计算机网络课程建设与教学方法改革

（一）结合各专业人才培养目标，确定课程教学目标，修订教学大纲，精选课程内容

计算机网络技术发展很快，新知识新技术不断涌现，因而很难在一门课程中把与网络相关的所有内容讲述清楚，必须根据不同专业的培养要求，有针对性地开展教学。例如，面对计算机、电子通信类专业学生，应侧重学生在网络理论基础知识方面的学习，为其今后从事网络设计开发工作打下基础，而对于非计算机通信专业类学生，则将局域网、互联网、网络操作系统的应用作为主要教学内容，侧重培养学生的网络操作能力和应用能力。

由于一般专业网络课时数有限，需要结合网络发展中的新知识、新技术，对教学内容进行精选和更新，例如，以往计算机网络课程在讲解主体架构的网络参考模型时，通常以提出时间较早、模型结构层次比较完整的 OSI 模型作为主线，来介绍计算机网络的体系结构，协议分层及相关原理，然而，随着互联网技术的普及和广泛应用，TCP/IP 模型已经越来越成为实际的工业标准，因此我们在教学内容的安排上进行了调整，从计算机网络发展的历史开始，以 OSI 和 TCP/IP 模型及其对应关系作为主线，其间穿插讲授由局域网到广域网到互联网的各种使用标准，模型各层及其涉及的协议。另外，在兼顾理论体系完整的基础上及时更新和补充教学内容，对于基本过时或不适应未来发展趋势的理论，如细缆以太网、粗缆以太网和城域网技术等，在教学过程中适当精简和优化；而网络发展过程中的新知识、新技术也要加以补充，如无线局域网、虚拟局域网和网络仿真等。通过优化补充课

程内容，加强了教学的针对性，教学效果得到了明显的改善。

（二）教学方式与方法改革

1. 充分利用多媒体教学

以往教学通常是以课堂理论讲授为主，理论知识总是比较抽象和枯燥，为提高学生的学习兴趣，更好地理解网络的相关原理和网络协议的工作流程，我们利用 PowerPoint 编制了幻灯片全程教学，同时借助 Photoshop、Flash 等工具，将一些抽象的、难于理解的概念和原理以动画的方式形象地展现出来，例如在介绍数据通信基础理论中的多路复用技术、数据交换技术（电路交换、报文交换、分组交换）这些枯燥的概念，或讲授 OSI 模型七层结构的数据传输过程等抽象的原理时，我们都通过动画课件加以展示，使学生更易于理解，记忆也更为深刻，而且可以节省大量的课堂时间。

2. 采用互动式教学方式

要提高学生的学习主动性，激发学生的求知欲望，采用互动教学是较为有效的方法。我们在教学过程中注意树立以学生为主体的教学思想，改变"单项灌输"的传统授课方式，尝试启发式、讨论式等互动的教学模式，例如在每次授课前根据教学目标与教学内容设置若干问题，采用提问的方式吸引学生的注意力，另外通过分组讨论、案例分析、随堂练习并答疑等方式加强与学生的互动，组织和引导学生参与到教学过程中来，在这样的教学氛围中，明显激发了学生的求知欲望，增强了他们掌握本门课程基本理论的积极性和自信心，同时激发了他们进行探索的热情。

（三）以培养学生学以致用的能力为目标，完善实践环节

计算机网络是一门实践性较强的学科，网络实验是教学过程中的重要环节，通过网络的实验操作，能够使学生加深对网络理论知识的理解，同时培养学生分析设计、管理应用网络的能力。

为提高学生的实际动手能力，培养他们的创新意识，我院配备了相对齐全先进的计算机网络实验设备，搭建成一套比较完整配套的实验平台，按照网络课程和专业，分层次分模块开展实验教学，设置了

基础验证性实验、提高综合型实验和设计创新型实验三个层次。实验内容划分为网络基础、网络应用、网络开发和网络设计四个模块。例如以"局域网的组建规划、配置和管理网络服务器"为主线设计的网络应用实验项目，如组建对等网、域模式网络，安装配置 DHCP 服务器、DNS 服务器，安装配置 WEB 服务器、FTP 服务器等，目的是培养学生的组网、用网和管网能力，通过在真实的实验环境下进行网络构建、故障诊断和网络维护训练，一方面使学生了解当前较为先进的网络设备，熟悉其工作原理和调试过程，了解局域网组建过程，具备配置、调试服务器、交换机、路由器等各种网络设备能力；另一方面培养学生实际组建网络及维护网络的能力，进而强化学生的创新意识及团队协作精神，提高灵活解决实际问题的能力。

（四）完善计算机网络课程考试方法和制度

以学生实际能力考核为出发点，转变传统的课程考核观念，完善考试方法和制度。例如，我们注重加强教学过程的阶段考察，将整个教学内容分成若干单元，每个教学单元讲授完成后都采用不同形式进行随堂测试，以考查学生对教学知识点的掌握情况，测试成绩占平时成绩的30%左右，另外，我们从"学以致用"的指导思想出发，改变单纯的应试教育模式，围绕加强学生的实践动手能力，采用多种形式结合的考核方式，并加大实验实训在课程考核总成绩中所占比例，其成绩评定来源于出勤、阶段单元测试、作业情况和实验报告等。期末考核后由课程负责人组织任课教师进行试卷分析和成绩分析，从试卷难度、题量、覆盖面和学生成绩分布等方面进行细致研讨，总结出教学得失，以便于今后改进。

三、结语

计算机网络与通信是一门理论性、实践性和应用性都很强的课程，本文针对网络教学中存在的问题，从教学内容的优化、教学方式的改革、实践性教学环节的建设和考核方法和制度的完善等方面进行了探讨和研究。实践表明，上述全方位的教学改革改变了应试教育的教学模式，使学生在透彻理解计算机网络原理和知识的基础上具备了较强的网络应用技能，激发了学生的学习兴趣和探索精神，取得了良好的教学效果。然而，当前计算机网络技术发展迅速，知识更新很快，计算机网络与通信课程的建设将是一个动态的长期的过程，需要我们继续努力，不断加以完善。

参考文献

［1］谢希仁. 计算机网络（第四版）［M］. 北京：北京电子工业出版社，2004.

［2］吴功宜. 计算机网络课程设计［M］. 北京：机械工业出版社，2005.

［3］赵蜻如，王宜政. 关于计算机专业"计算机网络"课程教学改革的建议［J］. 计算机教育，2006（5）.

［4］刘彦保. 计算机网络课程教学改革与实践［J］. 黑龙江高教研究，2006（2）.

关于嵌入式系统教学的探讨

刘艳霞　宋玉秋　杨清梅

对于信息类专业学生存在一个尴尬的现象就是这些学生毕业之后不能立即投入实际的应用开发工作之中，产生了严重的"供过于求"，很多信息类专业的大学生毕业之后的出路只有改行。而事实上很多企业却在感叹人才难求，逼不得已只好自己培养。这些学生都是过五关斩六将杀入高等学府的，本身素质都不低，却年复一年重复此现象，只能说明我国的高等教育体制"生产"的这一类人才与用人单位的需求脱节，"生产"出来的人才只是"半成品"。产生这个问题的原因何在？

拿单片机与嵌入式系统为例，几乎所有成才的开发工程师都是一边学习、一边实践干出来的，很少有真正的专家是通过课堂教出来的。最近几年嵌入式应用技术发展迅速，尤其在通信领域应用非常广泛。市场上也因此涌现出许多嵌入式系统培训班，而且还有相当一部分办得很成功。培训市场的繁荣和发展可以说给高校教育敲响了一记警钟。为什么我们的学生在走出学校的大门后还要花费时间和金钱去进行就业前的培训？换个角度讲，这些培训班能在激烈的竞争中获得生存和发展，说明他们很多教学思路和方法是非常值得我们学习和借鉴的。本文针对这一现象，在认真分析培训市场和高校教育的基础上，对嵌入式系统的教学做了如下探讨。

一、实践、实践再实践

嵌入式系统应用技术是一门实战性很强的学科，离开了实践就如无源之水。效果最好的教学方法就是在实验室里上课，老师一边讲解理论，学生一边在计算机上操作和验证老师讲解的内容加深理解，每个学生人手一套开发实验板，一个学期下来至少可以做到考试这门课程不用复习，毕业之后对开发流程和集成开发环境可以达到烂熟于心的程度。

当然，我们也有很多方法让学生参与实践，如电子设计大赛、"挑战杯"、"启明星"学生科技活动等。不过这些只能针对少部分学生，只能使少部分学生受益而已。真正针对大部分学生的实践场合还是在实验室。目前只有正规的实验课（包括课程设计等实践课程）能够使所有学生参与实践。调动学生实验兴趣，是实验课亟需要解决的问题。这就要求实验内容贴近实际，并有一定的挑战性和一定的趣味性，让学生完成试验后有成就感和满足感。

二、精心设计实验任务

同一个实验平台，通过二次开发可以设计很多不同内容、不同难度的实验任务。如何选择和开发实验任务及实验的难度和层次是整个教学过程的关键，这直接关系到学生毕业后能否学有所用并能够直接上手。实际上，要设计满足企业要求、具有一定实用性的教学内容并不难，但同时易于被学生理解和接受、能够顺利完成却并不容易。俗话说"说起来容易，做起来难"，实践应用的技术掌握起来并不比理论理解容易，甚至更难。内容选择浅了，就是个花架子，没什么大用，面试时一旦碰到技术细节的问题就蒙了；而内容如果选择深了，少数能力较强的学生可以接受，但多数学生恐怕就心有余而力不足了。这也是和培训班比起来我们最大的劣势，培训机构的学员是因为确实对某项技术感兴趣，才付出高额学费参加培训的，他们比较能吃苦，也不会随意浪费自己的金钱，学习主动性较强。我们的学生可以说是处于学学看的观望阶段，内容选择深了反而会打击他毕业以后搞技术的信心。所以，在实验任务的选择上，我们还不能只考虑企业和技术本身的问题，必须结合自己学生的素质和特点。不选最理想的，只选最适合我们的教学内容。因材施教，始终是我们最根本的出发点。在教学的过程中，可以给部分尖子生开开"小灶"，使他们的潜能被充分挖掘和发挥出来。

总之，嵌入式系统教学必须以实践为基础，只有在实践中才能充分锻炼学生的开发能力，适应企业对应用型人才的要求。而教学内容和实验的设计在尊重实践的同时，也必须考虑到学生的特点和实际能力，选择和设计适合他们的教学内容和实验环节，不可好高骛远，过于理想化。

三、操作系统补缺方法

嵌入式系统的特点要求开发者具有一定的硬件知识和背景，这对信息类的学生非常有利，刚毕业的学生硬件设计经验不足，要应聘纯粹的硬件设计岗位非常困难，结合自己的专业特点应聘软硬结合的嵌入式系统开发具有得天独厚的条件。但信息类的学生搞嵌入式，同样也有劣势。随着技术的进步，软件的性能和复杂性越来越高，在没有操作系统的基础上开发现在的应用软件已经几乎不可能。

信息类学生没有计算机专业学生那样的操作系统背景和应用实践，这是最大的弱点。解决的办法是在嵌入式系统课程中重点抽取 μC/OS-II（一种操作系统内核）操作系统的部分核心内容进行讲解和分析，这为培养学生基于多任务操作系统编程的能力提出了更大的挑战。传统的操作系统原理课程针对通用操作系统，详细阐述了相关概念和原理，一般作为先修课程。而信息类的学生在课程设置上再增加一门传统的操作系统原理课程是非常困难的。

针对这个问题，把传统课程中的操作系统原理和嵌入式操作系统特点相结合，既突出重点，又结合嵌入式系统中多任务操作系统的源代码进行讲解，避免传统操作系统课程的抽象和枯燥是进行嵌入式操作系统课程建设的重心。具体做法是：首先，在不具备开设操作系统原理先修课程的条件下，通过教师对嵌入式操作系统和通用操作系统的共性和不同点的研究，以较少的学时分析阐述核心内容和主要概念；其次，结合嵌入式操作系统核心源代码分析操作系统调度原理和不同任务间的通信机制，降低传统操作系统理论学习的枯燥感；最后，对原有教学平台进行二次开发，设计有针对性的验证实验，加深学生对操作系统原理的理解，同时方便学生进一步扩展开发，使其在实验过程中不断提高基于多任务操作系统的编程能力。

参考文献

［1］潘登，陈起军. 面向卓越人才培养的嵌入式系统教学改革［J］. 计算机教育，2013（13）.

［2］杨晶菁，张栋，余春艳. 以应用为中心的嵌入式系统教学［J］. 计算机教育，2014（5）.

［3］张晓东，孙丽君，鲁可. 高校嵌入式系统课程教学改革探索［J］. 中国电力教育，2013（8）.

［4］丁汉青，冯柳. 嵌入式系统教学模式的研究与探索［J］. 计算机教育，2014（12）.

［5］张庆辉，王学梅. 嵌入式系统教学的探索和实践［J］. 中国教育创新导刊，2014（15）.

［6］孙士明，刘新平，郑秋梅，纪友芳. 计算机专业嵌入式系统实践教学体系探索［J］，实验室研究与探索，2009（28）.

如何提高高校教师执教能力的几点思考

牛瑞燕

人才培养是高校的根本任务。教师是教学活动的设计者、组织者，在学生知识体系的建立过程中占有主导地位，教师控制课堂教学状况的好与坏、教学水平的高与低，直接影响人才培养的质量。提高高校教师的执教能力是提高教学质量最直接、最有效的方法。本文从以下几点谈谈如何提高高校教师的执教能力。

一、提高教师的基本素质

1. 具有较强的责任心

高等院校作为人才培养基地，教学工作始终是中心。近年来，有关职称评定、考核的各项相关政策，导致教师重科研轻教学。高校教师的职称评定和各类考核都直接跟科研成果挂钩，做科研、发论文是教师的"主业"，不好评估的教学工作变成了"副业"。教师"干多干少一个样、干好干坏一个样"。一些教师的注意力和精力转移到科研工作中。

一名教师只有具备了爱岗敬业、乐于奉献的精神，才能自觉担负起教书育人的职责。在教学工作中，作为一名教师，必须具有较强的责任心，工作中任劳任怨，不计较个人得失。教师课前都要精心准备教案，力争讲好每一堂课，同时还要认真完成辅导、批改作业、答疑等各个教学环节。教师对教学工作的重视程度、认真程度无法考核，取决于教师对待教学工作的态度。

2. 增强自身的专业水平

高校教师应该与时俱进，密切关注本专业相关领域的科研新动态，通过经常参加各种学术研讨会，定期参加各种教师素质能力提高培训，不断提高自己的学术水平，进一步提高自身专业素质。把学习知识、提高素质作为生存和发展的紧迫任务，把学习当作一种工作和追求，牢固树立终身学习的观念，要通过学习，不断提高理论水平，提高知识层次，增强做好本职工作的能力。

3. 培养高尚的人格

正确认识自我，培养高尚的人格。教师的工作是有形的，但影响是无形的，教师的职业就是用有形的言行，对学生施加无形的潜移默化的影响。教师的言行是人之品格的外在体现，它不仅是教师自身素质的反映，而且是做人思想道德的体现。因此，一个人格健全的教师能通过自己的言行，影响学生形成良好的心理素质。

二、不断探索新的教学方法

为适应社会和经济发展的需要，教学方法也需要不断变化和发展。随着社会发展，对教学方法提出了更高要求，要求不仅能提高学生学习能力，而且要培养学生创新性思维能力。这要求教师不断地探索新的教学方法。

现行教学方法主要还是沿用了以教师讲授为主的教学方法，学生被教师牵着鼻子走，学生被动学习。教师如何组织课堂教学，如何创造和谐的课堂气氛，从而提高教学质量？

1. 科研与教学相结合

在高等教育教学过程中，科研与教学应该相辅相成，否则教师的科研成果失去了原本的意义。教师在教学过程中，应该将自己科研成果应用到教学过程中，使教学内容不再枯燥无味，而是变得丰富多彩，唤起学生的学习兴趣。教学内容与科研实践相结合，让学生了解自己所学专业知识将来的应用领域，激发学生学习的动力，进而调动学生学习的积极性和主动性。

2. 重视课堂提问和讨论

教师在课堂授课过程中，从头到尾只是一味给学生灌输知识，也不提出任何问题让学生思考，学生就没有独立思考的机会和空间，没有参与到教学活动中，把自己当作教学活动的局外人。如果教师能够重视课堂提问和讨论，教师边讲边问、边讨论，能启发学生思维，开拓学生思路，不仅能够营造出良好的课堂气氛，还能唤起学生的求知欲和探索精神，充分调动学生的学习兴趣和学习积极性。通过提问与讨论，学生成为整个教学过程的参与者，课堂教学在教师与学生共同参与下，取长补短，共同学习、共同进步，大大提高教学效果。当然课堂通过提问与讨论，能及时向教师反馈教学的效果和发现学生对已学知识的掌握情况，并将回答结果作为平时考核的一个依据，激发学生学习动力。课堂讨论课的优点是学生能集思广益，产生大量的创新思维，培养了学生的创新能力。

3. 开设专题研讨课程

教师在教学过程中，针对所讲课程内容，列出相关的专题，让学生根据兴趣选择题目，几个同学组成一个学习小组，针对专题进行研讨。学生利用课余时间围绕主题查阅相关的文献资料，锻炼学生查阅文献的能力，积极准备研讨内容。开设本科生研讨课程，开展小组合作学习，培养学生的合作精神。通过组织充满活力的讨论交流，锻炼学生的表达能力，为学生以后走上工作岗位打下一定的基础。

三、充分利用学校提供的网络资源

目前，各个高校都有网络教学，它为学生提供了一个便捷的网络学习平台，是传统课堂教学的有效补充。为了充分发挥网络学堂的交互作用，教师可以在上课之前，提出一些学生感兴趣并与实际结合紧密的思考题，发布在网络学堂的互动平台"讨论板"让学生去完成。学生通过思考这些问题，提前预习所学内容。网络学堂除了能够浏览各种教学文件，还有学习讨论、在线答疑以及自主学习辅导等功能。学生在课外学习过程中遇到问题，不必非要到教师办公室去答疑，可以在网络学堂答疑区提出问题。教师会在答疑区解答学生提出的问题，对那些提得比较好的问题可设置为精华提问，以便于整个平台的用户都能浏览和查询。

如果能够恰当地利用网络教学平台，就能提高学生的学习效果，进一步提高教学质量。

四、加强与学生的沟通交流

学生是教育活动的主体，学生的学习态度、学习动机、学习兴趣与学习方式等在教学效果中具有决定性的作用。教师对学生不应该总是高高在上，让学生觉得老师可望而不可即。教师要做学生的良师益友，不仅关心学生学习，还要关心学生的生活，了解学生的思想动态，让学生热爱老师。这需要身为教师的我们，更要经常深入学生之中，与其沟通交流，了解学生学习的真实感受与困惑，并认真听取学生真实的学习信息反馈，更好地了解和满足学生学习的真实需求，进而反思、创新与探索出适合的教学方法。

没有人天生就是教师，所有的教师都需要后天努力，唯有教师不断努力、不断探索，结合当今世界科技发展的现状以及不同时期学生的特点，探索切实可行的教学方法、教学手段等，提高自己的执教能力，才能不断提高教学质量。

参考文献

［1］刘莉，等. 高等教育教学方法改革探讨［J］. 高等建筑教育，2008，17（2）.

［2］黄信瑜，等. 大学课堂教学改革创新需实现"四化"［J］. 江苏高教，2015（1）.

"一体化、多层次、开放式"控制工程类课程的实践教学体系设计

任俊杰　张益农　钱琳琳　佟世文

自动化专业控制网络方向的控制工程类专业课程不仅有较强的理论性，而且具有明显的综合性和实践性的特点，有较强的工程背景。学生既应掌握工控领域的基本理论和最新技术，更应学会理论的工程应用，将专业的理论知识和工程设计方法应用于具体的自动控制系统设计和调试中，培养学生成为具有一定分析、解决问题能力和较强工程实践能力的应用型人才。

一、控制工程类专业课程在实践教学环节中的问题

自动化专业控制网络方向的控制工程类专业课程，主要包括过程控制、现场总线技术、可编程控制器原理及应用、可编程控制器应用训练、组态软件应用训练和专业综合训练等课程。

在2013版培养方案实施前，这几门控制类课程在实践教学环节中存在以下问题：

1. 虽然各门课程任课教师相互进行了沟通，实验侧重点不同，但由于实验室设备条件限制，各课程实验及训练项目间仍存在少部分内容重叠现象。

2. 随着新版培养方案的实施，课程的实验学时有变化，实验项目需要重新调整。

3. 8周专业综合训练课程中原来的一些训练项目被单独拿出，比如可编程控制器应用训练和组态软件应用训练课程不再放在这8周中，而是独立设置实践教学环节。因此，专业综合训练课程需要增加新的

训练内容，急需重新整合。

4. 验证性实验比例较高，需要开发更多的综合性和创新性实验项目，以培养学生的创新意识、创新精神和综合应用能力。

5. 工控领域新技术不断发展，有的实验项目略显陈旧，需要将新技术引入课程实践环节。

二、控制类课程的实践教学体系整体性设计

针对以上问题，对控制类课程的实践教学体系进行了整体性设计，构建了"一体化、多层次、开放式"的创新实践教学体系，其框架如图1所示。

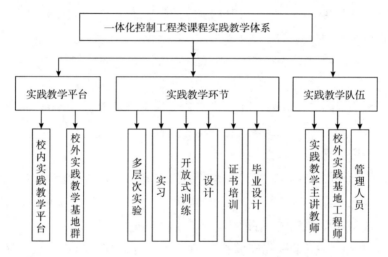

图1 "一体化、多层次、开放式"控制工程类课程的实践教学体系

在此框架下，我们从专业课程人才培养的整体考虑，从培养方案着手，打破各门课程自成的实践体系，借助于校内外实践教学平台，在校外实践教学基地工程师的积极参与下，修订和完善实践教学大纲，改革实践教学内容，加强实践类教材、讲义建设，将实践教学平台、实践教学环节和实践教学队伍构建成一个完整的实践教学体系。

（一）实践教学环节设计

在此框架下，以自动化专业能力培养为目标，改革实验教学内容，按照减少一般性的验证实验、强化设计性和综合性实验的改革思路进

行。依据学生认识事物的规律，循序渐进地安排实验内容。由浅入深、由简到繁、由个别单元到综合应用，构建控制工程类基础技能实验、专业综合实验、应用型实验、研究式实验的分层次实验内容，形成各有特色、侧重点不同的多层次实验教学体系，具体要求如下。

过程控制课程实验侧重点：被控对象特性研究、PID调节器特性及控制参数对控制效果的影响、单回路控制系统的设计及参数整定。

可编程控制器原理及应用课程实验侧重点：小型可编程控制器编程软件的使用、常用指令应用、综合运用指令实现简单的控制应用，主要进行的是基本的开关量逻辑控制。

可编程控制器应用训练实践课程侧重点：以日常生活生产中的典型应用（如生产线小车随机呼叫控制、生产传输线多级皮带控制、液态物料混合控制）为背景，提出控制要求，学生完成输入输出分配、接线、程序设计及整个控制系统的调试。主要进行复杂开关量逻辑控制。

可编程控制器应用训练实践课程成绩合格可取得工业自动化技能证书（中国电工技术学会工业自动化高技能人才培训部和欧姆龙〈中国〉有限公司联合颁发）。

组态软件应用训练实践课程侧重点：利用广泛应用的组态王软件组态实现上位监控功能。该课程可取得"组态王应用工程师"培训证书（北京亚控科技发展有限公司颁发）。

现场总线技术课程实验侧重点：工业控制网络（工业以太网与PROFIBUS现场总线系统、PROFINET网络系统）的构建和组态实现。

专业综合训练课程以实际工程项目为背景，从工艺的分析、点表的总结、硬件选型配置、控制网络的构造、控制策略的确定、控制功能和监控功能设计实现，一直到系统调试，全面培养学生的工程素养和应用设计能力。

（二）实践教学平台的建设和拓展

在"一体化、多层次、开放式"控制工程类课程的实践教学体系框架下，我们大力推行开放式实践教学，这就需要进行校内实践教学平台的不断完善和校外实践基地的拓展。校内主要是智能控制网络实验室新增加了代表工控领域新技术的硬件设备和软件系统，新增了多套实验设备和综合训练设备（风力发电仿真设备、模块化过程控制训练系统和高级过程控制实验装置等），为开发各课程的设计性综合性和创新性实验训练项目提供了良好的技术条件；校外我们与多家校外基地企业合作，吸引企业技术人员的参与和指导，在教学计划的指导下，到企业针对实际的工程项目开展专业实习、专业实训、课程设计、综合训练、毕业设计、科技竞赛等多元、多方位的实践教学，引导学生对自动化工程特征和全球化发展的认识，培养学生的工程意识和独立解决问题的能力，鼓励学生在实践教学项目中发挥新思想、提出新改进、争取新发现，提高应用型本科人才的专业素质与工程能力。

（三）实践教学队伍的建设

控制工程类的专业课程授课教师按照新的实践教学体系，紧跟工控领域新技术的发展，通过相关硬件设备和软件技术的培训，并通过企业实践参与实际工程，将研究实践成果应用与专业课程实践环节，开发了更强应用性、综合性和创新性实验训练项目；聘请企业技术人员参与到我们的实践教学中，以实际的工程项目来教授学生如何进行项目分析、设计调试，将他们的经验传授给学生，校企结合使得专业课程实践环节不再脱离实际。

三、取得的成果

自 2013 年以来，在"一体化、多层次、开放式"控制工程类课程的实践教学体系框架下，控制工程类的专业教师们对新购买的 9 套实验设备进行了调试，开发了新的实验，整合完善了 6 门课程的实验指导书；新开发 3 个工程训练项目，更新了专业综合训练指导书。

通过课程可编程控制器应用训练，共有 123 名学生取得工业自动化技能证书。

通过课程组态软件应用训练，共有 134 名学生取得"组态王应用工程师"培训证书。

利用专业实践平台，三年来专业教师共指导自动化专业学生完成"启明星"大学生科技创新项目 20 项，其中国家级 4 项，市级 12 项。

连续 4 年专业教师指导自动化专业学生参加西门子杯工业自动化挑战赛，共获全国特等奖 3 项、一等奖 5 项，成绩优异。

四、总结

"一体化、多层次、开放式"控制工程类课程的实践教学体系主要依据 2013 版培养方案，考虑到后续的发展，在实验和训练项目的设置上我们提供了更多的模块选择，可以根据培养方案的变化进行灵活组合。开发的实验也在近三年慢慢实施起来，并取得了良好的效果。随 2015 版培养方案的制订，我们还将对实践教学环节进行不断调整，为促进自动化专业应用型人才的培养继续努力。

参考文献

[1] 黄艳岩，富雅琼. 控制系列专业实验课程的教学改革探索［J］. 中国电力教育，2012（5）.

[2] 曾庆军，徐绍芬，等. 自动化专业控制类课程群实验教学改革［J］. 实验室研究与探索，2006（5）.

[3] 宋春芳，崔政伟. 过程装备与控制工程专业装备类核心课程群教学改革与实践［J］. 黑龙江教育学院学报，2011（8）.

[4] 石静，刘慧英，等. 基于创新人才培养的控制类课程群改革研究［J］. 西北工业大学学报：社会科学版，2013（4）.

基于 PLC 教学改革的应用型
创新人才培养初探

杨清梅

教高［2012］2 号文件《教育部关于全面提高高等教育质量的若干意见》，对于中国高等学校分类管理进行了阐述，"应用型创新人才是科学技术转化为现实生产力的活的载体，是能够将科学技术创造性地应用于生产实践的人才，应用型创新人才的培养是时代的需要，是建设创新型国家战略的需要，是我国追赶国际高等教育发展潮流的需要，是我国高等教育跨越式发展的需要，对于应用型高校如何培养应用型创新人才的研究具有重要的意义"。

一、PLC 课程简介

（一）PLC 教学内容

PLC 课程教学内容包括 PLC 基础知识、PLC 指令系统和 PLC 应用系统设计等方面。PLC 的基础知识主要包括 PLC 的定义、系统组成和工作原理等知识点。PLC 的特点、应用、发展方向和编程变量等也是需要涉及的基础概念。讲授 PLC 指令系统时在 PLC 课程教学中一般会选择 1～2 种具体机型。指令系统包括位逻辑指令、定时器指令、计数器指令、传送与移位指令、顺序控制指令、中断与子程序和数据运算等 PLC 的基本指令和功能指令。PLC 的应用系统设计包括 PLC 应用系统的硬件系统设计和软件系统设计等。

（二）PLC 课程特点

PLC 作为工业自动化的一种理想控制装置，已被广泛应用于各种工业领域中的机械设备控制和生产过程自动化控制，同时在智能建筑、交通运输等其他领域的应用也得到了迅速发展。熟练掌握 PLC 的设计及应用技能，已成为电气工程及其自动化专业等工科大学生必备的基本技能之一。

PLC 课程的主要特点有：（1）PLC 课程的应用性很强，所涉及的知识面非常广，为了实际的应用，它要求学生掌握这些相关基础知识。（2）PLC 使用的综合性很强。PLC 具有编程简单，可靠性高，并可直接与被控对象连接等特点，是软、硬件设计的完美结合。正因如此，需要学生不断提高综合能力。（3）PLC 的实践性很强，课程教学的突出特征是理论教学与实践训练同等重要。所以在实施本课程时应注意联系实际应用来激发学生对本课程的兴趣，并不断改革教学方法，提高学生的理论分析能力、实际应用能力和创新能力。

二、PLC 教学存在的问题

PLC 教学存在的主要问题有以下几个方面：

（1）过多地重视理论教学。回顾以往的教学模式，学生对电气控制电路的原理、基本控制环节原理、设计的主要思想一般比较清晰，但谈到具体的安装、调试、设计等方面的工作时，大都比较欠缺。理论教学与实际的应用存在一定的差距。

（2）现阶段很多院校 PLC 课程的实验内容大都比较单一雷同，大部分课题是教科书上现成的或者老师已在课堂上讲过，学生只要上机调试就行了的程序等，实验过程中学生没有思考，因而激发不了学生的求知欲和探索欲，不能达到本课程的教学目的。

（3）编程练习在现在的 PLC 课程教学中过多偏重，学生对实际应用缺乏整体认识，试验中简单重复性编程太多，并且缺乏具体的控制对象，造成学生对 PLC 的实际用途仍然不了解，以致学生的应用能力和创新能力较差。

（4）课程的实践教学没有很好地与 PLC 应用岗位对接。目前的教学方式多是先教室后试验室模式。实验前，教师把实验的内容、操作方法与步骤，甚至连每一步试验结果等都写得一清二楚，学生机械地完成操作，与教师缺乏沟通，造成理论与实践脱节。

三、以培养应用型创新人才为目标的 PLC 教学改革

针对 PLC 教学中存在的问题，为培养应用型创新人才，对 PLC 的教学改革从以下几方面进行探讨。

（一）精编课程讲义

PLC 课程实践性很强，具有很高的技术应用性，制订本课程教学大纲，需要确定学生应掌握的知识点和技能要求，考虑到市场经济对应用型创新人才需求的影响，同时考虑行业需求与社会需求，编写结合本课程特点的实验讲义，确定理论知识与实践技能的结合点，将理论教学与操作技能培训密切结合，使学生在掌握 PLC 基础理论知识的同时，也具备了 PLC 的操作技能和工程应用能力。

教材实例应多选自我们身边的生活和生产过程中，具有一定的实效性，并且能够反映当代 PLC 技术的发展和广阔的应用前景，这样学生对教学课题感兴趣，认识到所学的东西有用，能解决现实问题，学习热情便会高涨，好奇心和创新的欲望也会随之增强。

（二）注重教学艺术和科学

课堂上，经过老师对本课程的简单介绍，举例说明本课程的实际应用案例，让学生初步了解本课程的内容、目的。刚接触电气控制与 PLC，学生很容易理解为计算机之类的编程课程，失去学习的信心。老师一定要在教学方法上下功夫，提高教学的艺术性和科学性。讲解控制程序时，应用多媒体技术，用一张张图片和动画描述实践过程制作电子教案，并以框图的形式把握住对应关系的过程有助于理顺编程的思路，这些是学生乐于接受的学习方式，满足学生们的好奇心，激发学生学习知识的兴趣。让学生体会到电气控制与 PLC 教学的内容丰富、应用广泛，体会到它是能解决实际问题的课程，而不是枯燥无味的说教。

（三）案例教学法

通过一个个生动的实际案例引入，将 PLC 的指令、程序设计的方

法由枯燥变得生动，激发了学生的学习兴趣；PLC 的系统设计从解决实际问题项目实例入手，层层分析，逐步完成，最后归纳总结系统设计的详细思路，使难以理解的问题变得思路清晰、迎刃而解，从而激发起学生的创造潜力。

（四）采用实验教学法和直观演示法进行教学

教师在教学过程中，还要将理论通过实物演示、动手实验等方式应用于实践当中。在教学过程中，学生往往能够对直观的教学方式产生一定的兴趣，它能够增强学生对理论知识的感性认识，能够培养学生的观察能力和动手操作能力。例如教师在讲述 PLC 结构的时候，可以带领学生先去观看实物，让学生对实物有一个了解，通过观看 PLC 的外部设备和结构等，帮助学生了解 PLC 的内部结构。

（五）参加与 PLC 有关的各类竞赛

鼓励学生参加与 PLC 有关的各类竞赛，激发学生的学习热情，提高学生的动手能力。以赛代考为突破口，在教学中注意提升学生的自信心，激发学习动机，使学生明确自己的学习目的和学习任务，意识到要主动学习，端正自己的学习态度，才能取得好的竞赛成绩，从而提高学习效率，营造积极向上、人人争先的学习氛围，提高学生的创新能力，适应应用型创新人才培养的需求。

参考文献

[1] 宋起超，王燕飞，孙英旭. 基于 PLC 课程改革的应用型创新人才培养实践 [J]. 黑龙江教育学院学报，2015（1）.

[2] 孙伟，秦超龙，张小瑞. PLC 技术在创新能力培养中的实践 [J]. 中国科技信息，2013（11）.

[3] 吉顺平，孙承志，路明. "可编程控制器及应用"创新教学方法研究 [J]. 电气电子教学学报，2008（2）.

[4] 张猛. PLC 教学中的改革与创新探讨 [J]. 今日科苑，2009（2）.

[5] 贾莉丽. 基于项目教学法的 PLC 课程教学探索 [J]. 新课程：教育学术，2013（8）.

浅析基于机器人平台和
机器人竞赛的大学素质教育

杨清梅

机器人涵盖了机械、电子、自动控制、计算机、光电技术和人工智能等多个学科领域。按照应用范围不同，机器人大致可以分为工业机器人、服务机器人、医用机器人和军用机器人等。当前，很多高校都开设了机器人方面的相关课程，利用机器人平台开展教学，并通过参加机器人大赛，激发学生的学习兴趣，进行大学生的素质教育，以提高学校教育质量，培养学生的综合素质和创新能力。

一、教学机器人平台

目前，常见的教学机器人是一类结合机器人技术和教育学原理，以积木式机械结构件和电子结构件为基本构件，以快速、简易的拼装方式为主要组装方法的模块化机器人。

教学机器人一般可以分为软件和硬件两大部分，其中软件部分主要包括一个集成编程环境，用以进行教育机器人控制程序的设计；硬件部分包括模块化、系列化的基础结构件、传动结构件、动力部件、控制器、通信部件、传感器和其他一些特殊部件等模块。其中，常用的基础结构件有多孔板、多孔杆、轴和一些辅助连接件，这些基础结构件可以通过一些简单的连接方式进行连接；传动结构件有齿轮、齿条、蜗杆、带轮、变速箱等；动力部件有直流电动机、步进电机等；控制器为特殊设计的模块化多功能控制器。基于这些部件，学生可以根据自己的创意，自由地拼接组合成种类繁多的机器人系统。

利用教学机器人平台，在大学开设教育机器人设计与制作综合实践课程，将有助于学生建立机器人、控制技术和人工智能的工程概念，使学生能够从系统的角度出发，学会综合运用机械、电子和信息等技术，并将之有机地组织与综合，实现系统整体的最优化，同时对培养学生对新技术的综合运用能力、动手能力、创新能力、设计能力及团队合作能力都具有重要意义。

二、国内外机器人大赛

近年来，机器人竞赛在国内外迅速开展，其举办宗旨是为了推动机器人技术的发展，培养学生的创新能力。机器人竞赛涉及人工智能、自动控制、机械设计和通信技术等多领域的前沿研究，大学生参与机器人竞赛有助于增强自主学习兴趣，培养工程实践创新能力。基于机器人竞赛进行项目平台建设，对大学生实施项目驱动教学及大学生的创新素质培养具有重要的现实意义。

（一）国际大学生机器人竞赛

1. 机器人足球竞赛

目前，在国际上最有影响力的两类机器人足球竞赛为 FIRA 和 RoboCup。FIRA（Federation of International Robot – soccer Association）是国际机器人足球联合会的缩写，自 1996 年在韩国大田的韩国科学技术院举办第一届比赛开始，每年举办一届比赛。RoboCup（Robot World Cup）是机器人世界杯的缩写，自 1997 年在日本名古屋举行第一届比赛开始，RoboCup 每年举办一届比赛。机器人足球比赛的项目主要包括仿真组、拟人组等多个比赛项目。

2. 机器人灭火竞赛

机器人灭火比赛是由美国三一学院的杰克·门德尔松（Jake Mendelssohn）教授于 1994 年始创。比赛是在一套模拟四室一厅的住房内进行，要求参赛的机器人在尽可能短的时间里找到放置于任意一个房间随机角落中的蜡烛，将其熄灭，并要返回到起点。主办方按机器人类型的不同将同一级别的比赛分为标准组和带有创新设计的非标准特别组，每年举办一届比赛。

3. 亚太大学生机器人大赛

亚太大学生机器人大赛（Asia – Pacific Robot Contest）始于 2002 年，是由中国、日本、韩国、新加坡、泰国和印度尼西亚组成理事会的亚洲太平洋广播联盟（亚广联）举办的每年一度的重大国际性赛事。比赛主要面向本地区的在校大学生，特别是工科院校的在校生，着力培养各国青少年对于高科技的兴趣与爱好，提高各参与国的科技水平，为机器人工业的发展发掘和培养后备人才。

（二）国内大学生机器人竞赛

1. 中国机器人大赛暨 RoboCup 公开赛

1999 年，在 RoboCup 国际委员的支持和授权下，首届中国机器人大赛暨 RoboCup 公开赛在中国重庆举办，中国机器人大赛每年举办一届。

2. 全国机器人大赛暨 FIRA 世界杯机器人大赛中国队选拔赛

1999 年，在 FIRA 中国分会的组织下，首届全国机器人大赛暨 FIRA 世界杯机器人大赛中国队选拔赛在哈尔滨工程技术大学举办，大赛每年举办一届。

3. 全国大学生机器人电视大赛（暨亚太大学生机器人大赛的国内预选赛）

全国大学生机器人电视大赛作为亚太大学生机器人大赛的国内预选赛，由中央电视台主办，是国内大学生竞技机器人技术方面最重要的赛事。大赛始于 2002 年，每年举办一届。

4. "飞思卡尔杯"全国大学生智能汽车竞赛

为了加强大学生实践、创新能力和团队精神的培养，教育部委托高等学校自动化专业教学指导分委员会主办每年一度的全国大学生智能汽车竞赛。高等学校自动专业教学指导分委员会决定飞思卡尔半导体公司为协办单位，赛事冠名为"飞思卡尔杯"。竞赛分竞速赛与创意赛两类比赛。自 2006 年首次举办以来，每年举办一届。

三、基于机器人平台和机器人大赛的项目驱动教学

项目驱动教学是指通过实施一个完整的项目工作而进行的教学活

动，是基于建构主义学习理论的教学方法。在建构主义学习理论指导下的项目驱动教学方法适用于各类实践性和操作性较强的知识和技能的学习。基于机器人平台的项目驱动教学是指在大学开设教育机器人设计与制作综合实践课程，使学生能够从系统的角度出发，学会综合运用机械、电子和信息等技术，并将之有机地组织与综合，实现系统整体的最优化。基于机器人竞赛的项目驱动教学是指以参加上述的国内外机器人竞赛为建设项目，其成果不仅仅用于机器人竞赛，还可用于相关的教学和科研工作中。因而，结合机器人竞赛项目进行项目驱动教学，高校可以在开展机器人竞赛的同时，为相关专业学科的学生提供自主创新的平台。

具体而言，高校可以结合具体的机器人竞赛项目开展项目驱动教学。如河南理工大学结合"飞思卡尔杯"全国大学生智能汽车竞赛，制订了相应的项目负责制实施办法及教学任务表，并根据项目名称、内容、要求，分别在电气与计算机学院遴选项目负责人。项目负责人确定后，由项目负责人根据人数、职称结构等要求自行组织教学团队，负责所承担项目教学内容的制订、理论教学、实践指导、教学内容更新、教学方式与方法的改革、成绩考核及上报和项目总结等。教师在教学过程中，基于项目驱动教学方法进行教学。教学分为理论教学和实践教学，不同于普通课程教学的理论学时大于实践学时，而是以实践教学为主。实践教学将项目分解为智能车组装设计、运动控制、道路识别等具体子任务，以实现具体子任务为目标，学生分组通过团队合作来完成具体的各个子任务以及整个项目。学生通过任务分析，提出实现策略和实施方案，并负责制作和调试工作，这样可以培养学生自己动手解决问题的能力。

四、基于机器人平台和机器人大赛的大学生素质教育

基于机器人平台和机器人大赛进行大学生的素质教育，已得到了社会的极大关注，激发了大学生们的参与热情。尽管基于机器人平台和机器人大赛培养大学生素质的教学模式还在探讨之中，但对大学生能力的培养得到了充分的体现。这些能力包括创新能力、机械设计与

制作能力、电路设计与制作能力、团队协调能力、检测系统设计能力、控制系统的软件编程能力、仪器设备使用能力和资料检索能力等。

综上所述，基于机器人平台和机器人大赛进行大学生素质教育，对提高学生各方面能力有积极的促进作用，有利于学生个性化发展和创新能力的培养；同时，提高了校园文化活动的层次和水平，推动了高校优良学风和校风的形成。

参考文献

［1］祝龙记，郑晓亮. 基于机器人制作平台的大学生创新能力的培养［J］. 安徽理工大学学报：社会科学版，2010（1）.

［2］黄敦华，赵丹，朱莉莉，等. 基于大学生科学研究与创业行动计划的机器人创新团队建设研究与实践［J］. 机电产品开发与创新，2011（7）.

［3］谢芳，赵吉文，张燕. 机器人比赛对培养大学生综合素质的引导及影响［J］. 中国教育信息化，2013（14）.

［4］张冬泉，鄂明成. 以机器人大赛为载体，构建大学生科技创新训练体系［J］. 创新与创业教育，2011（4）.

［5］于金霞，张英琦. 基于机器人竞赛的大学生创新素质教育［J］. 计算机教育，2010（10）.

［6］孟浩. 机器人制作给大学生动手能力培养带来的启示. 计算机教育［J］. 2009（2）.

［7］顾红欣. 以科技竞赛为载体的大学生创新能力培养［J］. 中国教育导刊，2009（2）.

专业教师与大学生教学相长之我思

李永霞

在现代高校的教育改革中，学生和教师的角色发生了明显的改变，传统的灌输型教育已经转向以学生为中心的教学模式。作为高校专业教师，我们关注的是如何在现代教育背景教育模式下，实现高校专业教师和学生的教学相长。

一、教学相长的内涵

教学相长出自我国古代教育学专著《礼记·学记》："虽有嘉肴，弗食，不知其旨也。虽有至道，弗学，不知其善也。是故，学然后知不足，教然后知困。知不足，然后能自反也。知困，然后能自强也。故曰：教学相长也。"教学相长是我国古代教育者从教学实践过程中提炼出的宝贵教学经验和教学规律。

关于教学相长，有多种解释。

其一是将其纳入教学原则的范畴，认为"教学相长"的主体是教师和学生，理解为教师的教与学生的学可以相互促进；"教学相长"揭示了教与学之间相互制约、相互渗透、相互促进既矛盾又统一的关系；"教学相长"深刻揭示了教与学之间相互依存、相互促进的辩证关系，"学"因"教"而日进，"教"因"学"而益深。

其二是认为"教学相长"是一条教师自我提高的规律，认为"教学相长"的主体是教师，将"教学相长"理解为教师施教的过程同时也是教师学习和提高的过程，即教师通过教而促进自身的学；认为"教学相长"的本意并非指教与学双方的相互促进，而是仅指教这一方的以教为学。它说明教师本身的学习是一种学习，而他教导他人的过程更是一种学习。正是这两种不同形式的学习相互推动，使教师不断进步。

近年来有学者认为"教学相长"所指的主体既不是教师与学生两者也不是教师一者，而是学生，"教学相长"中的"教"指学生的"仿效"。因此，"教学相长"指的是学生"效师而学"和"自觉而学"，两者对学生的成长具有相同的益处。因此，"教学相长"不是教学原则也不是教师成长规律，而是学生的学习规律，强调学习者一方面应自学、自修；另一方面应效师效友而学。"长"应为名词的"益处"之意，而非动词的"促进"之意。

我个人认为，"教学相长"指出教学过程中包括教师的教和学生的学两个方面，教学是"教"与"学"的共同活动过程，其目标是促进个人进步。

二、高校专业教师教学相长的手段

马斯洛需求层次理论认为，人类需求从低到高分为五个层次，分别是：生理需求、安全需求、社交需求、尊重需求和自我实现需求，如图1所示。教师这个职业与其他职业相比，其职业的最终追求就是马斯洛需求层次理论中的"尊重需求"和"自我实现需求"。

- 自我实现需求 ● 对理想实现等的需要，也称成长需要
- 尊重需求 ● 想被他人承认的需要
- 社交需求 ● 社会需要，与他人交流相关的需要变得更重要
- 安全需求 ● 避免对生命构成威胁的需要
- 生理需求 ● 本能层次的需要，包括食欲、睡眠欲望等

图1　马斯洛需求层次理论

教学有法，但无定法。在现代教育背景下，需要学生具有高度自主学习能力和主动学习意愿，教师也面临着前所未有的新挑战，不仅要改变传统的教学方式，还要面对教学体系、知识结构等的多元化转变。

学生不仅有接受知识的学习和训练，还要进行科学研究训练；教师不仅进行教学活动，还要进行科学研究活动。

《陶行知文集》在不同的段落分别提出教师在教学过程中应持的态度和做法。

好学是传染的，一人好学，可以染起许多人好学。就地位论，好学的教师最为重要。想有好学的学生，须有好学的先生。换句话说，要想学生好学，必须先生好学。唯有学而不厌的先生，才能教出学而不厌的学生。同学也互相感化。好学的同学能引别的同学好学。

一个不长进的人是不配教人，不能教人，也不高兴教人。做先生的，应该一面教一面学，并不是贩买些知识来，就可以终身卖不尽的。

先生既没有进步，学生也就难有进步了。这是教学分离的流弊。那好的先生就不是这样，他必是一方面指导学生，另一方面研究学问。

……

高校教师通过教学实践过程遇到困难，才会知道教学中自己知识不足带来的困难和问题；体会到自己学问的不足，而为了实现尊重需求和自我实现需求，需要不断地学习与提高。教的过程也是学的过程，教师在教和学中不断完善自我，边教边学，才能胜任教学工作，教和学相互促进，相辅相成。

教学是高校工作的根本和基础，教学实践能使教师对基础理论更加融会贯通。在专业教师教学实践中，教师只有依据课程内容和学情，顺应教学规律科学施教，才能使教学沿着正确的方向开展。

教学过程为了丰富教学内容，紧跟科技发展前沿，了解行业发展动向，必然促进教师科研工作。现在的大学专业教师，不仅要教授专业知识，还必须从事具有启迪式、创新型的研究性工作，通过教学与科研相结合来培养学生的创新性思维能力。正所谓"问渠何得清如许？为有源头活水来"。

实现教学和科研和谐统一的教师是优秀的。同样的，教学和科研统一的学校是高水平的。教师的教学和科研两方面应统一于培养学生，教师本人科学研究与教学研究应融为一体，旨在提高教育质量和学生综合素质。

科学研究可以使文化、科技的前沿成果及时反映到大学教学内容中来，向学生生动展示科学的魅力，培养学生对科研的兴趣；增强教师对教材和教学内容的选择能力；只有教师有过发现或发明的经历，才能更好地引导学生创造性地学习、发现和发明，让学生明确自己所学学科的前景应用，加强对自身学科的认同感与归属感；科研活动有助于促进学生实践创新环境的建设。

哈佛精神是让学生处于质疑状态，斯坦福精神是让学生处于创新状态。只有不断进行研究的教师才能培养出质疑的学生，也只有不断进行创新的教师才能培养出有创造力的学生。

教学工作是高校的根基与核心，而科研工作则是教学工作的延伸与发展，对教学工作有着重要的促进作用。因此，不论是为了教师个人的自我实现需求，为了高校的长远发展，还是为了培养高素质栋梁之材，高校都应实现教学与科研的有机结合；教学和科研相辅相成，实现教研相长，是最终实现教学相长的必由之路。

三、专业教师教学相长的目标

科研本身对学生和教师来讲是一个师生互补、教学相长的过程，专业教师以教研相长为手段，在最终实现教学相长终极目标的过程中，还能够实现以下目标。

1. 教师通过科研，不断完善自我，全面掌握相关科学的理论知识和实验技术与研究方法，不断更新和充实教学内容；尊重学生的创新热情，提高教师教学、科研水平；实现个人成长需求。

2. 培养学生积极参与科研的设计与实现，在科研过程中发挥积极的主观能动性；培养学生质疑能力、创新热情、自我学习和挑战自我，不断提高学生综合素质。

3. 专业教师实现教、学、研和谐统一，从而成为大学生创新科研的引路人。

4. 提高学校软实力，培养高素质应用型人才。

总之，高校应以教学为基本任务，以科研促进教学，强化科研与教学的联系，最终实现教学相长这一美好境界。

四、教学相长的体会

在申报完成一些小型创新型科研项目的同时，接触和发现了一批具有挑战精神、质疑态度和创新能力的学生。在整个过程中，逐日感受后生可畏，也增加了学习、科研、教研的动力，唯恐卖尽了已有的知识。

CRR 是我自自动化学院任教以来印象最深的学生。那是在 2013 年秋天，学院一个老师推荐 CRR 来找我做"启明星"大学生科技创新项目，而这个学生主动要求参加 IEEE 设计竞赛。我们学院从未参加过这个竞赛，CRR 想组建一支队伍代表我校首次参赛。他向我眉飞色舞地谈论着如何去设计一个新型的相位传感器。事实上这正应该是我任教的新型传感器课程内容，但是我们选用的教材却并未涉及。我惊讶于这个学生不仅仅满足于在课堂上学习课本上的理论知识，而更想自己动手实践设计新型传感器。他的热情感染了我。我认为，比赛成功与否并不重要，兴趣、毅力、实践知识、过程更重要，学生和老师在这个过程中都会有更大的收获。于是 CRR 组建了一个 5 人的小组设计团队。

为了积累做项目的经验，他们很多事情都是独立去探索。他和队友们在实验室泡了 3 个月，尽管那时他的课程很多，但他一直利用课余时间花尽可能多的时间尝试新的想法和创意，用不同的方法实现这个项目。经费很少，他每每亲自去挑选和问价、购买实验材料，有时候甚至自费。

比赛冲刺阶段，因与学校期末考试时间冲突，他们没能去参赛，但是在完成项目的过程中，学生们表现出来的团队合作意识、善于学习的能力、出众的领导力及强烈的兴趣、质疑精神和创新意识，让我也收获满满。毕业后的一次交流中，CRR 说我是对他影响最大的一位老师。于我，他又何尝不是让我最畏惧的后生呢？

"师生本无一定的高下，教学也无十分的界限，人只晓得教师教授，学生学习：不晓得有的时候，教师倒从学生那里得到好多的教训。""后生可畏"不是一句客气话，而是一位教师感受到强大的压力后，对于自己及一切教师提的警告。只有不断地追求真理才能免掉这样的恐惧。

参考文献

［1］刁维国．传统教学模式与现代教学模式的分野［J］．教学与管理，2006，12（1）．

［2］刘秀峰．"教学相长"新解［J］．教育科学研究，2013（2）．

［3］葛敬岩，齐妍，陈芳芳，赵华．教学相长在大学生创新实验中的体现［J］．吉林医学，2014，5（15）．

［4］姚耀．用教学相长缓解高职院校青年教师职业倦怠［J］．师资培养，2015（7）．

［5］陶行知．《陶行知文集》［M］．南京：江苏教育出版社，2008．

［6］陶浪平．教而后知困——新解教学相长［J］．教育教学研究，2008，11下旬．

［7］张楚廷．再论教学与科研关系［J］．湖南师范大学教育科学学报，2003，（2）

积极心理学指导下电工电子
技术课程设计研究与实践

杨晓玲

当前，高等教育教学质量、高校毕业生的综合素质水平、就业竞争力等问题受到社会和高校的普遍重视。各级各类高校都在积极进行教育教学改革，探索有效的教学方法和模式，以期培养出更具有创新精神、实践动手能力强和更具有发展后劲的高素质应用型人才。本文依据积极心理学基本理论指导，对我院开设课程电工电子技术课程设计的教学内容和方法进行了积极的探索和实践。结果表明，无论指导教师还是学生都感觉从中获益颇多。

一、积极心理学思想内涵及对学生培养的启示

积极心理学又称正向心理学，是由美国前心理学会主席塞利格曼发起和推动的一个心理学研究新领域，是利用心理学已经比较完善和有效的实验方法与测量手段，研究人类的力量和美德等积极方面的一个心理学思潮。积极心理学的研究内容主要包括三个层面：一是从主观体验上看，关心人积极的主观体验，主要探讨人类的幸福感、满意感和快乐感，强调人要满意地对待过去、幸福地感受现在以及充满希望并乐观地面对未来；二是对个人成长而言，研究积极的个人特质，包括爱的能力、工作的能力、勇气、人际交往技巧、对美的感受力、毅力、宽容、创造性、关注未来、洞察力、才能与智慧等；三是在群体层面上，研究积极的组织系统，包括研究安定的社会关系、良好的社区、健康的家庭、有效能的学校以及有社会责任感的媒体等，从而使公民具有责任感、推崇利他主义、有礼貌、有职业道德。

积极心理学提倡研究积极人格特质，把增进个体的积极体验和培养个体的自尊作为培养个体积极人格的最主要途径。积极的人生态度是一个人把所有力量都运用到了极限而问心无悔的人生态度，它促使一个人具有良好的情绪，表现为热爱生活，珍爱生命，具有强烈的责任感、坚强的意志和不竭的前进动力。而这种良好的情绪不仅有助于人们深入、细致地观察，促进记忆、激发想象、活跃思维等，而且能够增强操作的准确性和精确性，提高操作的效率，增强人们的创造力。

增强个体的积极情绪体验是积极心理学研究的主要内容。积极心理学认为增进个体的积极情绪体验是发展个体积极人格、积极力量和积极品质的一条最有效的途径。对于积极情绪，积极心理学家弗雷德里克（B. L. Fredrick）提出了著名的"拓展—构建"理论。该理论认为积极情绪具有拓展并构建个体即时的思想或行为作用，也就是为即时的思想和行为提供充足的资源，例如使个体在当时的情境条件下反应更准确、认知更全面、思维的创造性更活跃等。在扩建即时资源的基础上，积极情绪还能帮助个体建立起长远的、有利于个人未来发展的资源。积极情绪体验中的个体能更全面认识自己面临的任务，从而保证个体在特定的情境中能作出最有效的反应。

二、电工电子技术课程设计改革的必要性

本课程是我院交通工程专业的学科大类必修课程。课程中学习现代电子设计技术，通过对典型课题的分析、设计及实际调试，使学生进一步巩固电工电子技术的基本知识与概念，学习现代电子器件的应用与设计方法，培养学生分析问题、解决问题的能力，在实际动手操作能力方面得到锻炼，增强创新意识。

传统的课程设计模式基本上是由教师提供一个工作量和难度都适中的课程设计指导书，由学生按照指导书中的方法和步骤，循序渐进地完成设计。这种教学方式具有很多缺点和不足，已经不能满足当今社会所需要的具有较强的自我学习能力、自我分析问题和解决问题能力的高素质应用型人才的要求，具体来讲，其不足体现在如下方面。

一是教学形式单一、死板，学生就像机器一样只是机械地按照指

导书的步骤按部就班地操作，而最后的设计成果几乎是千篇一律。

二是由于具有完整的课程设计指导书，使得学生在学习和操作过程中出现问题的概率以及问题类型的多样性减少，不利于学生分析问题和解决问题能力的培养。

三是由于完整而全面的课程设计指导书的存在，使得学生只是被动地参与到课程设计的过程中，学生独立思考时间减少，几乎没有独立发挥想象力的空间，不利于学生创新能力的锻炼和培养。

四是课程设计指导书中给出的项目未必是每个学生都感兴趣的，如果该题目正好是学生不感兴趣的主题，会极大地影响学生学习和参与的主观积极性和能动性，课程设计的结果也就好不到哪去了。

总之，这种类似于大锅饭性质的课程设计教学方法，没有充分考虑学生基础的差异、接受能力的差异、学习兴趣的差异等多种关键因素，导致基础差的学生跟不上进度，而基础好的学生又缺少足够的发展空间。

三、正向心理学指导下电工电子技术课程设计改革实践

电工电子技术课程设计是与理论课程电工电子技术相对应的一门综合性、实践性很强的课程，由于关于电路分析基本原理、模拟电子技术和基本的数字电子技术相关实践环节已经在大量的课内实验上完成，所以本课程设计主要针对 EDA 设计进行。根据积极心理学的观点，在教学中要增强学生的积极情绪体验，调动学生的学习动机，让学生把求知当作一种享受和挑战。为此作者根据多年授课经验和该门课程的特点，设计了如下一些关键教学环节。

1. 学习、理解环节——注重学生自学能力的培养

首先向学生介绍了 EDA 技术以及可编程逻辑器件的工作原理，以帮助学生建立 EDA 设计流程和 FPGA 编程下载的概念。为了使学生有切身体验，体会利用 EDA 设计软件进行设计、编辑、综合、编译和仿真等环节，特地为学生制作了自学讲义"原理图输入设计——Quartus II 软件应用初步"，下发到每位学生手中，让学生自己按照讲义内容一步一步操作完成一个 2~4 线译码器的设计和仿真。

之所以让学生自学这部分内容，主要是考虑到对特定软件的学习，之前学生已经学习过 C 语言等编程知识，而且在现代的信息化时代，学生对于计算机相关知识的掌握速度和能力远远超过了老师，只要方法得当，他们很快就会掌握要领。再者也考虑到了学生的差异性，给予他们一定的自由度，使得每个学生都可以按照自己的进度学习，让每位学生都有所收获。

事实也证明这种方法是可行的，有些同学掌握得非常快，而且兴趣盎然，一完成马上向老师报告，当得到教师的表扬和肯定后更是以极大的热情投入到下一个环节中去；而对于进展较慢的同学来讲，希望他们把基础打扎实，而不是一味求快，这时老师的态度非常关键，一定要给予他们正向的评价和鼓励，肯定他们付出的努力和取得的进步，使他们愿意克服困难继续前行。

2. 掌握、应用环节——照猫画虎

通过上面的 2 ~ 4 线译码器的设计和仿真，学生已经对如何利用原理图进行设计和仿真有了一个初步的体验，接着给出下一个任务，让学生自己设计一个 3 ~ 8 线译码器。学生要想完成该任务，必须首先把上一任务的原理和操作步骤全部理解吃透，无形中又是对所学知识进行巩固和消化的过程。

在这一过程中，学生可以充分发挥自己的才能，而且教师在指导过程中，如果发现某个学生遇到的问题和先前其他学生的问题相同时，会直接找前面的同学来进行解答。这样一方面给指导教师腾出了时间去解决更棘手的问题；另一方面也给学生提供了一个展示自我、总结归纳自己所学知识的机会，而同学之间的交流和沟通也更加顺畅，整个实验室气氛非常活跃。

接下来的任务就是通过引导学生完成一个三人表决器设计并生成一个元件，引入层次化设计和可重用元件的概念。接着给学生布置独立完成的任务：通过层次化设计方法，利用自己生成的半加器元件设计一个全加器。从而全面理解和掌握层次化设计的概念和方法。

3. 初级应用进阶——VHDL 语言设计

原理图设计法虽然直观清楚，但对于复杂系统来讲，还是需要利用 VHDL 语言来完成。因此掌握 VHDL 语言设计的基本原则和方法，也是学生必备的技能之一。

其中首要任务就是对 VHDL 语言语法规则的掌握。在这一环节中，我仍然采用的是学生利用讲义自己练习的方法，在讲义中，根据不同的语句特地安排了不同的例题进行有针对性的学习和训练。例如，通过用 VHDL 语言描述一个 2 输入的与非门，使同学了解了一个完整的 VHDL 程序的基本结构和组成；通过加法器的设计，学生了解了信号与变量的概念；通过 8 ~ 3 线优先编码器设计，使学生学会 CASE 语句的使用；通过奇偶校验器的设计，使学生掌握 LOOP 语句的使用；通过比较器的设计，使学生掌握了 NEXT 和 EXIT 语句的使用。

通过提供大量的实例练习，使得学生很快掌握了 VHDL 语言设计的基本规则和语法要领。特别是我在提供给学生的讲义中，有意地人为设置了多处语法和逻辑错误，让学生去自行找出并排除，通过这一过程，极大地促进了学生对 VHDL 语法规则的深刻理解和掌握，也很好地锻炼了学生自己分析故障排除错误的能力，使学生充分体会到了马虎粗心带来的时间和精力成本，意识到细心对于完成设计的重要性。

这一过程中，一方面学生互相帮助，通过互查找到了大部分错误；另一方面五花八门的错误类型也极大地丰富了我的经验，对于我来讲，也是难得的学习提高的机会。

4. 实战篇——熟悉开发系统，让自己的程序动起来

如果说前面的练习和训练还是局限于纸上谈兵，那么这部分内容的学习和练习就是从虚幻走向现实，实现梦想的关键一步了。这一过程中，学生首先要熟悉开发系统，这里采用了我校实训基地实验室提供的GW - 48 系列 SOPC/EDA 开发系统。首先提供一个简单的实例——十进制计数器的设计，完成 VHDL 文本输入设计—工程创建—综合分析—仿真分析—生成 RTL 电路—引脚锁定—编程下载—实物展示的完整设计流程，使学生真切地看到了一个设计程序如何下载到芯片中，使得开发系统变成了一个实际的十进制计数器的过程。学生对 EDA 最感兴趣和认为神奇之处，也在于设计什么样的程序下载，就能使芯片变成什么样的器件。既可使芯片成为一个频率计，也可使它成为一个秒表。从而极

大地调动了学生学习的兴趣和积极性。

在这样的好奇心驱使下，学生通过反复演示系统和对照开发系统的各部分硬件组成，完成对开发系统的熟悉和了解过程。之后还可以提供一些典型单元电路的设计，如七段数码管显示电路、按键输入电路、2N 分频器等，让同学自己完成在开发系统上的引脚锁定和编程下载功能，进而为后续完整的独立设计奠定坚实的基础。在这一过程中，给学生以持续的、正向的激励非常重要，可以促使他们克服恐惧和畏难情绪。

5. 小试牛刀——秀出自我

通过前面的学习和训练，学生已经基本掌握了开发一个完整系统的所有关键技能和知识，因此这里的任务就是通过一个相对简单但完整的设计案例向学生介绍从设计选题、方案论证到完成设计验证、写出设计报告的 FPGA 设计的全过程。最后提供若干不同的设计题目让学生自由选择，比较典型的题目有：频率计设计、数字钟设计、密码锁设计、交通灯控制器和彩灯控制器设计等。

学生选题自由度较大，能力较强且自信的学生可以单独一人一题，独立完成设计；不太自信或能力较差的学生可以选择自由组团，3~4 人一组共同完成设计，由每个学生根据自己的长项完成设计的一部分，不擅长的项目或模块可以通过小组合作，请其他同学帮助完成，但要在最后的报告中明确表明自己完成的部分。这样可以有效地避免学生之间的抄袭和因任务太过艰巨而使学生丧失动力和信心的情况发生，尽可能保护学生的激情和接受挑战的勇气。

6. 追求卓越——更上一层楼

在上一过程中，每一个题目都是按照难易程度分层给出的，有基本功能和附加功能。比如在频率计的设计中，基本要求是设计一个 4 位十进制频率计，由 4 个七段数码管显示频率值。附加功能可以是：添加频率测量的溢出报警功能（可以采用发光二极管或扬声器提示）和量程选择功能（通过控制信号的高低电平选择频率计的位数等）。

对于能力较强又自身积极进取的学生来说，不用老师多讲，他会自觉地完成所有的设计，实现所有功能，表现非常出色；而对于另一部分学生来讲，悟性很高，能够较快且较好地完成基本功能，但自己不会主动去完成附加功能，这时我就会对他们进行一些积极的引导和鼓励，促使他们接受更大的挑战，而且大部分同学在教师的鼓励下还是很乐意做到更好的；当然也有个别同学，只满足于完成基本功能，任你怎么说，就是不动，说自己不会也不愿意学，指导教师也就只好放弃了。

总之，在整个课程设计的教学过程中，通过教师精心组织和讲义的学习掌握系统设计的原理和方法，利用设计性的实践环节提高实际应用的能力，在实践过程中解决所遇到的具体问题，并通过设计报告进行总结和提高。在整个课程设计的教学过程中，教师并不事无巨细地告诉学生如何去做，而是以解答学生的疑问为主。当学生遇到问题时，不是简单地帮助学生排除故障，而是提出产生故障的各种可能性，由学生自行排除，鼓励学生提出问题和不同的见解。在设计验收时，采用提问和讨论的方式，以检查学生对实验的掌握程度，让学生在学习过程中将理论和实践真正结合起来，为以后的工作打下坚实的基础。

四、结束语

在整个课程设计的教学过程中，通过上述尝试和探索，得到一些启示和收获，总结如下。

一是要尽可能多地提供一些不同的设计题目，以便让学生有更多的机会去选择自己真正感兴趣并愿意为之付出辛苦和努力去完成的题目。同时这些题目还应有一定的实用性和先进性，要让学生完成后真正可以有所收获。为此教师需要长期的、深厚的积累，并且随时关注业界最新技术动态，及时、恰当地将其引入课程设计的任务规划和安排中。

二是要让学生深刻地理解原理。只有理解原理，才能有效地进行模块划分，同时学生在完成设计的过程中才可以减少困惑和盲目性，目标更加清晰，从中习得的知识和技能才更容易内化为自己的综合实力。为此，对于提供给学生选择的课设题目，每个都要给学生提供基本的原理，同时鼓励学生从不同的途径去寻找和获得与课题相关的各种文献资料，从而达到对课题原理和背景知识全方位和透彻的理解。

　　三是要充分利用实验室的现有设备，保证给定的题目可以在现有设备的基础上完成，而且每个设计题目都要分层次、循序渐进地提出任务要求，以满足不同能力和水平的学生。为此，教师在设计题目时就要注意不要把系统设计得太大，功能也不要太完善。首先，要实现核心模块，完成基本功能。其次，在此基础上逐步地完善系统。这样既照顾了能力较弱的学生，使他们能够完成设计，同时通过一个个小目标的完成，也更容易使学生获得成就感和保持持久的兴趣和激情继续去完成下一个目标。

　　四是题目的内容和难度要适当，要保证大部分学生在规定的时间内可以完成，同时还应当照顾到学有余力的学生，应当给学生留有发挥想象力和创造力的空间，同时也鼓励学生自己寻找感兴趣的题目去做。

　　五是教师应该积极参与到学生的设计中，而不是放任学生不管。其实这是一个教学相长的过程，教师通过参与学生的设计，可以更全面和真实地了解学生的水平和遇到的问题，从而提供更加有效的指导；反过来，通过了解不同的学生在不同的设计题目中遇到的五花八门的问题，又可以极大地丰富教师的经验，而帮助学生解决各类问题的过程本身也是对教师一个极好的锻炼。就作者本人来讲，通过多年的教学实践，感觉在帮助学生解决问题的同时，自己也收获颇多。

参考文献

[1] 唐海波，郭锋. 积极心理学思想对学生创造力培养的启示 [J]. 创新与创业教育，2011（1）.

[2] 游少萍. 正向心理学视角下大学生正面情绪培养研究 [J]. 山西大同大学学报：自然科学版，2013，29（4）.

[3] 练益群. 在数字电路教学中引入 EDA 势在必行 [J]. 浙江广播电视高等专科学校学报，2002（2）.

[4] 方飞，谢丽春. EDA 设计性实验课教学研究——数字钟的设计 [J]. 曲靖师范学院学报，2005，24（6）.

[5] 惠为君. EDA 设计教学研究 [J]. 中国现代教育装备，2009（8）上.

多媒体在课件中应用现状的探讨

赵丽鲜

多媒体辅助教学，既可以将图、文、声、像融为一体，使教与学的活动变得更加丰富多彩，又可以寓知识学习、技能训练、智力开发于生动活泼的形象之中，从而激发学生的学习兴趣，变苦学为乐学，同时又促进思维发展，丰富学生的想象力，所以多媒体教学越来越受到人们的重视，被广泛地应用到教学中，并取得了用传统教学手段所不可能取得的效果。但与此同时其中存在的问题也不断出现，如学生、老师过分依赖多媒体这一新型教学方式而彻底丢弃传统教学方式，学生因好奇而转移注意力，教师运用多媒体查询各种资源而缺乏创新等，直接影响了教学效果。究其原因并不在于多媒体本身，而在于如何利用现代教育理论设计和合理地使用课件。多媒体课件的实用性、整体性、多样和适当性成为设计和使用中应注意的问题。

一、多媒体课件概况

多媒体课件是指教师或多媒体制作人员，根据脚本设计的内容，制作出一套适合教与学的，包含大量多媒体信息的辅助教学系统。通过多媒体课件，我们可以将一些平时难以表述清楚的教学内容，如实验演示、情境创设、交互练习等，生动形象地展示给学生。学生通过视觉、听觉等多方面参与，更好地理解和掌握教学内容，培养学生学习的兴趣，活跃了课堂气氛，同时也扩大了学生信息获取的渠道。因此，多媒体课件辅助于教学，使教师和学生教与学的手段多样化，近年来被广泛应用于教学领域。多媒体课件简单来说就是老师用来辅助教学的工具，创作人员根据自己的创意，先从总体上对信息进行分类组织，然后把文字、图形、图像、声音、动画和影像等多种媒体素材在时间和空间两方面进行集成，使他们融为一体并赋予它们以交互特性，从而制作出各种精彩纷呈的多媒体应用软件产品。

二、多媒体课件优点

1. 丰富的表现力

多媒体课件不仅可以更加自然、逼真地表现多姿多彩的视听世界。还可以对宏观和微观事物进行模拟，对抽象、无形事物进行生动、直观的表现，对复杂过程进行简化再现，等等。这样，就使原本艰难的教学活动充满了魅力。

2. 良好的交互性

多媒体课件不仅可以在内容的学习使用上提供良好的交互控制，而且可以运用适当的教学策略，指导学生学习，更好地体现出因材施教的个别化教学。

3. 极大的共享性

网络技术的发展，多媒体信息的自由传输，使得教育在全世界交换、共享成为可能。以网络为载体的多媒体课件，提供了教学资源的共享。多媒体课件在教学中的使用，改善了教学媒体的表现力和交互性，促进了课堂教学内容、教学方法、教学过程的全面优化，提高了教学效果。

多媒体课件经历了三个阶段的发展：研究试验阶段、普及应用阶段和综合发展阶段。研究试验阶段主要进行各种类型的计算机辅助教学系统的研究和试用，探究各种可能的应用模式，对效果和作用进行测量与评价，并且进行了理论上的探究。在普及应用阶段微型计算机出现并迅速发展和广泛运用，微型计算机迅速在教育应用上显示出它的价值。在综合发展阶段，各种新技术的引入，使计算机辅助教学进入综合性网络化教育的发展阶段。

三、多媒体课件的不足

1. 喧宾夺主

多媒体技术进入课堂之后，学生常常被眼花缭乱的课堂教学所吸引，然而在现代教育技术的环境中，学生自主创新能力却被抹杀了，这与我们的素质教育宗旨是相违背的。同时，多媒体教学在语言、手势和表情等表达方式上并不具有优势。有的教师在授课时，只顾坐在电脑前点鼠标、照"屏"宣科，学生坐在下面看得眼花缭乱，整个教学过程就像在会议上做报告，忽视了师生之间的情感交流，造成师生间情感的缺失。从心理学的角度看，学生在学习过程中一般有两个心理过程：一是认知过程，二是情感过程。若单纯强调某一过程，只会事倍功半。

2. 容量大，教师学生缺少互动

多媒体教学的最大优势是信息量大、展示方便快捷，在授课时，因受时间的限制，教师很容易不自觉地加快课堂教学速度，忽视与学生思维节奏的合拍。本来多媒体教学的另一优势是有助于突出教学重点和难点，结果却相反，五彩缤纷的多媒体信息包围了学生，信息呈现的速度无法让学生完整地做笔记，学生成为名副其实的"观光客"，对所学内容印象不深。因此，这样的教学不会起到预想的效果。

3. 注重形式，盲目运用

多媒体成为公开课时的花架子、表面文章。一些学校片面追求多媒体辅助教学，甚至形成"无多媒体不成公开课"的局面，往往为了一节公开课，多名教师费尽心机苦战多日，方才"精制"一个课件，而在平时教学中则被束之高阁了，多媒体成了名副其实的"花架子"。教师平时上课时使用了多媒体课件却没有多少效果，或者有"为电教而电教"的现象。

4. 片面追求多媒体应用，忽视传统手段

运用多媒体教学不是提高教学效果的唯一途径和手段，教学中应针对教学内容采取与之相应的教学方法、方式，合理地综合利用各种教学媒体，包括传统媒体，取长补短。这样才能发挥各种教学方法的综合功能，取得最佳效果。

四、多媒体教学的建议

1. 正确处理好多媒体教学与传统教学的关系

多媒体教学可以理解为传统教学基础上增加了多媒体这一特殊工具的教学，它不可能抛弃所有的传统教学手段。在教学过程中，应注意教学方式、方法，突出学生的主体地位，坚持在重点问题或需要解释强调的知识上，采用板书和口头陈述的形式。还要注意和学生的互动。避免了单一形式上的呆板僵化，多种教学方式的结合，既可以提高学生的主观能动性，又有助于学生对知识的理解。

2. 深研教材，制作科学实用的课件

多媒体教学，由于它图、文、声、像并茂，信息量大，在教学的准备和实施中多媒体课件的设计和使用并非一个简单的事情，它涉及教育学理论、心理学理论、教学设计、美学等多方面的知识。因此，如何设计出实用性、适应性和艺术性强多媒体课件便成为多媒体课件设计和使用中应注意的重要问题。

应倡导以学为中心的设计模式，坚持辅助性原则，模板不求花哨，只求实用和好的视觉效果，一个多媒体课件应该以充分发挥学习者的潜能，强化教学效果，提高教学质量为重心。因此教师应该不断积累经验，努力探索制作技巧，制作出更多图文并茂、形声俱佳的优秀多媒体课件，努力获得最佳的教学效果。

3. 加强培训，提高教师计算机操作技能

由于多媒体教学是一种基于现代信息技术而发展起来的有效教学方式，它既依赖于理论研究的发展，又依赖于多媒体制作技术的改进。

在理论研究和多媒体制作技术中，理论研究凸显了其优先性和重要性。如果理论研究缺乏和滞后，必然导致多媒体制作技术发展的盲目和迷失。而具体分析当前多媒体教学存在的问题，就不难发现目前大部分教师多媒体制作技术有待于加强，而多媒体教学的理论研究更滞后于多媒体制作技术。

另外，多媒体教学只重视前期的设计和开发，而忽视教师对于多媒体课堂教学效果的反思。有的教师将他人设计和运用的课件不做丝毫修改就运用于自己的教学中，不顾及课件对特定群体——自己和学生的针对性和实效性。

一般而言，多媒体教学的结束往往又是新一轮教学理论研究和进一步提高多媒体制作技术的起始。如此反复进行理论研究和对多媒体制作技术作进一步地调整和改进，将会极大地推动教育技术的向前发展。

总之，多媒体课件是一把双刃剑，利用好了可以取得事半功倍的效果，利用不好也可能会置于事倍功半的尴尬境地。在具体的教育教学工作中，随着教育科技的发展，教育手段不断更新，我们除了应及时学习新的技能外，还要把握现代教育理念的核心：以学生为中心。多媒体教学要把握实效准则，坚持广泛的教师培训，以达到广泛提高应用水平的目的。

参考文献

[1] 王琦. 课件对课堂教学的负面影响 [J]. 中小学电教（下），2011（2）.

[2] 韩纪江. 多媒体教学在高校应用的现状、问题与对策 [J]. 理工高教研究，2010（10）.

[3] 黄都，蒋龙飞，柯小林. 信息技术与化学课堂教学中运用 PPT 课件应注意的几个问题 [J]. 化学教育，2010（5）.

[4] 黄俊. 多媒体教学课件在教学中的应用 [J]. 成才之路，2010（5）.

[5] 刘学山，乔立民，韩辉. 运用多媒体课件教学须把握的几个原则 [J]. 现代教育科学，2009（1）.

应用型人才培养模式中的
综合实践教学改革与实践

于丽杰

应用型人才是理论与实践结合，将理论用于实践，创造出价值的人才，或者是把理论转化为成果的"桥梁性"人才。应用型人才培养就是以培养学生实际应用能力为主要目的，以适应社会需求为目标，以培养技术应用能力为主线。为了实现应用型人才的培养目标，提高人才的培养质量，北京联合大学自动化（智能信息处理方向）专业在课程体系结构、教学内容、教学方法和教学手段等进行了一系列的探索改革。专业综合实训就是应用型本科专业课程改革过程中开发的一门新课程，其目的是将基础理论知识与实践应用融会贯通，以获得有关的实践知识和技能，巩固和加深理论，培养实际动手能力和独立工作能力。

在应用型本科中设立专业综合实训课程是以解决专业领域的实际问题来训练学生实践能力的一种模式，以工作过程为导向，以实训为主要教学环节，将职业技能和能力培养所涉及的学科知识、技术理论和操作技能有机结合，作为一个整体按计划有步骤地分段进行。这种综合化整体式的实训课程是应用型本科院校在课程建设中需要深入研究和探索的一种课程类型。

一、面向企业实际应用，开发实训项目

专业综合实训课程与基础实验、课程设计、毕业设计等实践课程有明显的区别。基础实验课教学的主要目的是让学生熟悉和验证理论知识。实验通常以一个知识点为单位，内容单一，课程设计则常常是

针对一门专业课程的内容进行综合训练，学生只能按照规定的方法和步骤开展实验，不利于培养分析和解决实际问题的能力。然而专业课程之间存在多种逻辑关系，不能孤立地以单门的课程为核心教学，必须通过课程间的学习和关联逐步建立起整个系统的概念。专业综合实训这门实训课程设置就是通过校内综合实训，将三年多所学专业知识综合应用，总结并回顾、梳理并关联形成系统的知识体系，完成相关项目，在一定程度上达到了工作实践的效果，丰富了学生的工作经验，对未来就业有很大的帮助。

自动化（智能信息处理方向）专业的学生就业主要是从事电子设备及系统的操作、管理和维护工作，其专业核心能力是电子信息产品的安装、调试、检测、维护能力以及电子信息技术的开发、设计、推广和应用能力。同时根据层次化的概念，结合北京地区电子信息行业的特点，我们开发了两种类型的实训项目，分为偏硬和偏软的两个方向。硬件方向从局域网需求分析、网络结构设计、VLAN 规划与设计以及各种网络通信设备安装调试和网络安全解决方案设计；软件方向主要包括 Web 服务器规划设计，Web 应用程序开发，包括脚本语言、数据库应用等各方面的内容，每个项目由指导教师拟定子课题及任务的设计方案，学生根据自己的爱好和特长选择不同的子课题进行设计和实施，指导教师对方案的可行性进行监控。

为了在专业综合实践课程中使学生在自主空间内得到真正的锻炼，作者把本课程的时间外延扩大，从课内延伸到课外，学有余力的学生可以根据自己的学习进度提前进入实践课题，也可以根据自己的需求选择更具创新性的题目，或针对科技竞赛等项目进行深入研究。

二、建立实时互动的教学模式

与理论教学不同，实践教学过程中由于实践项目及学生的差异，要求教师根据学生的不同需求分别进行指导，提示重点、难点，并且解答学生疑难。给每个学生提供思考、表现、创造以及成功的机会，促进学生自主学习。因此，实践教学过程中要将主动权交给学生，老师只是在教学过程起到布置、引导、解决学生实际困难作用的指导者，让学生按照所学知识解决老师布置的实际工作任务，统一讲解重点、难点，需要注意什么问题，对于集中的问题统一讲，再指导，再讲解。打破传统的时间分配，灵活性更强，老师可以采取一切教学资源教会学生，真正做到教中学、学中教。

实践前的任务分析是一个十分重要的环节，可视具体情况把总任务分解成一些阶段任务，通过细化任务，可使学生明确具体的小任务，培养学生解决问题的思路，从而保证学习的方向和目标。此外，教师在教学实践中根据实践内容的特点，鼓励学生在实践中学习，在独立或者合作的设计过程中使学生得到能力的提高。在教学中精心组织设置疑难，使学生面临问题产生求知欲，从中启发学生积极思考。

实践教学过程中，除了向学生传授专业技能外，还应向学生传授继续学习、信息处理、沟通合作、解决问题、组织协调和创新应变等关键能力，使学生的能力得到全面提升。

三、建立与实践相适应的考核办法

传统的实验/实训报告的方法不能很好地适应综合实践的教学要求，也并不能全面客观地评价学生是否真正具有动手能力，是否真正掌握实践技能，更无法产生引导学生积极思考、自主学习的作用。因此制订合理、准确、科学的评价方法也是综合实践课程教学模式关键的一部分。

通过与学生沟通、学习兄弟院校做法，在充分考虑了实践课程特点的基础上，对课程考核办法进行改革与创新，以最大限度提高学生积极性和参与度为目标，建立科学、严格、全面的课程考核体系，根据学生的工作任务和工作质量及答辩效果来综合评定成绩，其评定的具体内容如图1所示。

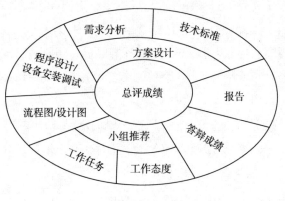

图 1　成绩评定

考核办法充分尊重了学生的想法与创造性，注重过程，项目验收后对优秀的项目团队和优秀个人颁发奖品和证书，培养学生的竞争意识。

四、结束语

专业综合实践课程是在时代发展要求下，结合应用型本科教育的先进思路应运而生的。

它在多思路、多角度赋予学生较大能动性和自由度上颇具特色，能有效地锻炼自动化专业学生综合设计的业务能力。为他们在今后进一步的实践和深造中奠定良好的基础。当然专业综合实践课程的改革与建设不是一蹴而就的，要有长期教学改革经验的积淀，要与专业人才培养方案相衔接，融合自己的专业特色，用理论研究指导解决专业综合实践中存在的问题。

参考文献

[1] 吴京秋，郁汉琪. 应用型本科院校设置专业综合实训课程的思路 [J]. 中国现代装备，2009（17）.

[2] 刘铁山，叶仲琪. 高校工科专业实践教学体系的构建尝试 [J]. 黑龙江教育，2010（4）.

［3］杨柳春，汝宇林. 面向职业能力培养的实训项目标准的研究与实践 ［J］. 兰州石化职业技术学院学报，2009（6）.

［4］李晔，王翠香，姬正洲，等. 基于高素质应用型人才培养的实践教学体系构建 ［J］. 西安邮电学院学报，2011（12）.

基于网络精品课程建设的几点思考[*]

孙 雪

互联网技术和信息技术的高速发展为高等教育带来了新的观念和手段。精品课程是指具有一流的教师队伍、一流的教学内容、一流的教学方法、一流的教材、一流的教学管理等特色的示范性课程。网络精品课程是指在网络环境中为学生提供某门学科优质的教学内容和实施教学活动的总和。目前，网络精品课程建设是高等学校教育教学质量工程和教学改革的重要组成部分，它是一个系统的工程。我国高校的精品课程建设以网络信息技术为平台，采用现代化教育思想，以提高教师的水平为前提，以增加学生课外学习的机会、增强学生学习的兴趣和提高学生学习能力为目的，主要包括教师队伍、课程建设、教学方法、教材建设和教学评价体系等。精品课程建设的关键在于课程网络平台的建设。

一、精品课程网络平台建设的重要意义

首先，精品课程网络平台的建设是高等教育发展的新形势的客观需要。为搞好精品课程建设工作，教育部下发了《关于启动高等学校教学质量与教学改革工程精品课程建设工作的通知》和《国家精品课程建设工作实施办法》，对国家精品课程建设中应加强的各项工作做了明确规定，也对精品课程网络建设提出了明确要求和具体内容。

其次，精品课程网络平台的建设可以充分展示课程的示范性和开放共享性。精品课程建设的重要理念就是开放和共享。构建网络教学

* 本论文受"北京高等学校青年英才计划项目"资助，项目编号为：YETP1759。

平台是实现优质教学资源共享和精品课程示范性的关键措施。网络平台建设将课程资源在网上开放，不但提供学习者学习，还能提供给相关的专家、同行和社会了解，实现了资源共享。精品课程的网络共享还可以在同类课程中起到明显的示范作用。讨论区、论坛和留言等交互功能的使用，可以方便学习者、教师和相关人员之间的交流，大大增加了课程资源的使用率和学习者的学习兴趣。同时，网络平台也有利于不同学科之间知识和教学方法的相互学习，增进了不同学科之间的连通性。

最后，网络平台可以方便学习者自主学习和教师的远程教学，可以营造出数字化、网络化的强大的教育、学习和教学管理环境，使教学活动可以分开，开辟了获取教学资源的便捷渠道，实现了学习者自主学习和教师的远程教学。对教师来说，利用网络平台可以创建开放式教学模式，使教学活动新颖而多样；对学习者来说，在网络上学习不受时空的限制而更加灵活和自由，可充分发挥他们自主学习能力；对教学交流来说，大家可以通过论坛、讨论区、留言板、在线答疑、QQ 在线等进行相互交流，教师可以因材施教；对教师和教学管理人员来说，可以通过管理教学日程、在线考试、审批作业、选课平台等查看课程信息、提交成绩、汇总报表等，使管理更高效。

二、精品课程网络平台建设现状

国家精品课程建设的目的与内容决定了加强其网络建设的必要性和重要性，精品课程只有实现和优化网络建设，才能达到开放、共享和提高的目的。通过笔者观摩网络上精品课程建设的网站和内容，主要存在以下几方面的问题。

（一）教学过程的设计不足。网络精品课程建设平台发布的教学资源比较丰富，如教师队伍、教学大纲、电子课件、音频视频、参考资料、作业练习等内容。但是教学过程、教学活动、教学管理等因素内容考虑不足，即如何将这些因素整合运用于网络的教育教学中是需要思考的问题。

（二）精品课程网络建设平台沟通、反馈机制不完善。精品课程网络平台建设的目的是让学习者方便学习，那么学习知识就需要建立有效的反馈，反馈主要表现在学习内容、学习成绩和课程建设平台本身。反馈需要及时和高效，才能建立起教师与教师、教师与学习者、学习者与学习者、使用者和开发者等之间的沟通，以达到精品课程长期发展的目的。

（三）网络精品课程的更新和维护需要加强。一些课程为"评"而建，一次性建设完毕后，缺乏长远的维护和使用目标，影响了课程长期发展。

三、精品课程网络平台建设的几点思考

（一）提高对精品课程网络教学平台的认识。在课程建设中，明确为什么要实现网络精品课程建设，怎样建设，如何实现网络精品课程持续性的发展。只有把这些问题深入内心，才能有力地推动网络精品课程建设。

（二）树立从学习者的角度建设网络精品课程。网络精品课程的目的就是最大限度地调动学习者的主动性、积极性，培养学习者学习能力和创新能力，拓展学习者的知识面。因此在课程建设中，要牢固树立以学生为中心的建设思想，为学生提供高质量的支持和服务。首先，教师在设计教学内容、教学方法和课程考核时必须要从学习者的角度进行考虑，多关注"教"与"学"的关系；其次，在开发网站时，应遵循学习者的习惯、课程开发的原则以及课程学习目标。注重网络精品课程的可持续发展。

（三）建立网络精品课程的互动平台和反馈机制。教学离不开反馈，学生提出问题是学生对教师所教授知识的反馈，学生考试的成绩是学生对课程掌握程度的反馈，学生对教师的评价是学生对课程的反馈，而教师提问学生、布置练习是教师对学生学习程度的反馈，教师对系统的满意程度也是对系统开发者的反馈，这些都需要通过网络平台进行相互之间的沟通，才能掌握网络课程建设中存在的问题。课程建设者需要根据这些问题，对教学不断地更新、不断

地丰富教学资源和网站设计，来提高网络精品课程建设的质量。

四、结论

网络精品课程的建设是高等学校课程体系建设的重要组成部分，是需要各部门密切配合的工作，高校管理者需要加强过程监控，课程建设者需要加强课程体系建设，平台开发者需要加强网站的互动性开发，学习者需要掌握知识、运用知识。只有高度重视，在指导思想明确、规划科学、设计合理的基础上，网络精品课程才能保持"精品"特色，利用现代教育技术，拓展精品课程的学习空间和传播途径，才能建设好网络精品课程。

参考文献

[1] 李辉. 网络精品课程现状分析及对策探究［J］. 中国教育信息化，2007（4）.

[2] 袁丽. 网络精品课程建设的思考［J］. 时代农机，2015（4）.

[3] 教育部［2003］1 号文件. 关于启动高等学校教学质量与教学改革工程精品课程建设工作的通知［Z］. 2003.

[4] 陈小燕. 依托精品课程建设提升学科教学质量［J］. 重庆科技学院学报：社会科学版，2008（8）.

[5] 张艳萍，隋清江，张进宝. 精品课程的网络资源建构问题初探［J］. 现代远距离教育，2004（5）.

[6] 韩锡斌. 精品课程网上建设与申报的研究与实践［C］. 第四届全国高校教育教学信息化应用研讨会. 北京：清华大学，2005.

[7] 李建立，黄晓鹏，廉立军. 精品课程、网络教学平台与高校图书馆［J］. 华北煤炭医学院学报，2004（6）.

城市公共自行车的布局优化

孙 迪

在可持续发展的背景下，改善生态环境、促进资源能源节约和综合利用成为全世界关注的核心问题。倡导绿色交通的公共自行车系统也因此成为近年来世界各国可持续交通的研究和建设重点。公共自行车作为一种低碳环保、节能、快捷和经济实用的绿色交通出行方式，越来越受到全球许多国家的青睐。由于公共自行车在一定范围内具有其他交通方式无法取代的优势和适应性，阿姆斯特丹、哥本哈根、巴黎、伦敦、悉尼和墨尔本等大城市都在积极发展并取得了极大的成功。通过学习外国经验，公共自行车系统也在我国逐渐发展起来，在北京、杭州、武汉等地发展得如日中天。

引言

北京从 2008 年奥运会到 2012 年 6 月正式推出公共自行车，包括期间一些租赁企业、区级政府的自发试点，北京公共自行车租赁体系屡经生死。虽然目前北京公共自行车系统日趋成熟，但并没有充分利用。以北京朝阳区为例，其公共自行车租赁点安置较为密集，但有些公共自行车租赁点使用率很低，本项目就针对朝阳区（北部）公共自行车租赁点调查了解利用率低这一问题并整合出优化解决方案。

一、公共自行车系统实施效果分析

基于《北京市公共自行车系统布局规划》，通过实地考察朝阳区（北部）的自行车站点使用情况，按其承担的功能将公共自行车租赁点划分为商业型、居住型和校园型三大类。目前，北京市朝阳区共设有公共自行车租赁点 172 处。通过选取朝阳区（北部）北四环东路华堂大厦东侧、对外经贸大学、地铁五号线三个代表性地点为调查目标。选取自行车使用频率较高的、涵盖三个大类的三个地点进行深入研究，具体方法是采用问卷调查的方式，收集不同站点的使用者的反馈信息，从而对朝阳区（北部）公共自行车系统建设做出评价，共发放问卷 120 份，收回有效问卷 108 份。

通过分发问卷的方式采集到数据，由数据可以得出公共自行车系统现有的一些不足。

根据数据分析，使用过公共自行车的市民有 31 人，女性为 9 人，男性为 22 人。未使用过公共自行车人数为 77 人，占总人数的 71.3%。其中 8% 为外来务工人员，26% 为机关事业单位人员，11% 为服务业人员，48% 为学生，7% 为离退休人员。

使用过公共自行车者 38% 每周使用 1~3 次，36% 每周使用 4~6 次，13% 每周使用 6 次以上，13% 偶尔使用。有 57% 在 6：00~9：00 使用，24% 在 9：00~12：00 使用，41% 在 12：00~16：30 使用，7% 在 5：00 前使用。使用过公共自行车者 24% 用来上下班，22% 用来上学，30% 用来休闲游乐，18% 用来健身，70% 用来换乘地铁等，15% 用来购物。

经过问卷统计，未使用过公共自行车者 32% 认为公共自行车系统设点少，密度不够，租还不方便，14% 认为换乘站点距离较近，因此不需要骑自行车，28% 认为对现有的出行方式比较满意，没有必要改变，10% 认为办卡麻烦，使用门槛高，6% 认为不愿意骑或不会使用自行车，2% 没有听说过有自行车租赁，1% 自己有自行车，1% 认为年纪大，骑车不安全，但会鼓励家人使用公共自行车。

经过问卷统计，受访市民中 28% 认为应在超市旁多建公共自行车租赁点，63% 认为应在地铁、公交站旁多建公共自行车租赁点，13% 认为应在公司旁多建公共自行车租赁点，29% 认为应在社区旁多建公共自行车租赁点，26% 认为应在旅游景点旁多建公共自行车租赁点，38% 认为应在院校内及周围多建公共自行车租赁点。18% 的市民希望公共自行车的颜色有所改进，21% 的市民希望公共自行车的车体形状有所改进，34%的市民希望公共自行车多增加储物空间，38%的市民希望公共自行车多增加双座自行车，2%的市民希望增设公共电动自行车。22%的市民认为到公共自行车租赁点合适的步行距离为200米内，51%的市民认为到公共自行车租赁点合适的步行距离为500米内，9%的市民认为到公共自行车租赁点合适的步行距离为800米内，14%的市民认为到公共自行车租赁点合适的步行距离为1000米内，4%的市民认为到公共自行车租赁点合适的步行距离为1500米内。

二、公共自行车系统存在的问题

在实际调查过程中，我们发现了一些公共自行车系统存在的问题。

（一）部分站点潮汐现象严重，导致供需失衡

轨道交通站点和居住区都存在明显的早晚高峰和方向不均衡，这将导致车辆调度难度的提高和车辆使用率的降低。由于轨道站点大部分客流量为通勤交通，早、晚高峰系数较高，车辆到发方向性较强，因此对于车辆调度提出了很高的要求。

（二）自行车使用者的交通安全

在事故损失承担方面，各种交通工具之间是不公平的。自行车承受的死亡受伤比例相当高，但其中2/3是由其他交通工具所造成的。有些道路非机动车过窄，并且存在机动车占用非机动车的现象，非机动车道上摩托车和电动车的超速行驶等都给自行车使用者的出行带来危险。

（三）宣传力度不够，市民不甚了解

每个租赁点只有几辆自行车，市民们不了解租用流程，不清楚该去哪里办卡，公共自行车没有得到利用，处于闲置状态。一些想用的市民也不知该从哪下手，很不利于公共自行车的发展。

三、公共自行车系统优化建议

（一）营造良好安全出行环境

机动车和非机动车之间的矛盾也是公共交通需要解决的问题之一。

人行步道、自行车道被挤占的情况普遍，交通环境和安全骑行越来越难以保障，尤其是违章停车严重影响到行人、自行车路权和安全。除此之外，停车难的问题也急需解决，很多商业中心区很难找到自行车停车位，间接降低了人们骑车出行的比例。因此出行环境是推行公共自行车首先要解决的问题，这就需要政府在政策上给公共自行车营造一个良好的出行环境。交管部门也要定期给市民们普及交通法律、法规，树立一个井然有序的交通环境。

（二）政策保障企业后续发展

定位于公益性的公共自行车是在政府前期大量投入基础上发展起来的，但是后期的市场化运营则是由企业承担的，如何实现企业的自我营利也是需要解决的问题之一。在北京的未来发展过程当中，如何拓展多元化的赢利模式，增强企业的自我赢利能力以降低高额运营成本，也是公共自行车面临的严峻考验，这将是公共自行车系统服务能否走得长远的基本条件之一。

（三）合理布局规划租赁站点

公共自行车租赁点的选址与规划是一项极其复杂的工程，也是推行公共自行车成功与否的关键。很多城市都是采用先推出后规划的方式，以"模仿"或者"摸着石头过河"的居多，实际上公共自行车租赁点的选址与规划应该根据不同城市的不同特点，以及市民的不同生活习惯和需求量身定做。在此问题上，法国巴黎公共自行车的发展经验值得借鉴，即依据城市人口和就业岗位密度，综合考虑用地性质、建筑密度、居民出行特征、城市交通特征、布点间距等，将点位设置在居住小区、商业、公共建筑、轨道交通车站、公交枢纽等建筑和人流聚集区域，以满足居民的多样化交通需求。同时，合理布设租赁点，本着简化、耐用并留有余地的原则建立租赁点。基于网络型公共自行车系统结构特点，自行车站点应该根据不同类型站点使用规律，综合考虑周边土地利用性质、使用人群出行特征、城市交通特点等计算其交通吸引量，按需配备相应规模的车辆数。大型办公、商业等人流聚集区以布设大型站点为主，站点容量相对较大；居住区、大学院校配备中小型自行车站点，每个站点容量相对较小，但是个数较多；游憩用地按需灵活调配站点容量，形成一个有机的供求平衡整体。

根据问卷结果分析，地铁、公交站附近需求量大，应安放较多公共自行车租赁点，以供市民使用。通过 SPSS（Statistical Product and Service Solutions，统计产品与服务解决方案）软件得到交叉相关性分析表（见表1），可以看出不同职业对公共自行车的需求。可以根据市民的需求，了解市民需求分布，按需安放公共自行车。

表1 不同职业对公共自行车的需求

			旅游景点	超市旁	地铁站	公交车站	社区	公司企业附近	合计
不同职业对公共自行车的需求									
V3		计数	28	0	0	4	31	41	104
		V3 中的 %	26.9%	.0%	.0%	3.8%	29.8%	39.5%	100.0%
		总数的 %	13.2%	.0%	.0%	1.9%	14.6%	19.3%	49.1%
	党政机关、事业单位工作人员	计数	0	22	6	0	0	0	28
		V3 中的 %	.0%	78.6%	21.4%	.0%	.0%	.0%	100.0%
		总数的 %	.0%	10.4%	2.8%	.0%	.0%	.0%	13.2%
	学生	计数	0	0	42	10	0	0	52
		V3 中的 %	.0%	.0%	80.8%	19.2%	.0%	.0%	100.0%
		总数的%	.0%	.0%	19.8%	4.7%	.0%	.0%	24.5%
	外来务工人员	计数	0	8	0	0	0	0	8
		V3 中的 %	.0%	100.0%	.0%	.0%	.0%	.0%	100.0%
		总数的 %	.0%	3.8%	.0%	.0%	.0%	.0%	3.8%
	服务业人员	计数	0	0	12	0	0	0	12
		V3 中的 %	.0%	.0%	100.0%	.0%	.0%	.0%	100.0%
		总数的 %	.0%	.0%	5.7%	.0%	.0%	.0%	5.7%
	离退休人员	计数	0	0	8	0	0	0	8
		V3 中的 %	.0%	.0%	100.0%	.0%	.0%	.0%	100.0%
		总数的 %	.0%	.0%	3.8%	.0%	.0%	.0%	3.8%
	合计	计数	28	30	68	14	31	41	212
		V3 中的 %	13.2%	14.2%	32.1%	6.6%	14.6%	19.3%	100.0%

通过 SPSS 得到的交叉需求分析表（见表2）可以看出，不同年龄段对公共自行车租赁点距离有不同要求，根据需求可以设计并优化租赁点的布局，使公共自行车能够被市民有效地利用起来。

表 2　不同职业对公共自行车的需求

			1000 米以内	200 米以内	800 米以内	1500 米以内	500 米以内	合计
V2		计数	104	0	0	0	0	0	104
		V2 中的 %	100.0%	.0%	.0%	.0%	.0%	.0%	100.0%
		总数的 %	49.1%	.0%	.0%	.0%	.0%	.0%	49.1%
	60 岁以上	计数	0	0	0	0	0	8	8
		V2 中的 %	.0%	.0%	.0%	.0%	.0%	100.0%	100.0%
		总数的 %	.0%	.0%	.0%	.0%	.0%	3.8%	3.8%
	30 岁以下	计数	0	0	24	0	0	39	63
		V2 中的 %	.0%	.0%	38.1%	.0%	.0%	61.9%	100.0%
		总数的 %	.0%	.0%	11.3%	.0%	.0%	18.4%	29.7%
	30~60 岁	计数	0	15	0	10	4	8	37
		V2 中的 %	.0%	40.5%	.0%	27.0%	10.8%	21.7%	100.0%
		总数的 %	.0%	7.1%	.0%	4.7%	1.9%	3.8%	17.5%
合计		计数	104	15	24	10	4	55	212
		V2 中的 %	49.1%	7.1%	11.3%	4.7%	1.9%	25.9%	100.0%

了解调研好市民对自行车的外观需求、功能需求，合理设计自行车的款式，尽量满足市民们的要求。

（四）加大市民普及力度

随着我国快速城市化进程持续推进，城市正处于迅速蔓延与扩张时期，但随之也带来一系列的问题，其中最尖锐的就是交通问题，公共交通服务在一定程度上缓解了城市交通问题。完善旅游功能配置开发发展公共自行车不仅可以发挥低碳环保、节能减排的作用，同时也有助于解决城市交通发展的实际问题，这些是很多大中城市传统交通系统无法完全、有效解决的难题。公共自行车能够较好地满足居民短距离出行需求，缓解道路交通压力，实现多模式换乘，提高公交方式吸引力。无论在国内还是国外，公共自行车作为一种现代公共交通方式已经得到广泛认同。但现在公共自行车的普及程度不是很好，很多市民不知道去哪办卡，不清楚办卡流程等，这对公共自行车的普及造成影响，应加大宣传力度，鼓励市民们多多乘坐公共交通。经过查找资料本小组了解到城六区公共自行车租车卡办理条件（见图1）。

城六区 | 大兴 | 通州 | 平谷 | 亦庄

公共自行车租车卡办理条件

1. 年龄在18至65周岁之间，身高130CM以上，身体健康，在京工作、学习、旅游、商务等的所有人员。
2. 长期在京人员办卡需提供以下资料：
   (1) 有本人的二代居民身份证或护照；
   (2) 有在北京市居住的合法证件（工作居住证、外国人居留证、学生证、军官证、文职证、士兵证、暂住证等），或一年以上社会保险缴纳证明；
   (3) 有带"〇"标识的市政交通一卡通（卡内余额不少于30元）；
   (4) 缴纳200元诚信保证金。
3. 临时来京人员办卡需提供以下资料：
   (1) 有本人的二代居民身份证或护照；
   (2) 有带"〇"标识的市政交通一卡通（卡内余额不少于30元）；
   (3) 缴纳400元诚信保证金。
4. 其他：
   (1) 以上证件、证明均须提供原件及复印件；
   (2) 办理公共自行车实名租车须签署《公共自行车租赁服务合约》。

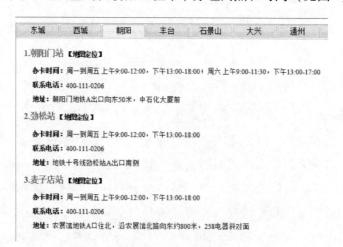

图1　城六区公共自行车租车卡办理条件

另外本小组调查到在朝阳区租车卡办理网点和时间（见图2）。

东城 | 西城 | 朝阳 | 丰台 | 石景山 | 大兴 | 通州

1.朝阳门站 **【地图定位】**

办卡时间： 周一到周五 上午9:00-12:00，下午13:00-18:00；周六 上午9:00-11:30，下午13:00-17:00

联系电话： 400-111-0206

地址： 朝阳门地铁A出口向东50米，中石化大厦前

2.劲松站 **【地图定位】**

办卡时间： 周一到周五 上午9:00-12:00，下午13:00-18:00

联系电话： 400-111-0206

地址： 地铁十号线劲松站A出口南侧

3.麦子店站 **【地图定位】**

办卡时间： 周一到周五 上午9:00-12:00，下午13:00-18:00

联系电话： 400-111-0206

地址： 农展馆地铁A口往北，沿农展馆北路向东约800米，258电器斜对面

图2　朝阳区租车卡办理网点和时间

（五）完善旅游功能配置开发

要提升公共自行车的利用率，多功能开发极其必要，除便利市民生活，满足其日常上班、购物等生活需要之外，旅游功能、体育健身功能的开拓也势在必行，旅游景区附近公共自行车网点可以配置景点导航图、便民设施租赁、快速办卡服务等，便利外地游客骑行游览，如奥林匹克森林公园、北京园博会、世界公园等可配备适合运动的赛车、多座观光自行车等，居民区提供适合老人、女士、小孩等不同人群的公共自行车类型等。总之，依据公共自行车设置网点和区位的不同，提供适合不同人群的公共自行车个性化服务，不断增强公共自行车对市民和外地游客的吸引力。

四、结束语

探索改革北京公共自行车体系，在未来势必将经历多重问题和不断改进，才能最终满足这座巨型城市千万人口之需要。管理者需要关注的不仅是体系本身，更有自行车行车的恶劣环境（尾气污染、机动车抢占道路、自行车道设计不合理等），以及如何提高人们对自行车这种被视为"寒酸"的出行方式的认可。

一个现代城市的发展阶段包括前汽车时代与后汽车时代。前汽车时代注定是一个日益拥挤的时代，因而也将会是工作效率越来越低下的时代。而在后汽车时代里，城市建设将以人性化作为重要的理念。生活在城市中的人们因有方便快捷的公共交通以及宽敞的步行道路，而自觉放弃给城市造成环境压力的小汽车，城市的交通状况也将由此发生根本的转折。如今小汽车的迅速扩张有多重原因，低效的公共交通运作方式和缺乏吸引力的公共交通是主要原因，因此，创造多样化的公共交通形式，引导人们选择更为低碳环保的出行方式，将是改善恶劣交通状况的手段之一。将自行车纳入城市公共交通体系是一项创新，但如何实现持续稳定的发展，将其变成一个完善的系统，仍将是一项重大的课题，需要各界人士共同关注、共同研究。

参考文献

［1］ Clay Shirky. Here comes everybody：The Power of organizing without organizations ［M］. 2008 Penguin.

［2］ Peter Midgley. The role of smart Bike – sharing systems in urban mobility ［J］. Journeys，2009，5（2）.

［3］ http：//en. wikiPedia. ogrg/wiki/Bicycle_ hire_ system#Cite – ref – 0，2009 – 09 – 12.

［4］ 钱俭，郑志峰，冯雨峰. 杭州公共自行车设施现状调查与思考 ［J］. 规划师，2010，26（1）.

［5］ 耿雪，田凯，张宇，黎晴. 巴黎公共自行车租赁点规划设计 ［J］. 城市交通，2009，7（4）.

思想政治与道德建设

加强人文关怀和心理疏导，
开创辅导员工作进宿舍的新局面

孟秀霞

辅导员工作进宿舍，是开展思想政治教育的有效途径。大学期间学生一半的时间是在宿舍度过的，所以必须把学生宿舍管理好，用更好的服务，将宿舍的管理做到以人为本，加强对学生的人文关怀和心理疏导，开创辅导员工作进宿舍的新局面。

一、充分认识辅导员进宿舍工作的重要性

1. 辅导员工作进宿舍是贯彻落实党的十八大精神，坚持以人为本，服务学生的需要

贯彻落实十八大精神就是要扎扎实实做好本职工作，改变工作作风，少空谈，多实干，就是要深入学生学习、生活、活动的一线，去实地接触学生、了解学生、服务学生和引导学生，以学生为本，与时俱进了解学生所急、所需、所盼、所忧，及时准确地掌握学生中普遍存在的思想波动、宿舍成员之间的文化差异，力争对90后学生的特点有一个全面的把握。同时学会换位思考，形成师生心灵的共鸣，建立和谐的师生关系，提高辅导员工作的针对性、有效性。辅导员工作进宿舍就是适应新时期学生工作的需要，是对学生开展深度辅导的有效途径。

2. 辅导员工作进宿舍是加强人文关怀和心理疏导，开展思想政治工作的需要

辅导员工作进宿舍，要摸清学习困难群体、生活困难群体、心理障碍群体、网游成瘾群体、吸烟成瘾群体和情感困扰群体的分布情况，要特别关注这些群体的动态，重点查、反复查，同时给予学生人文关

怀和心理疏导，做好该群体学生的深度辅导及转化工作。

3. 辅导员工作进宿舍是开展精细化学生管理的需要

辅导员工作进宿舍，从宿舍的制度建设、内务建设、文明建设、文化建设和安全建设等方面，进一步加强宿舍日常管理，认真落实各项制度，不走过场、不留死角，一步一个脚印地打好基础，对学生宿舍开展精细化管理。形成师生合力共建和谐宿舍的良好局面，打造宿舍育人的良好氛围。

4. 辅导员工作进宿舍是书院制建设的需要

当前，我校正在进行教育教学改革，学分制已全面铺开，传统班级概念逐步弱化，宿舍育人功能凸显，因此必须重新梳理学生教育管理工作内容、职责、载体，快速响应多样化的学生需求的学生教育管理制度的变革，以最大限度调动学生参与教育管理的力度，提高学生自我教育、自我管理和自我服务的能力，真正为学生个性发展、培养综合能力创设更大的锻造平台。

二、辅导员工作进宿舍的主要做法

1. 固定时间与随机时间相结合

我院辅导员坚持每星期二走访学生宿舍，随时走访重点宿舍、重点群体，做到固定时间与随机时间相结合、普遍检查与重点检查相结合。在周一学生办例会上布置周二检查宿舍的任务，在班长例会上通知班长周二要查宿舍，由班长通知住宿生，目的是给同学们充足的时间打扫宿舍。经过长时间的坚持，目前已形成宿舍排班值日的好习惯，学生住宿环境有了可喜改观，基本消灭了脏、乱、差、臭的不文明宿舍现象，在学生脑海中形成了辅导员周二必查宿舍的印象，促成学生养成打扫宿舍的好习惯，即辅导员周二必查与学生宿舍接受检查的互动。在辅导员坚持反复查的过程中，辅导员言而有信、认真负责的态度，起到了感染引导、潜移默化的作用。辅导员的亲生形象得到了学生的认可。刚检查寝室的时候，有些学生不拿辅导员当回事，不能说不尊重，但也不理不睬。但日久见人心，辅导员真心为学生办实事给同学们留下深刻印象：在检查寝室过程中，辅导员看到有的学生宿舍门锁坏了，及时找到宿舍管理人员，门锁很快就修好了；暑假后部分宿舍漏雨发霉，辅导员与学生们一起想办法，一起铲掉将要脱落的墙皮，学生很感激辅导员，并对辅导员产生发自肺腑的尊重和热爱，以前不跟辅导员打招呼的同学，现在见面也主动和辅导员打招呼了；看到学生生病了，辅导员亲自到宿舍看望，将药品、营养品送到学生手中。许多同学纷纷表示："老师们来到寝室和我们进行沟通和交流，就像是自己与亲人在谈心一样，很多的心理问题和思想问题得到化解，并督促我们养成了良好的生活、学习和遵守校纪校规的习惯。"

2. 奖励与处分相结合

在《自动化学院宿舍管理规定》及《自动化学院退宿预警规定》中，将学生在宿舍中的表现进行量化评比，和学生本人、所在宿舍、班级的量化评比挂钩，与学生的德育综合测评成绩、文明宿舍评选、先进班级的评比联系起来。另外把主要学生干部和学生党员的考评与其在宿舍的表现挂钩。在建立相应激励机制后，根据检查情况进行文明宿舍评比、学生党员与主要学生干部模范宿舍评比，对于模范个人、文明宿舍、模范宿舍和先进班级给予荣誉及物质奖励。对于违反宿舍规定，特别是吸烟、网游或旷课的学生先给予退宿预警，并在宿舍及班级公示，再查时还有类似情况发生给予退宿处理。这样做可以让退宿的学生心悦诚服，给机会而抓不住机会的学生，只能自食其果。同时起到了很好的警示作用。

3. 辅导员与班主任、学生会相结合

我院辅导员、学生会、自管会每星期检查学生宿舍，并及时将学生会、辅导员检查宿舍的情况反馈给班主任，班主任通过班会、谈话、检查宿舍等方式，与辅导员配合做好重点宿舍、重点学生的转化工作，从而形成了三方的有效配合。辅导员、班主任、学生干部心往一处想，劲往一处使，形成联动管理学生宿舍的良好局面。

4. 辅导员与宿管员相结合

积极配合各楼宿管员，对于宿管办通报的重点宿舍、重点学生重点查、反复查，以减轻宿管员的压力，教育学生要尊重、服从宿管员的管理，引导学生学会换位思考，提高情商，提高全面素质。在辅导员工作进宿舍中，辅导员与各楼宿管员以诚相待、互相支持，结下了深厚的友谊，加强了相互的理解与信任。

5. 教育、管理与服务相结合

辅导员工作进宿舍，服务、管理和教育是三个不可缺少的要素。在进宿舍中根植服务意识，服务学生，方便学生。同时加强管理，以规范住宿生日常的行为和活动，保障宿舍的安全有序和谐。以学生为本，充分挖掘学生自我管理潜能，引导自我教育的意识，掌握自我管理的方式，全面提升学生综合素质，是辅导员工作进宿舍达到的重要目标之一。

三、主要经验和不足

1. 领导重视，亲力亲为

主管学生工作的领导非常重视这项工作，不折不扣落实学校辅导员进宿舍精神，亲自带领辅导员深入学生宿舍开展工作，发现问题，及时商量解决。加强书院制建设的学习研究，努力打造学分制下书院育人功能。辅导员进宿舍是否有实效，要与辅导员考核结合，做到进宿舍数量与质量的结合。

2. 加强辅导员队伍建设

辅导员要达到"政治强、业务精、纪律严、作风正"的专业化、职业化目标，要以"内强素质，外树形象"为理念，在辅导员个人素质和队伍整体素质的提高以及树立辅导员良好形象上下功夫，求实效。让辅导员积极深入宿舍中去，通过建立制度或考核指标，通过这种形式让辅导员贴近学生群体，了解学生真实的身心感受，进而树立了解学生、理解学生、引导学生的良好形象。在辅导员工作进宿舍中加强辅导员队伍建设，形成辅导员与大学生心灵的共鸣，真正做到学生成长发展路上的引路人。

3. 进一步创新工作方式、方法

辅导员工作也应与时俱进，通过进宿舍，把握90后学生特点的变化，不能墨守成规，而应创新工作方式方法，提高学生工作的实效，提升辅导员工作的成就感和归属感。

对加强高校基层服务型党组织
建设的思考与认识

王利荣

党的十八大鲜明地提出了"建设学习型、服务型、创新型的马克思主义执政党"的总体要求。高校是培养接班人的园地，高校党建是三型政党建设的重要高地和组成部分，首都高校更是意识形态争夺的前沿阵地，对其加以研究和实践，不仅具有理论层面的历史意义，更具有实践层面的现实意义。

一、从高校的特殊历史地位看，建立服务型党组织具有十分重要的意义

习近平总书记指出，高校是汇聚人才的高地，是培养人才的基地，在国家经济社会发展全局中居于重要地位。因此，高校要建设好思想理论和科学研究的前沿阵地，牢记立德树人的重要任务，建设三型党组织，在历史的考验中培养合格的事业接班人。

面对复杂的新常态，高校建设服务型党组织首要任务就是立德树人。特别是突出服务型建设时，要优化基层组织设置、健全党建为民机制、创新创优服务载体，不断完善服务网络，强化服务功能，提升服务水平。当前高校普遍面临如何实现跨越可持续发展、满足人们需要、与国际接轨等一系列新问题，高校党组织作为高等教育发展的政治核心与战斗堡垒，要以党的十八大精神为指引，服务型党组织建设贯穿于高校人才培养、科学研究、社会服务与文化传承创新的全过程，这对提高高校党建的科学化水平、全面贯彻党的教育方针、确保高校坚持社会主义办学方向、培养全面发展的社会主义建设者和接班人，具有重大而深远的意义。

二、首都高校建设服务型党组织的调研情况及存在的问题

本次以北京部分有代表性的高校为样本进行了相关调研。涵盖"985"、"211"、普通高校和民办高校，重点对北京联合大学多个二级党组织进行了调研，涉及教师（教学岗、科研岗、管理岗）、学生（研究生、本科生、专科生）、机关、后勤等多个基层党组织。同时，分别组织召开并分别参加了多家单位党建研讨会、党建先进校评比验收和先进支部答辩会等，学习借鉴并专题研究了北京市教育工作委员会《北京普通高等学校党建和思想政治工作基本标准》成果汇编作品《强基固本　改革创新》，拓展了研究范围，丰富了调研资料。对首都高校三型党组织建设的现状、需求、因素、措施四方面内容有所掌握。总体看，高校服务型党组织建设开展良好，发展前景乐观，但也存在一些问题。结合调研成果，我们认为：一方面要继续提升总体认识，另一方面要继续深入基层实践。

1. 服务意识有待提高

在基层党组织中还存在干好本职工作就是称职的思想，对创建基层服务型党组织提出的时代背景、意义和内涵认识不深刻、领会不透彻，工作缺乏紧迫感和责任感。在工作方式上还是习惯于通过发布命令、召开会议、下发文件等形式来推动工作，没有实现从"管理"到"服务"的角色转换，工作职能转变跟不上形势的要求。

2. 服务能力有待加强

在基层党员中存在综合能力不强、政治业务素质难以适应形势发展需要等客观因素，造成服务能力不强，停留于为服务而服务，切入点找不准，引领和带动能力还不太高，导致服务载体不丰富，服务质量不高，服务范围不广，服务环节不优，影响群众满意度。有些基层服务型党组织服务群众责任意识不强，工作标准不高，不能根据新形势、新需求及时创新服务模式，优化服务环节；没有简化办事流程，导致环节多、程序杂，一定程度上影响党组织在群众中的满意度。

3. 服务方式有待丰富

活动载体和组织形式创新不够，不能很好地根据党组织的特点设计开展一些特色活动。服务手段传统，科技化水平不高，个性化服务不强，和群众的联系沟通还不够紧密，党组织服务还存在"真空"和"盲区"。当前是信息化的时代，而有的工作方法、手段仍囿于传统模式。

4. 服务机制有待完善

基层服务型党组织考核标准不明确，群众满意度测评机制不健全，一些好的制度得不到有力的贯彻执行，考核评价机制不健全，影响了创建力度。目前，在基层服务型党组织的考核方面还没有形成一套完整的考核指标体系，导致基层党组织对什么是服务型基层党组织，从哪些方面创建服务型党组织还存在模糊认识，因而在创建服务型党组织中主动性不足，动力不强。

三、创建服务型基层党组织的途径

习近平总书记强调，必须扎实做好抓基层、打基础的工作，加强基层服务型党组织建设，使每个基层党组织都成为坚强战斗堡垒。为人民服务是党在历史发展过程中不断壮大、长期执政的根本法宝，是践行党的全心全意为人民服务宗旨最为贴切的落脚点，创建服务型党支部是永恒主题。要始终把人民群众的利益作为最大利益来维护，不断探索、构建、完善更多行之有效的服务群众的渠道、方式和机制。

1. 分类指导，殊途同归

高校中各级各类的党组织很多，虽然类型不一，但服务型党组织主要体现的是"服务"二字，上级服务下级，组织服务党员，党的各级组织和党员共同服务人民群众及科学发展。在新常态下，高校党组织的服务性应该得到全方位的体现。首先要解决对于宗旨的认识和服务的观念及态度问题。这是思想基础和前提条件。而要真正解决服务观念的问题，必须坚持不懈地加强思想教育。要进一步丰富教育形式，强化党员的理论学习，深化党员角色意识、使命意识、宗旨意识和执政意识教育。要注意把集中教育活动与日常教育管理结合起来，深化

"管理就是服务"的理念，改变重对上负责轻对下服务、重工作任务轻人文关怀的做法，下移工作重心，把解决思想问题同解决实际问题结合起来，把人文关怀贯穿到服务的全过程，增强学校党组织的亲和力与归宿感。

2. 夯实基础，狠抓效果

围绕高校的中心工作，推动服务理念和方法创新，推动服务效益和效率提升。许多高校的党组织把群众工作的重点放在多开展务实惠民的活动。坚持以服务群众为核心任务，从实际需要出发，提供全方位、多层次的服务项目，满足师生员工生活的需求。尊重党员的主体地位，积极适应党员队伍结构、思想状况的新变化，在政治上关心、工作上支持、生活上关爱，不断增强党员对组织的归属感认同感，增强凝聚力和向心力，激发战斗力。构建党组织和党员凝聚人民群众、服务科学发展的工作体系，将党的组织优势和动员能力转化成促进科学发展的强大动力。

3. 拓展载体建设

有些高校党组织，推广"网格化管理服务"，探索支部建在项目团队、宿舍、出国访学团队上的新形式，深入开展师生党支部结对共建、与班级寝室结对共建、十佳支部、跨学院共建等新载体建设工作，创新党员志愿服务活动，逐步构建横向到边、纵向到底的学校党组织服务网络，形成一批贴近师生需求、务实管用的服务载体。有的深化以学校党员服务中心为重点的阵地建设，推动党员服务中心与便民服务中心的有机整合，搭建学生教育管理和服务的多元综合性平台，实现学校党组织零距离服务。有的把党建文化与校园文化有机融合起来，充分发挥学术文化、环境文化、网络文化等的载体优势，增强学校服务型党组织建设的生动性和创造性。有的构建党建新媒体信息化工作平台，通过校园网络、党建微博、微信等建设，增强党组织宣传政策、汇集民意、服务群众和引导舆论的能力，保证学校服务型党组织建设的顺利推进。

4. 完善服务制度

许多党组织加强以服务为导向的制度建设，建立长效服务机制，构建相关协调组织机构，打破党政界限，整合各种资源，解决部分学校"重业务、轻党务"的现象。有些党组织创新党内激励、关怀、帮扶机制，完善岗位责任、服务承诺和定期走访交流等制度，推动党员干部开展经常性的联系服务活动。有些建立、健全民情反馈机制，提高服务效率。建议在多年推行的《北京普通高等学校党建和思想政治工作基本标准》中，将服务工作纳入党建工作考评体系，科学设计考评指标，突出对党组织服务意识、能力、业绩的考评，把师生最关心的服务效果转化为量化的指标。有的单位加强流动党员教育管理服务工作，建立流动党员台账，各党支部均指定一名支部委员作为联系人进行联系。联系人通过手机短信，定期向外出党员通报支部工作、活动情况，传达党组织的指示精神，了解其工作情况和思想动态。树立一批先进典型，发挥典型辐射带动作用，形成比学赶超的生动局面，充分发挥党员的先锋模范作用。把党员联系和服务群众、服务师生工作作为一项重要指标，列入党员管理内容。提升党员的综合能力，提高服务群众的质量和效率；在巩固现有联系和服务群众有效载体成功经验的基础上，拓展服务思路，开拓服务领域。

总之，面对复杂的国际大气候和国内小气候，面对党建面临的新机遇和挑战，高校基层党组织要将服务型党组织建设的理念贯彻到学校各项工作中，不断提升高校党建工作科学化水平，办人民满意教育，培养合格的事业接班人。

参考文献

[1] 冯英豪. 青岛高校基层党组织建设调查报告 [J]. 学校党建与思想教育，2010（26）.

[2] 李奇建. 高校学习型党组织建设的新思考 [J]. 学校党建与思想教育，2014（2）.

对企业文化与校园文化对接的思考

王利荣

近年来，我国高等职业教育呈现出前所未有的发展势头，办学思想日益明确，办学规模不断扩大，办学形式日趋多样化。健康、和谐、快速发展是当前高职教育的主流。越来越多的高职院校逐渐认识到校园文化是学校发展的重要保证，校园文化是一所学校综合实力的反映，优秀的校园文化能赋予师生独立的人格、独立的精神，激励师生不断反思、不断超越。

高职教育的校企合作、产学研结合是当前高职教育发展的必由之路。如何建立、健全多渠道、多层次、立体化产学合作的伙伴关系，构筑双赢机制，是高职院校成功运营的决定性因素之一。校园文化与企业文化对接才是深层次的合作，两种文化的对接具有重大而深远的意义。

一、高职校园文化与企业文化对接的意义

1. 实现高职院校培养目标的需要

高职院校的目标是培养高技能专门人才。毕业生不仅要具备扎实的专业理论，而且要具备熟练的生产技术操作和组织能力。企业的目标是吸纳高技能专门人才为企业所用，创造出经济价值。因此，高职校园文化不仅体现大学校园文化的一般特点，而且要反映企业文化的需求。在这过程中必然伴随着两种文化的相互碰撞和矛盾。校园文化与企业文化对接，把优秀企业文化的教育功能融入校园文化建设中，能更好地实现高职院校的培养目标。

2. 进一步提升高职学生的素质和能力

高职教育最终目的是培养具有很强的职业素质与能力的学生为企

业服务。对学生进行某种职业生产和管理的教育，是为了提高职业技术水平，让学生在校期间多渠道、多层面接触企业，学习企业的文化，参与企业实践，使学生进一步明确学习方向，增强学习的针对性与主动性。在企业锻炼的过程中，企业的文化潜移默化地影响着学生的思想，通过在企业锻炼，企业对员工的综合要求，能让学生形成一定的认识，从而有针对性地按企业的要求去锻造自己，加强学习。这自然也达到了提升职业素质与能力的目的。在校园文化与企业文化的共同熏陶下，有利于学生从入学起就在一定程度上了解、熟悉、认同企业文化，在毕业时增强就业竞争力，毕业以后能很快适应企业的环境。

3. 吸收优秀的企业文化，有利于建立有特色的高职校园文化

高职院校的特色不仅体现在人才特色、专业特色、课程特色等方面，还表现在有特色的校园文化。高职院校吸收优秀的企业文化，实现校企文化的融合，才能形成高职特色的校园文化。高职教育着眼于产业结构和产品结构的调整，不断更新教学内容，调整课程结构，注重知识的横向拓展与结合，体现知识的先进性和应用性，培养学生掌握新设备、新技术的能力。高职教育集学历教育与职业教育为一体，其文化内核就是教育文化与职业文化的结合与融合，高职校园文化是依托具体的行业文化构建的。

高职院校按照企业对人才的需求来制订自己的特色培养模式，这不仅需要过硬的专业知识和技能，还需要对学生综合素质培养，职业道德情操的塑造，这是一个需要长期融合而逐渐内化的过程，这个过程的实现主要是通过校园文化建设和企业文化理念融入来完成。吸收不同类型的企业文化，加强融合，对于建立有特色的高职校园文化具有重要的意义。

二、高职校园文化与企业文化对接存在问题的分析

1. 过分强调职业技能教育，忽视综合素质的培养

高职院校为了适应知识经济、信息时代的要求，采取了多种途径来提高学生的职业技能水平，通过派学生到企业实践、邀请企业的专家到学校来举行讲座、进行专业培训等方式，不断加强学生获取信息

和知识的能力，让学生具备较丰富的实践生产经验和较熟练的技术操作能力；具有较强的技术革新精神和创造能力等。然而许多毕业生到单位后，尽管具有较强的职业技能，能独立解决生产操作、生产组织管理等技术难题，也具备了新工艺、新材料、新技术、新设备的应用推广能力，但是有的由于在与人沟通、合作上出了问题而被辞退，有的因为缺乏起码的职业道德与爱岗敬业的精神而被辞退。

现代企业对高职生的要求是既具有较高职业、文化素质，更是心理智能型、知识复合型的职业人才。要求学生有端正的职业态度，良好的职业道德和社会公德，遵守法律和行规，能与人合作和沟通，诚实守信，爱岗敬业。而我们高职学校有部分学生上课迟到、旷课、考试作弊，其遵守纪律的观念淡薄、诚信度也存在一定的问题，毕业以后很难适应企业的工作。在企业文化里，比较强调团队协作理念、客户中心理念、严格守纪观念、诚信经营理念、感恩社会等理念，而这些正是校园文化所缺少的，因此，在校园文化与企业文化对接过程中，应该吸收企业文化的这些精髓，把它融入日常教育，这样更有利于毕业生适应企业环境，不会出现"水土不服"的现象。

2. 校园文化与企业文化对接紧密程度有待加强

虽然大部分高职院校都认识到校园文化对学校发展和人才培养的重要作用，但对高校校园文化建设的思想认识还没有形成共识，特别是对新形势下校园文化活动的特点缺乏专门的研究和部署，将思想局限在校园文化仅仅是搞搞活动，忽视了校园文化对学生成长的导向、塑造、调适、娱乐等功能，制约了人才培养的质量。高校校园文化建设大多依赖于学校学生会、学生社团等组织的各种类型的学术、体育、艺术和娱乐活动，校园文化建设的内容偏窄，阻碍了校园文化建设向高层次方向发展。在校园文化与企业文化对接上，领导的重视程度不够，因此，对于效果也不是很看重，校园文化精神就只能流于形式。单纯依靠学生去组织活动，与企业的联系紧密程度欠缺，企业文化最核心的价值观很难真正融入校园文化。

三、高职校园文化与企业文化对接的措施

校园文化与企业文化既有共性，又有差异，共性使两种文化融合有切入点；差异能使两种文化互相补充，提升校园文化的内涵，促进目标的实现。他们的共性是有相同的结构，包括物质文化、精神文化、制度文化、行为文化；有相同的功能，包括教育功能、约束功能、协调功能、凝聚功能。两种文化都是以人为本。两种文化最大的差异在于经济价值是企业文化的核心内容。而学校文化的核心是精神文化、它更注重社会效益，更具人文色彩。校园文化与企业文化的共性是两种文化对接的重要理论依据。

1. 价值观对接

企业文化的核心价值观是经济价值，企业文化的目标是培育高效能的企业生产、经营团队，以实现价值共享、精神共通、情感共流和命运共担。企业文化强调的是以营销为中心、顾客第一、服务至上；倡导精诚合作，和谐人际；鼓励竞争、发展、创新；提倡职工团队意识、参与意识，为企业发展出谋划策。因此，企业在挑选毕业生时，除了看重专业技能以外，对学生的职业道德、职业意识、职业心理、职业知识、职业形象等都很看重。这就需要校园文化将企业文化理念融合到教学过程中，实现人才培养的有效性。培养学生优秀的思想品德，强化竞争意识。提高教学质量，使学生掌握必要的知识和技能以及解决实际问题的能力。学校内应开展丰富多彩的专业技能竞赛活动，增强学生的竞争意识，养成竞争习惯。另外，在教学尤其在实践教学过程中，也应贯穿协作意识的培养，使学生懂得职业活动中不仅需要竞争，还需要主动合作精神。把这种理念和追求通过入学教育、形势报告、第二课堂、企业现场观摩等不同的途径渗透到校园文化之中，实现校企两种文化相互碰撞、相互融合、相互渗透，并且相互补充、相互促进。

2. 制度对接

企业文化是企业员工整体的、长期的、共同认同的、共同遵守的理念和规范，它是一种历史的积淀过程。企业的制度是企业为达成目

标，统一全体员工行为的一种强制性手段。企业文化是企业管理的最高境界，而制度正是达成这一境界的重要手段。规章制度是一个企业的骨架，是企业实现其发展战略的日常规则，对员工的行为起到积极引导、适时纠正的作用。

按照高职教育的特点和规律进行校园制度文化的创新。制度文化作为高职院校的一种"法文化"，它是通过相当的制度规定来诠释文化的内涵，包括各种规章制度、道德规范、行为规范、工作守则等。制度文化是校园文化的重要组成部分，它对规范校园内的各项活动、规范师生的言行起到必要的导向和约束作用，成为维持学校正常教学、生活、工作秩序，进而健康稳定发展的保证。新升格的高职院校要重新建立起适应高职院校情况的管理制度，提高管理制度的文化内涵，创新管理的模式，在制度建设中坚持以人为本，讲求制度的科学性、可操作性，既以法束人，同时又要给予师生个性发展的空间，让其在制度规范与约束下自觉地提高自身素质，以更好地融入学校的品牌文化。

加强同企业文化的双向交流与沟通，让学生尽快熟悉企业文化。与企业文化的交流和沟通应是双向的，我们不仅要"请进来"，而且要"走出去"。一方面，大学生利用寒暑假到学校有固定实习点的企业进行社会实践，亲身体会，深入了解企业文化。另一方面，高校师生承接企业的一些课题。这样，高校师生不仅可以深入研究企业文化，做到理论与实践的紧密结合，而且一些研究成果可以指导企业文化的建设。由以上分析可知，营造学术氛围和高雅环境，陶冶大学生的高尚情操，精心设计组织社团活动和文体活动，促使大学生尽快社会化；加强同企业文化的双向交流与沟通，让学生尽快熟悉企业文化；等等，这些如果能够在校园文化建设中很好地结合起来，不仅可以为培养更多适应社会需求的高素质人才提供平台，而且在一定程度上可以促进校园文化发展的内涵。

3. 课程对接

课程文化指按照社会和企业对学生获得生存能力要求而形成的一种课程理念和课程活动形态。中职教育课程文化集中表现为科学与人文、理论和实践相结合的课程文化观和课程活动观。课程文化要坚持

"三个零距离"的课程改革思路，使学校专业设置与课程开发、教学内容与教学方法等诸方面始终跳动企业和社会需求的脉搏。

校园文化和企业文化对接的理论和实践为文化课程改革开拓了思路，指明了方向，带来许多启示。"企业需要什么，我们就教什么"的教学理念启示我们：文化课教学不仅要体现职业特色，而且要反映企业（特别是地方企业）特色。职教文化课与专业关系紧密，文化课为专业课教学服务是理所应当的，也完全可行。过去只讲文化课服务专业特色，却忽视了企业特色即企业的需要。同时，需要整合文化课教材。当前文化课教材大多是普高教材，有些尽管是中职课本，可是缺乏中职生的针对性，缺乏内容的专业性，尤其缺乏地方企业文化。这些缺陷要通过教材整合来弥补。教师要打破教材限制，把优秀的地方企业、专业文化内容和社会时代文化吸纳到教材里，有的放矢，因材、因人施教。多和专业课教师沟通。文化课教师应主动和专业课教师多沟通，深入了解不同专业对相关文化课的要求，力求在文化课的学习中渗透专业综合素质。比如物理课，对于机械、电子专业很重要，物理理论知识、实验技能都和机械、电子专业紧密联系。物理教师要结合专业要求讲述一些物理理论、开展物理实验等。

4. 校企合作

学校与企业存在利益的共同点与结合点，这个共同点就是人才，结合点就是合作办学。校企合作是职业教育发展的必由之路，也是企业文化与校园文化对接的一个重要途径。

高职院校在社会主义市场经济逐步建设的过程中，在人才培养方面做出了较大的贡献，但在高校中的作用重视不够，与企业相比略显滞后。因此，校园文化建设过程中首先应注意吸纳国内外优秀企业的文化理念，作为校园文化的补充，让企业文化理念融合到教学过程中，实现人才培养的有效性。积极推行校企合作是高职院校办学的必然选择。

学校与企业共建技能训练平台，实现两种文化的融合与渗透，高职教育必须突出职业技能的训练，培养高技能人才。学校要充分利用企业办学的优势，不断加强实训基地建设，努力为学生实习创造条件。

一是加强学校与企业的结合，共建技能训练中心，承担学生实习实训、技能训练、企业职工的技能鉴定与考核，达到两种文化的相互融合与渗透。二是加强校外实习基地的建设，遵循校企"互惠双赢"的方针。三是发挥校办企业的地理优势，围绕"依托专业办产业，办好产业促专业"的思路，根据生产和教学的双重需要，紧密结合学院的优势专业，积极发挥实习厂等校办企业，既充分利用了现有的设施和设备，又在办好产业的同时，更好地为实习教学创造了条件。

实施全方位"校企文化"的融合。建设高职特色的校园文化，实施"校企文化"的融合，绝不能仅就文化来谈文化的融合，因为校园文化不是独立存在的，而是蕴含在办学的各个环节中，因此高职院校要实施真正的"校企文化"的融合，构建高职特色的校园文化，必须在办学过程中，全方位实施"校企文化"融合，从培养目标、课程体系到学生的专业素质、行为习惯等都要满足企业的要求。现代企业需要的高素质职业技术人才不仅是"实用型、应用型"人才，更应该是具有较好职业精神和职业道德，具有团队合作意识，对企业文化有一定了解并有一定企业文化能力的高素质人才。

总之，校企文化的对接，重点应该放在缩小校企文化差异以达到校企之间的无缝隙融合。校园文化只有不断吸收企业文化精髓才能弥补自身的不足，才能有所创新，也才能适应社会的需要。

参考文献

[1] 冯萍. 论校园文化与企业文化的衔接 [J]. 泰州职业技术学院学报, 2008 (4).

[2] 张德，吴剑平. 校园文化与人才培养 [M]. 北京：清华大学出版社, 2001.

[3] 韦华伟. 校园文化与企业文化联系 [J]. 中国高校科技与产业化, 2005 (6).

[4] 潘丽萍. 创新之魂 [M]. 北京：北京国际文化出版公司, 2004.

[5] 刘鑫. 高校校园文化研究综述 [J]. 六安师专学报：综合版, 1997 (2).

家庭经济贫困大学生
就业困难问题研究及解决对策

冷　冰

随着国家加大对家庭经济困难学生上学难问题的关注，贫困家庭学生通过国家资助形式上大学人数显著增加，这是一大幸事。但是随着我国高校继续扩招、国际金融危机及国内经济水平的影响，近几年来大学生就业难问题已经成为一种社会现象，其中家庭经济贫困大学生的就业难问题更加突出。

一、主观方面

（一）没有树立正确的就业观

1. 就业期望值过高，急于通过工资改变家庭经济状况

大部分家庭经济困难的大学生在就业过程中总是习惯追求那些高收入、高福利的工作。急于想解决家庭经济困难情况，并证明自己，在找工作过程中更多的是跟用人单位谈工资和福利，不能更好地展现自己，使得他们的就业局限性很大，抓不住太多的机会，从而在就业过程中承受较大的压力。

2. 对就业形式认识不清

从 2010 年起国家就把大学生就业的工作重点放在注重拓展高校毕业生到城乡基层、中西部地区、中小企业和自主创业的就业渠道；更加重视开展有针对性、实效性的就业服务。2013 年至 2015 年更是大力推进大学生自主创业工程。对于家庭经济贫困的大学生来说，他们既不愿意去基层，觉得好不容易熬出了农村，肯定不愿意再回去；自主创业途径也行不通，因为他们既没有经验又没有技术，启动基金也欠

缺。虽然北京现在严格控制入京指标，大学本科毕业生的入京指标更是少得可怜，可部分贫困学生就认定要在北京找工作，拒绝去其他二、三线城市工作，而且即使他们想回老家或其他城市找工作，也找不到适合的岗位，还不如在北京漂着，至少能有一份有着不错收入的工作。

（二）不能正视就业中遇到的困难

1. 就业过程中的畏惧心理

家庭经济贫困大学生大部分来自偏远山区、农村或中小城市，阅历相对较少，社会经验也不足，由于贫困学生不但要承受学业的压力还要承受家庭经济带来的负担，使得该类学生性格内向、少言寡语、社会活动参与较少、与人沟通和交往能力欠缺，这就使得他们在就业过程中畏首畏尾、不知所措、不敢竞争，在面试过程中不能采取积极主动的措施，期望面试一次即可成功，不愿意接受多方面的考察。所以，该类学生就业竞争力始终不高。

2. 不能正确全面地认识自己，心理承受能力相对较弱

由于家庭条件的原因，使得大部分贫困学生容易产生严重的自卑心理。当看到别的同学都找到工作时，自己心里着急，便会茫然失措，甚至悲观失望，觉得被社会抛弃。成绩优秀者自尊心极强，盲目追求好工作，可是好工作的门槛都很高，他们怎么努力也进不去，便把自己弄得一点信心都没有。对于学习成绩不好的贫困学生，便对就业采取逃避的态度，不认真规划自己的求职意向，消极对待就业，采访中竟然有的学生说"大不了回家种地"的话。

3. 对于就业市场上的不公平现象，不能以正确的心态积极面对，负面心理严重

4. 心理外归因

个别毕业生把找不到工作一味地归咎于社会的不公平，学校不够著名，老师不帮助指导，同学不协助推荐，而不从自身找问题。

（三）没有进行过系统的职业生涯规划

虽然现在各大高校均开设了大学生职业生涯规划课和就业指导课，

国家针对贫困大学生就业促进方面的政策也不少，但是学生能真正从专业的角度分析社会、分析职位，做好职业生涯规划的不多。导致贫困大学生在就业择业的过程中，仍然盲目、从众，把重点放在求职技巧上。

二、影响家庭经济贫困大学生就业的客观因素

（一）求职费用越来越高

由于就业形势日益严峻，毕业生就业压力过重，为了在竞争中拥有更多的机会，不惜花重金包装，从而导致求职成本越来越高。据对毕业生求职成本的调查，为了找到一份满意的工作，毕业生的花费少则几百元，多则几千元，甚至上万元。为了增加竞争的砝码，增加自身的含金量，学生在就业前往往要花很多钱先考取各种资格证书；为了尽快找到理想的工作，有的奔波于各地，频繁出入招聘会；有的学生坚信"多撒网，钓大鱼"，不惜成本像飘雪片一样投放简历；随着就业压力的不断加剧，考研成为当前毕业生的时尚和追求，成为拓宽就业道路的一种途径，为了考取研究生，学生不得不参加各种辅导班、购买学习资料。以上花销对于生活富裕的学生来说不算什么，但是对于贫困生来说，每一项支出都是一种负担。

（二）当前就业制度造成的影响

根据北京师范大学对我国大学生就业问题研究课题调查组的调查，在成功求职的影响因素中，社会关系排在了第一位。随着高校毕业生就业制度的改革，在平等竞争的用人机制还没有健全的今天，毕业生的各种社会关系对其就业是否顺利有很大影响，客观上造成就业机会的不平等。个别就业市场仍然存在一些不正之风，使素质高的毕业生竞争不过素质低的毕业生，这种现象在落后地区或局部地区尤为严重，如权钱交易、人情关系等。贫困生家庭背景无权又无钱，基本上没有可以利用的社会关系，所以只能四处参加招聘会。又因经济基础差、社会关系弱、个人素质不拔尖，找到好工作的机会也十分小，在求职中屡屡受挫，产生迷茫恐惧的心理，从而对心理产生了较大伤害，进

而产生了悲观消极的心理。

三、解决对策

（一）提升家庭经济贫困大学生的综合素质

当前，就业成功率更多体现在毕业生个人能力与素质的高低，而不仅仅是专业课成绩的好坏。所以学校要对家庭经济贫困大学生有针对性地培养其社会交往能力、团结协作精神、创新精神、独立自主意识、诚信意识和创业意识。鼓励其与其他同学交往，参加社团、社会活动，参与竞争。同时，家庭经济贫困大学生应把握机会，展示自己，通过团队活动如社团、体育和艺术等工作，培养自己的参与意识和参与能力，使自己的表达能力、人际交往能力、组织管理能力得到锻炼；通过社会实践活动和各种比赛，培养解决实际问题和展示自己的能力，在实践中磨炼意志，增强心理承受能力，增加自己在求职中的社会资本；在平时多参加社会活动和社会实践，也可以不断扩大自己的社会关系网络。而面对社会上的不公正时，要保持一颗平常心，积极地为自己争取机会，展现自己的才华。

（二）加强家庭经济贫困大学生的心理辅导

家庭经济贫困大学生心理素质一般比较差，心理负担重，导致其自卑、不合群、易走极端，甚至愤世嫉俗。针对贫困生的心理障碍，应加强心理辅导，提高贫困生自我调节能力。帮助贫困生客观、正确地进行自我评价，做到高效率地学习、有序地生活、有益地娱乐、开心地交往；帮助他们树立信心，教育他们自尊、自重、自强；加强家庭经济贫困大学生的心理素质教育和抗挫折教育，提高他们的心理承受能力，多角度、多层次地关怀，使其保持良好的择业心态，参与竞争，引导他们正确择业，顺利就业，成功立业。

（三）帮助家庭经济贫困大学生认清就业形势，树立正确就业观

随着国际形势错综复杂，经济形势阴晴难料。当前的就业形势非常严峻：毕业生逐年增加，2015年仍有部分毕业生未能就业，近几年

海归人数大幅度增加，据不完全统计，我国 2016 届毕业生将超过 700 万人，2016 年将有 300 万的海归回国就业。还有一大批从企业辞职有工作经验者，所以求职择业应当面对现实，根据市场实际状况更新观念，到最适合自己的岗位上工作，而不应过分关注工资水平及地理位置等。

转变就业观，先就业后择业，求职择业不可能再像过去那样追求一步到位。如果斤斤计较眼前的职业岗位是否理想，就会失去许多起步的机会。可以先就业，在工作过程中积累工作经验，提升自身价值，为以后找到理想的工作奠定基础。

（四）授人以鱼不如授人以渔

1. 向家庭贫困大学生传授求职技巧

让他们学会如何客观评价自己，搞清楚自己想做什么，适合做什么，能做什么，分析自身优势、劣势，找准自身定位，发挥优势，规避劣势，选定自己求职方向，做到有的放矢。

2. 知己知彼，百战百胜

求职前，充分了解应聘单位的所属行业、发展沿革、企业文化和发生的关键事件等，了解越全面、深入，面试的成功率就越高；另外，应聘职位情况，包括应聘职位的职位名称、工作内容和任职要求等，这一点非常重要，同一个职位名称，各家企业的要求是不尽相同的，了解越多，面试的针对性就越强。

3. 指导家庭经济贫困大学生做好求职简历

简历是大学生的第一张名片，在撰写时应注意以下几个方面。

（1）重点突出，针对性强。切忌篇幅过长，既说不清问题，又容易给对方不严肃、不认真的感觉。

（2）文字顺畅，字迹工整。简历的工整、清洁、美观，给人们愉悦的感觉，易形成良好的印象。

（3）不要使用让对方反感的词语。

4. 掌握面试技巧，展现自信自我

（1）突出诚信，不要说假话、大话、空话。

（2）行为举止得当，尽量符合企业文化。

（3）做到彬彬有礼。展现良好的教养、必要的礼貌和细心往往会使自己在面试人员心中占有一定的心理优势。

（4）突出良好品质。

（5）充分展现自信是成功的重要因素。

（五）学校给予贫困生更多的关注

1. 给予贫困生更多的实习机会。

2. 提供给贫困生更多的招聘信息。

3. 适当延长助学贷款还款期限，减轻贫困生经济压力。

参考文献

[1] 李成龙. 当前形势下经济困难大学生就业心理特点分析及对策 [J]. 新西部，2010（14）.

浅析高校隐性思想政治教育的实现途径

刘欣欣

《关于进一步加强和改进大学生思想政治教育的意见》（以下简称《意见》）强调指出，"大学生是十分宝贵的人才资源，是民族的希望，是祖国的未来。加强和改进大学生思想政治教育，提高他们的思想政治素质，把他们培养成中国特色社会主义事业的建设者和接班人，对于全面实施科教兴国和人才强国战略，确保我国在激烈的国际竞争中始终立于不败之地，确保实现全面建设小康社会、加快推进社会主义现代化的宏伟目标，确保中国特色社会主义事业兴旺发达、后继有人，具有重大而深远的战略意义"。

高校思想政治教育是大学生思想政治教育的主要阵地，是承担并实现这一艰巨任务的主要途径。改革开放和发展社会主义市场经济条件下，思想政治工作的环境、任务、内容、渠道和对象都发生了很大变化，对思想政治教育提出了有力的挑战。长久以来，高校对大学生主要运用显性思想政治教育的形式进行思想政治教育，而隐性思想政治教育开展的深度和执行的力度则相对不够。而实践表明，在当前复杂的社会环境下，单一的显性思想政治教育导致思想政治教育功能的弱化，隐性思想政治教育的实施可以拓宽思想政治教育的实践路径，提高思想政治教育的实效性，促使教育形式更加丰富和完善、教育效果更加持久有效。因此，高校要在实施思想政治教育的过程中重视隐性思想政治教育的运用，将隐性思想政治教育和显性思想政治教育两者相互结合、相互促进，共同构成高校思想政治教育的完整体系。

一、隐性思想政治教育

（一）隐性教育

西方关于"隐性课程"的探讨开启了人类对于隐性思想政治教育的研究。20 世纪初早期进步主义教育的杰出代表杜威把学习过程中的潜在过程称为"伴随学习"。杜威的学生克伯屈进一步阐述了杜威的观点，将它称为"附带学习"。这些观点实际上是"隐性课程"的萌芽。1968 年杰克逊正式提出了"隐蔽课程"的概念，至此隐性思想政治教育开始进入研究者们的视野。隐性教育是隐性课程的应用体系，主要指的是"通过无意识的、间接的、内隐的教育活动使受教育者不知不觉地受到影响的道德教育"。无意识又称潜意识，具体是指人脑不经过信息加工，直接认识外界事物，是一种非认知的接受过程。隐性教育中"隐"的含义主要有两个：施教的"隐"和受教的"隐"。

（二）隐性思想政治教育

隐性思想政治教育研究，在西方国家有着深远的历史和浓厚的文化底蕴，自苏格拉底的"产婆术"教学思想，发展到杜威的道德教育理论，再至纽曼的道德教育社会行动模式，都为西方国家的隐性思想政治教育研究奠定了理论基础。

隐性思想政治教育研究，在我国开始于 20 世纪 60 年代后期。从目前我国的研究状况来看，尽管不同的学者提出不同的见解和观点，但毫无疑问，学者们都意识到了隐性思想政治教育的重要性，指出要在思想政治教育实践中重视加强和运用隐性思想政治教育。

对于隐性思想政治教育的内涵，不同的学者提出了自己不同的见解。有学者指出"显性教育与隐性教育，是围绕同一目的采取的不同的思想政治教育方法"。有学者指出"所谓隐性教育是指运用多种喜闻乐见的手段，寓教于乐、寓教于文、寓教于游等，把思想政治教育贯穿于其中，使人们在潜移默化中接受教育"。有学者使用"思想政治教育的隐性教育法"，指出"隐性教育方法是相对于显性教育方法而存在的思想政治教育实施方法。它是利用人们社会实践和人生活动（组织管理、职业活动、人际交往、文化娱乐等），使人在不知不觉中接受教育的方法"。

因此，所谓隐性思想政治教育是指教育者依据一定的思想政治教育的要求和目标，通过多种手段和方式，充分利用各种隐性教育资源和潜在的因素，对受教育者的思想和人格塑造渗透影响的教育活动。隐性思想政治教育的教育内容、教育目的是内隐的而不是外显的，教育形式是间接、迂回的而不是直接的。

二、加强高校隐性思想政治教育的必要性

（一）"隐性""显性"相结合，有利于加大高校思想政治教育的广度

目前来看，显性思想政治教育是高校思想政治教育的重点，高校思想政治教育理论课程是大学生思想政治教育传播的主要途径。但是，显性思想政治教育本身有不可避免的局限性。

从教学与理论课程上看，只重视思想政治教育的内容和规范的教育，而缺乏教学实践，不能在实际中对大学生进行道德规范和各个方面素质的培养。诸如世界观教育、人生观教育、政治观教育、道德观教育、法制观教育讲的都是理论性和原理性的东西，可行性和可操作性不强。此外，显性思想政治教育理论课程很少培养和制约大学生作为一名社会"公民"所应具备的文明礼貌、尊老爱幼、保护生态等道德行为，导致他们不懂从点滴小事做起，更不知注意自身的形象，令认知和行为不统一，理论与实践相脱离。

从思想政治教育方法上看，显性思想政治教育非常明显的一个特征就是整体灌输，即只注重于学生社会性和共性的发展，在学生个性化的发展方面存在一定的不足。这不但不利于大学生主动性的发挥，而且容易使大学生感到选择自由受到限制而产生一定的抵触和逆反心理。因为显性思想政治教育是在较为封闭的环境中进行的，缺乏对现实的关注，难以适应当今复杂多变的社会环境对大学生道德品质的要求。

高校思想政治教育的任务应是增强大学生明辨是非的能力，单纯靠显性思想政治教育难以实现，而隐性思想政治教育的教育方式符合大学生身心发展的规律。因此，高校在进行显性思想政治教育的同时

要加强隐性思想政治教育，这样可以加大思想政治教育的广度。

（二）开展隐性思想政治教育，有利于增强高校思想政治教育的实效性

隐性思想政治教育能够有效地减轻大学生的反抗心理，取得良好的教育效果。心理学实验证明，如果教育内容的灌输性过强，就会使人感到选择的自由受到限制，容易产生对教育的反抗心理。隐性思想政治教育作为一种非正面的含蓄的教育，不是强制性的正面灌输，也不是居高临下的讲解，而是把教育的内容隐寓于一定的载体之中，并创设一定的情境，使教育的内容在潜移默化中进入大学生的心田，使他们在轻松、愉快的情绪中润物细无声地受到感染和熏陶，而很少会产生反抗心理。

（三）加强隐性思想政治教育，有利于开辟高校思想政治工作的新思路和途径

接受思想政治教育的大学生普遍具有个体差异，他们的需要也是丰富多彩、千差万别的。单纯依靠显性思想政治教育是远远无法满足的，更多的应是与隐性思想政治教育的联动，要因材施教，避免直接灌输、强制执行，要针对不同个体，进行人性化、可持续、具有发展性的思想政治教育，这就需要我们不断地探索和改进大学生思想政治教育方式，使其更贴近实际生活和学生，为高等院校思想政治教育提供有益的借鉴。隐性思想政治教育是隐蔽的渗透式教育，在整个教育过程中没有强制性的灌输，没有居高临下的权威训导，大学生可以充分发挥自我的主观能动性，可以在民主、平等的氛围中自由切磋、相互交流、相互学习，在积极参与教育过程中完善自我，有利于思想政治教育工作者开辟新思路和新途径。

三、加强高校隐性思想政治教育的途径

（一）充分利用多种资源进行隐性思想政治教育

高校思想政治教育隐性资源是相对于以思想政治理论课为主要形式的显性资源而言的，它不是直接作用于受教育者，而是以不被人注

意的形式存在于校园环境、人文环境以及大学生日常生活之中。主要包括：一是物质层面的隐性资源，如校园、教室的物理环境。二是互动层面的隐性资源，如师生互动、生生互动、学生与家庭互动等。三是文化层面的隐性资源，具体体现在学校的历史传统、办学理念、校风、校训、师德师风及学校开展的各项活动中。这种精神和文化层面的隐性教育资源，对大学生的精神生活、思想风貌具有深刻的影响。四是制度层面的隐性资源，学校的各项规章制度、守则、规范和组织都集中体现出高校的教育方向和领导者的思想观点与价值观念，对学生的思想道德素质有着重要影响。

（二）深化课程改革保障隐性思想政治教育

隐性思想政治教育课程具有鲜明的特征，以区别于显性思想政治教育课程，这些特征分别是：（1）广泛的渗透性。从发生范围上讲，隐性思想政治教育课程不仅包含了学科课程和活动课程所覆盖的领域，同时也覆盖了学校物质环境、学校制度环境和学校文化环境中所蕴含的思想政治教育因素，呈现出"全天候"和"随时随地"的状态。（2）潜隐的影响力。从影响方式看，隐性思想政治教育课程是以间接的、内隐的、不明确的方式，通过学生无意识的、非特定的心理反应机制来影响学生的。（3）无意识获得的教育价值。隐性思想政治教育课程是在不为受教育者自身所意识到的情况下，通过隐藏在受教育者内心深处的摄取机制而发生作用的。隐性思想政治教育课程的功能表现在社会功能和个体功能两个方面。隐性思想政治教育课程通过把统治阶级的意识形态、价值观等转变为一种"深层结构"，来达到其社会控制的功能。除了社会功能外，隐性思想政治教育课程作为一种潜在的教育影响因素，在促进个体发展中也发挥着巨大的作用。

隐性思想政治教育课程开展过程中要注重施教机制与接受机制。施教机制对学生的影响有其特定的发生机制，主要是通过暗示、感染、模仿和认同等方式教育学生。接受过程是接受主体和接受客体双向建构、双向发展的过程，既是一个内化整合过程，又是一个外化践行的过程。学生对隐性思想政治教育课程信息的掌握与对显性思想政治教育课程信息的掌握不同，不是通过教师直接讲授进行的，而是通过其独特的接受机制在暗默中进行的。

（三）加强实践路径，创新提高隐性思想政治教育的实效性

开发和利用大学生社会实践中的隐性教育资源。在高校思想政治工作中，大学生能否接受教育，既取决于高校思想政治工作者运用真理的力量，又取决于大学生自我认识、自我评价和自我改造的自我教育力量。随着社会主义市场经济的发展，大学生的主体意识和参与意识进一步增强，在客观上要求高校思想政治工作者更要尊重大学生的主体性，着眼于大学生自我教育的自觉性和积极性。利用课余时间组织大学生参加各种有益的社会实践活动，以学生喜闻乐见的形式吸引学生参与其中。高校要创造条件，组织开展形式多样的与专业学习紧密结合的生产劳动、科学研究、技术推广等社会实践活动，如组织红十字会活动、志愿者活动、"手拉手"活动、幸福工程和扶残助残等公益活动，使大学生在密切接触、了解社会中身临其境地受到教育。在实践过程中引导学生从"要我做"到"我要做"转变，从而更好地完成内化。

经济全球化带来了世界范围内的政治、文化、科技等方面联系日益密切，大学生的价值观念、政治信仰、行为方式都不可避免地受到影响。加强思想政治教育的实效性是现代思想政治教育发展的必然。传统显性思想政治教育存在呆板、强制、单一、机械的缺憾，造成思想政治教育缺乏动力和活力。隐性思想政治教育能充分改善显性方式的不足之处，实现二者的有机结合，形成优势互补。研究发现，隐性思想政治教育形式多样、内容丰富，可以在自由的时间和空间发挥作用。高校应积极开展隐性思想政治教育，弥补单一显性思想政治教育模式。

参考文献

［1］王艳秋. 隐性思想政治教育课程论［D］. 华中科技大学，2007.

［2］罗洪铁. 思想政治教育原理与方法基础理论研究［M］. 北京：人民出版社，2005.

［3］王瑞荪. 比较思想政治教育学［M］. 北京：高等教育出版社，2001.

［4］陈烨，王雯田. 浅析"隐性教育"［J］. 教学交流：理论版，2008（3）.

心态决定状态

——办公室人员如何做好心理调解

彭　巍

庄子告诉我们：一个人的心态，决定了他的生活状态。一个好的心态，可以使人乐观豁达，克服万难。工作中只有心思宁静、心气和顺，才能不惑、不忧、不急、不气，始终保持一种昂扬的精神状态。

一、心态决定人生

一位哲人说过："你的心态就是你的主人。"在现实生活中，我们不能控制自己的遭遇，却可以控制自己的心态；我们不能改变别人，却可以改变自己。乐观的心态能让我们的生活充满阳光，工作积极向上，不断传递正能量。

从前有位秀才第二次进京赶考，还住在上一次考试时住过的店里。有一天他连着做了两个梦。第一次梦到自己在高墙上种高粱；第二次梦到下大雨，他戴了斗笠不说，还打了把伞。这两个梦似乎有些意思，秀才自己当然解不开，于是第二天就赶紧去找算命先生解梦。算命先生一听，连拍大腿带叹气说："唉，你还是收拾收拾回家吧。你想想，高墙上种高粱不是白费劲吗？戴斗笠还打雨伞不是多此一举吗？"秀才一听也是，于是心灰意懒，真的回店收拾包袱，准备回家。店老板非常奇怪，就问他："客官，明天才考试，你怎么今天就回乡了啊？"秀才如此这般解释了一番，店老板乐了，说："咳，你早问问我呀，我也会解梦的。依我看，客官这次一定能够高中。你仔细想想，高墙上种高粱不是高种（中）吗？戴斗笠打伞不是说明有备无患吗？这不是高中是什么？"秀才一听，觉得店老板的话更有道理，于是振奋精神参加了考试，结果居然中了个榜眼。同样一种事物，在不同的人、不同的眼睛看来，必然会得出不同乃至截然相反的结果。这是因为不同的心态使然。而在不同的心态作用下，人必然也会表现出不同的精神状态、行动积极性和相应的行动力。最终，行动之后，其结果也自然不同。所以我们说，心态决定状态。

二、生气不如争气

办公室工作人员每天承担着繁重的工作，面对着复杂的人际关系，不顺心的时候十有八九，如果只是一味地抱怨、生气，那么你注定永远是个弱者。那么如何做好心理调节呢？

1. 要改变自己的心态，认识到自己工作的意义

虽然办公室工作很杂，重复率很高，甚至有些事情在大家眼里看起来很小，但是有的时候你的一句解答，一个沟通的电话就能帮助别人解除困难，让大家感到温暖，不再迷茫。办公室人员是领导和员工之间连接的纽带，就像是车子和轮子之间的轴承，轴承正常运转，车子才能前进。所以，我们要端正工作态度，充分认识到自己工作的意义和对单位正常运转的贡献。

2. 把复杂的人际关系看成锻炼自己的机会

工作中我们会遇到各种性格、各种不同处世风格的人，而这些人中有些是不理解我们工作的，甚至是看不起或是唱对手戏的，这种时候我们不能一味生气，只要在我们的能力范围内做到尽心、耐心、细心地解答每一个问题就好，万事不能强求，更不能拿别人的错误去惩罚自己。要保持乐观的心态，看到人好的一面，知足常乐。

良好的同事关系，有利于促进工作落实、事业成功，也有利于个人的心情舒畅和健康成长。重视团队的力量，要珍惜共事机缘、同事感情，当面说真话，背后说好话，关键时候说催人奋进的话，真正做到与人为善，相互补台。要多唱团结歌、正气歌，弹好协奏曲，做到心往一块儿想，劲往一块儿使，努力在共同进步中实现个人进步。

3. 正确看待不公平

世界上的事情没有绝对的公平，有些规则是潜在的，我们知道又

改变不了的。在有些单位，你做的再多也比不上某位领导一句话，行政人员不是领导就评不上职称，没有职称就拿不到项目，没有论文和项目又拿什么评职称？这种死循环不是我们能解的，我们能做的只是在平常心看待的同时多学习，不断提高自己的素质，适应复杂多变的工作环境，提高处理问题的能力，让自己的生活充实起来。

4. 学会宽容

俗话说得好："退一步海阔天空，让几分心平气和。"这就是说人与人之间需要宽容。宽容是一种美德，它能使一个人得到尊重。宽容是一种良药，它能挽救一个人的灵魂。宽容就像一盏明灯，能在黑暗中放射出万丈光芒，照亮每一个心灵。

三、培养兴趣，寻找工作乐趣

当我们在做自己喜欢的事情时，我们会觉得很快乐。大部分办公室工作人员刚开始工作的时候都是斗志昂扬的，几年之后，不断遇到棘手和不易处理的事情时，就会产生焦虑、挫折的疲倦心理，这种心理使办公室人员失去工作的兴趣，消灭了对工作的活力和干劲，这时，我们要试着改变一下心理环境，尽量多想些高兴的事，想想我们虽然遇到了困难，可是我们也会有所得。随着工作阅历的积累，我们成长了，处世能力增强了，人际关系广泛了，朋友增多了，这些都是值得我们高兴的事情。

四、确定自我能力、勇敢承认不足

办公室人员要有自信，但不是自大，要充分认识自我的能力，不能盲目自信。工作过程中要保持沉稳，放慢工作节奏，凡事多思考，冷静地整理好思路。如果做错了，就要勇于承认自己的能力有限，同时也要劝慰自己，人不是万能的，谁都有犯错误的时候，及时认识并改正才是最重要的。这样既有助于进步又能缓解心理压力。另外，不要把目标定得过高，凡事量力而行。

五、追求实际的价值

庄子说："达生之情者，不务生之所无以为。达命之情者，不务命之所无大奈何。""达生之情者，不务生之所无以为"是什么意思呢？真正通达生命真相的人，不去追求生命中不必要的东西。有的时候我们为声名所累，有的时候我们趋同于社会的价值，为了人生中"无以为"的事情，我们就为了一口气去追求。

"人生天地之间，若白驹之过隙，忽然而已"，在人生这个色彩斑斓的大舞台上，每个人都在扮演自己的角色，渴望通过自己的努力，让人生绽放灿烂的花朵。在我们为七彩的人生击掌喟叹的同时，我们有理由相信：心态与状态就是人生画板上最丰富的画笔。良好的心态是积极状态的催化剂，只有树立良好的心态才能对事物有更加明晰的判断，对自身有更加准确的定位，也才能全身心地投入工作。当一个人把工作当成一种责任、一种习惯后，也就能从中学到更多的知识，积累更多的经验，体会到更多的乐趣，在这样的心态驱使下，人的工作积极性和创造性会大幅提高，遇到困难也更容易找到应对办法；反之，如果一个人缺失了良好的心态，就会人为地放大生活中各种缺憾，心生抱怨，工作消极，患得患失。

敬业精神在一定程度上就是职工良好心态通过工作状态的行为外化，只有爱岗敬业的人才能拥有一份良好的心态，也才能俯下身子，踏踏实实地干好自己的本职工作，从而在平凡中彰显伟大。

参考文献

[1] 林文瑞. 办公室人员心理调节方法探讨 [J]. 办公室业务，2015（10）.

[2] 李军，赵玲. 浅谈办公室人员心理压力调适 [J]. 科学咨询，2012（10）.

浅谈高校师德建设存在的问题及对策

丁凤喜

师德建设是建设高水平特色大学的基础工程，教师的思想素质、职业道德修养和工作能力，决定着教育发展的水平和质量。一所大学没有良好的师德，就难以形成教师队伍忘我工作、团结拼搏的工作氛围，也难以形成良好的党风、校风。目前高校师德建设主流是好的，大多数教师都能自觉地遵守职业道德，爱岗敬业，乐于奉献，在各自岗位兢兢业业教书育人，为人师表。但是我们还应该清醒地认识到，社会转型日渐突出的消极、腐败现象同样影响着教师队伍，师德建设面临新的挑战和考验，需要我们高度关注并采取有力措施加以解决。

一、当前师德建设存在的主要问题

1. 缺乏敬业奉献精神，育人意识淡薄

在市场经济大潮的冲击下，新旧教育观、师德观的碰撞和摩擦，使教师价值观和行为表现复杂化，教师开始用新的人生观和道德观审视自己。部分教师缺乏敬业精神和奉献精神，认为进入高校选择教书就是为了寻求一份高稳定性的工作，多授课是为了多赚钱，多出成果是为了评职称，把事业当成职业干，追求等价交换原则，觉得有多少付出就应该有多少回报。因此在教学活动中忘记了自己的"传道""授业""解惑"之责，与学生不交流、不沟通，缺少感情投入，对学生的健康成长漠不关心，尤其是面对有问题的学生时，刻意表现出歧视和疏远倾向。

2. 严谨治学意识不足，为人师表淡化

随着信息社会的到来，学生获取知识的途径和手段空前广泛，作为教师只有不断学习，充实自我，才能摸准时代脉搏，跟上时代的步伐，否则难以让学生信服。然而，少部分高校教师自认为抱着的是"金饭碗"，不思进取，教学内容陈旧，教学方式单一。有的甚至缺乏自尊自爱精神，上课时仪表不整，举止粗俗，在学生面前有意无意地贬损他人；或者自由主义思想泛滥，信口开河，随意发泄不满情绪，误导学生，引发不良后果。

3. 功利主义思想严重，学术腐败现象时有发生

随着高校的办学水平和教育质量的不断提高，教师个人的能力和发展空间得到了空前的释放，一些优秀中青年教师和科研成果不断涌现。但个别教师功利主义倾向也日益凸显，忘记了自己教书育人的根本职责，重学术、轻教学，重成果、轻育人的思想蔓延。有的教师热衷于搞科研、搞人际关系，将学术研究成果作为自己升官发财的资本；有的教师以挣钱为目的，无心钻研业务，缺乏对教育内容、教学效果的探索与研究；有些丧失了严谨治学的态度，买卖、剽窃、抄袭、侵占他人甚至学生的学术成果，严重损害了高校形象。

二、解决高校师德建设问题的具体对策

针对师德建设中存在的问题，按照党的教育方针的要求，结合高校实际，应当采取一些对策加强和改进师德建设。

1. 健全教师的人格魅力

师德是一种精神体系，是深厚的知识内涵和文化品位的体现。一个师德良好的教师，能使学生产生敬佩感、亲近感、认同感和信赖感。因此，教师要牢记自己教书和育人的天职，把对学生的关爱上升到只讲付出不计回报，以广泛的大爱来认识和践行。学生一旦体会到这种感情，就会"亲其师"，从而"信其道"，进而"乐其道"，按照教师的人格感召作用，自觉做言行一致、表里如一的人。也就是说，教师只有志存高远、爱岗敬业、忠于职守、乐于奉献，自觉地履行教书育人的神圣职责，以高尚的品行和人格魅力教育、感染学生，才能真正发挥教书育人作用。

2. 完善师德建设评估体系

良好教师职业道德风尚的形成，要靠教育引导，更要靠制度保证。要逐步完善教师管理工作体系。要将师德建设纳入学校整体规划，学校和各部门负责人亲自抓，学校有关职能部门抓落实、抓督促、抓效果；切实改变现行的教师培训制度，将师德培养纳入教育培养计划，长远规划，分段安排，做细做实；改进现行的教师师德评价体系，建立科学的、可操作的师德评估指标，在教学、科研、学科建设中对照进行定性和定量考查测评；改变现行重论文、专著和科研成果的做法，将师德好坏作为一项硬性的指标纳入其中，实行师德标准"一票否决"制度。只有这样，才能真正改变师德建设在教师队伍建设中所处的弱势地位。

3. 健全严格的监督约束机制

师德行为主要依赖于教师的自律，但其自律性的养成需要一个转化过程。对绝大多数人来说，受修养和境界所限，靠自身主观抵御是不够的，必须有外在的道德监督和约束。这种监督主要来自学校的党内监督、行政监督、学生监督、团体监督和社会监督等。在新形势下，可以通过学校的纪检部门、教学管理部门、教学督导委员会、学生监督委员会等对教师行为进行定期和不定期的督查，发现问题及时纠正，并记录在案，作为师德惩罚的基础和依据，与教师的聘任、晋升、晋级挂钩。对师德考核不合格的，应批评教育，限期改正；情节严重的，可以缓聘或解聘职务，甚至取消教师资格。

4. 建立完善的培训教育机制

高校人事管理和师资管理部门要建立和完善师德培训制度和师德培训档案，将教师师德培训制度化、规范化。比如可以对教师实行终身品德教育，让教师知道，育人者要先育己，高尚的道德情操如同科学知识水平一样，不断学习、不断培育和升华自己。另外，随着经济社会的发展进步，师德观念会随着环境的变化而变化，师德评价标准也会相应变化，社会对教师的道德水平要求也会更高，必须对高校教师进行终身道德教育。

高校师德建设是一项系统工程，需要付出长期而艰苦的努力。高校一定要高度重视师德建设，建立、健全规章制度和有效的教育、管理、监督机制，为良好的师德建设提供保障。只有提高高校教师的师德素质，才能有助于大学生的综合素质教育得到更好的保障，才能不断培养高素质人才。

参考文献

［1］刘林. 高校师德建设的实效性问题及对策探析［J］. 社会纵横，2015（4）.

［2］邓小群. 浅谈高校教师师德建设［J］. 经济研究导刊，2015（1）.

［3］孙加兴. 对构建当前高校师德建设长效机制的思考［J］. 兰州教育学院学报，2014（12）.

［4］陈爽，刘明. 新时期高校师德建设现状及对策［J］. 辽宁工业大学学报，2014（12）.

［5］涂文佳. 高校师德建设存在的问题与对策［J］. 职教论坛，2013（6）.

［6］蔡亮. 新时期高校师德建设策略研究［J］. 学校党建与思想教育，2013（3）.

新媒体时代加强和改进大学生
思想政治教育的几点思考

丁凤喜

近年来，以互联网为代表的新媒体迅猛发展，深刻改变了大学生的生活方式、学习方式和思维方式，为大学生思想政治教育工作提供了新载体、新平台，但新媒体虚拟、开放、难以掌握和监控等特点使大学生思想政治教育面临许多新矛盾、新问题。科学分析新媒体的特性，趋利避害、发挥优势，大力推进思想政治教育的改革创新，对于增强大学生思想政治教育的针对性和有效性，具有重要意义。

一、新媒体时代大学生思想政治教育的新特点

1. 交互性

以微信、微博为代表的"自媒体"形态的出现彻底改变了大学生群体接受信息的传统习惯，每个人都可以在互联网上获得各种信息，可以自由发表观点，也可以与别人进行充分的讨论和交流，从独立获得的资讯中对事物做出判断，再通过自己经营的"媒体"向社会大众发布，成为"信息制造者"。也就是说，他们的世界观、人生观、价值观越来越受到以网络为代表的大众传媒的影响。

2. 便捷性

新媒体受大学生欢迎的一个非常重要的原因就是信息获取的快捷性，互联网、手机的信息搜索功能非常强大，"一开网络，便知天下事"，这就导致部分大学生求知过程中出现了阅读得少、搜索得多，了解得多、学到得少，见识得广、掌握得少的浮躁现象，严重影响了大学生刻苦踏实的钻研精神和自主学习、探究意识的培养。

3. 个性化

进入新媒体的低门槛，让每个大学生都拥有一份自己的"网络报纸"（博客）、一个"网络电视"（微信）和一个"户外广告"（微博）。这种"平民化""草根化"的特点，使新媒体为大学生肆意宣泄情绪、随意表达观点、随时张扬个性和发挥奇思妙想提供了舞台。由于在校大学生现实生活中面临着学习、生活和就业等多重压力，极易受到非理性、煽动性信息的误导，产生的心理压力容易通过 QQ、微博和微信等得到释放。这种不良情绪在网络世界肆意蔓延，不仅会滋生"网络暴力"，而且极易从虚拟世界走向现实生活。

二、新媒体对大学生思想政治教育带来的严峻挑战

1. 新媒体中充斥的多元化价值观念，削弱了大学生对社会主义核心价值体系的认同感

网络作为新的教育载体，既包含众多对大学生成长有益的内容，也充斥着大量良莠不齐、鱼龙混杂的信息。对于人生观、价值观还不稳定成熟的大学生，很容易受到这些不健康内容的冲击和腐蚀，引发认识偏差甚至动摇理想信念。如在日常生活中，西方文化往往以电影、电视剧、游戏等大学生喜闻乐见的形式传播，使大学生的思想意识在不知不觉中受到影响，削弱了对社会主义核心价值体系的认同感。

2. 新媒体信息传播的直接性，冲击了大学生对思想政治教育的认知度

传统的思想政治教育教学工作都是在特定的空间、时间，根据特定的主题，依据特定的教育目标，在教育氛围浓厚的环境下进行的。新媒体则突破了传统教育工作模式，使得教育信息的传递更加直接和顺畅。其裂变式的传播态势，可以由一个人传给一群人，这群人中的每个人又可以传给另外一群人。这样的传播特点，使得大学生可以随时、随地地接受教育信息，这就造成大学生接受思想政治教育的难以控制性，与大学生日常接受的思想政治教育产生了冲突，严重影响了思想政治教育的效果。

3. 新媒体构建的虚拟空间，放大了大学生的浮躁情绪

新媒体为大学生塑造了一个完全不同于现实社会的虚拟世界，在虚拟世界中大学生可以充分表达自己的压抑和欲望，部分大学生逐渐为自己建造一个虚幻的梦。与现实的残酷相比，个别大学生越来越沉浸在自己编织的梦幻中，越来越脱离实际，但真正回到现实中来，部分大学生还是会幻想那个虚幻的梦而变得浮躁、不踏实、不现实。尤其是各种虚幻的网络游戏，使得个别大学生不能自拔。

三、以改革创新精神加强和改进新媒体时代大学生思想政治教育

面对新媒体时代的新变化新特点，加强和改进大学生思想政治教育，必须坚持解放思想、实事求是、与时俱进和求真务实的原则，不断创新教育的方法、手段和途径，解决面临的新问题与新挑战。

1. 依托新媒体搭建新平台，拓展大学生思想政治教育工作的空间

利用新媒体开展大学生思想政治教育工作具有很多优势，比如，新媒体功能强大、应用广泛，在一定程度上摆脱了时间和空间的限制，为大学生思想政治教育工作提供了容量无限的新阵地；信息传播方式多样生动，符合大学生希望平等交流的心理特征和接受习惯，有利于增强大学生思想政治教育工作的针对性和吸引力。要以微信平台、校园网络等为依托，建立大学生思想政治教育交流平台，积极传播社会主义核心价值体系，确保校园新媒体的正确政治导向，营造良好的校园氛围，使大学生具备良好的学习和日常生活环境。以互联网、手机媒介为依托，建立良好的互动沟通交流平台，举办网上党校、网上团校等，将灌输式教育与引导式、启发式教育相结合；开设网上图书馆、网上课堂、网上主题沙龙、主题博客等，发挥广大学生的主体和自觉意识，使得思想政治教育者和大学生之间，以及大学生自身之间可以就某社会热点问题或具体的日常生活、学习问题与大学生进行沟通交流，在交流过程中强化正确的价值观取向。

2. 针对新媒体特点探索新模式，增强大学生思想政治教育工作的效果

应加强整合，运用学校教育、社会疏导、家庭辅导和自我提高等多种方式，整合思想、文化、娱乐、科技、学术等课内外资源，构建立体教育网络，丰富高校的网络思想文化内涵，增强时代性、动态性和实效性。利用微信、微博等进行一对一、一对多、多对多的沟通交流，针对大学生的特点和思想困惑，有的放矢地进行引导，把思想政治教育工作做到大学生的心坎上；建设和完善专业的思想政治教育网站，丰富其内容、改进其形式，为大学生提供互动平台。可以发挥手机使用范围广、普及率高的优势，利用手机短信群发平台，定期或不定期发送教育内容，确保大学生常在教育中、深受教育。

3. 利用新媒体开展教育，提高做好大学生思想政治教育工作的能力

新媒体的蓬勃发展不仅对大学生思想政治教育工作的方式方法产生了重大影响，而且对高校思想政治教育工作者的业务水平提出了更高要求。广大思想政治教育工作者要放低姿态，全面学习和系统掌握大众传播技术知识，创造性地运用新媒体手段开展工作，跨过成为网络"意见领袖"的技术门槛，确保每一个思想政治教育工作者成为应用新媒体的行家里手。同时，针对虚拟空间信息量大、时效性强的特点，思想政治教育工作者要下更大的功夫来提高理论水平、政治水平、政策水平，增强自身理论积累的"深度"与"厚度"，提高网上舆论引导能力。

4. 完善新媒体管理机制，最大限度减少网络不良信息的影响

面对蓬勃发展的新媒体潮流，开展大学生思想政治教育，要一手抓建设和运用，一手抓管理和把控。应从技术手段、信息监管和制度建设等方面，强化对新媒体的监控和管理，对新媒体的价值影响实施有效的监控和合理的引导，在校园形成健康教育环境。积极构建功能强大、多重防护的网络防火墙，对网上信息进行检查和过滤。应提高运用信息技术和监控的能力，加强引导，建立网上评论员队伍，对各种流言蜚语、违法等错误信息进行主动抵制和回击，加大对网络舆情

的源头管理，利用带有疏导功能的思想政治教育、网络伦理价值和网络法制教育，提升学生的网络道德水平、网络信息鉴别能力和对不良思想的抵御能力。

参考文献

［1］龚民，凌文超. 新媒体时代的校园文化建设［J］. 长沙铁道学院学报，2007（12）.

［2］钱文彬. 浅析新媒体与大学生思想政治教育［J］. 当代教育论坛，2008（6）.

［3］徐振祥. 新媒体素养：大学生思想政治教育的重要内容［J］. 黑龙江教育，2008（11）.

［4］姜恩来. 新媒体环境下的大学生思想政治教育［J］. 高校理论战线，2009（6）.

流行时尚文化对高校思想政治教育的影响

范 维 张瑞航

时尚文化是产生于城市工业社会、消费社会的文化形态，是以大众传媒为载体和媒介，在一个时期内通过一种物质或非物质的形式来表现一个时代人们的追求价值、生活态度的社会文化现象。时尚文化体现着文化某种发展趋势的文化存在形式，它具有崭新性、前沿性和活跃性的特征。

一、时尚文化对大学生的双重性影响

当代大学生的思想比较活跃、敏锐，对新生事物的敏感度和接纳性都很强，易于接受社会上流行的、新生的事物。时尚文化作为社会的一种亚文化，是相对于主流文化而言的，它对传统文化的反叛和表现出来的价值及审美情趣符合当代大学生的需要，因此，受到大学生的欢迎和接纳。时尚文化主要在语言文化、消费理念、科技等方面对大学生产生影响。

1. 时尚文化对大学生的正向影响

随着我国经济的迅速发展，我国的网络化正快速发展，据《中国互联网络发展状况统计报告》（以下简称《报告》）显示，截至 2012 年 12 月底，我国网民规模达到 5.64 亿人，互联网普及率为 42.1%。其中学生群体是中国网民的重要组成部分。

网络提供给学生巨大的资源库，学生可以通过网络在线学习、阅读共享资源等不同途径来获取知识，拓展学生的视野。当代大学生正通过网络游戏、网络支付、QQ、微信、微博等方式改变传统的生活方式，而随着手机阅读、网络阅读成为时尚，它以快捷、方便、资源多、更新快等优势正在取代传统的读书方式。

随着时尚文化的介入，时尚文化标榜的独立、自主精神被作为校园主体的大学生所接受，从而培养出一批又一批的高素质人才。传统校园文化以读书学习为主，融入时尚元素后，种种具有创新性且丰富多彩的学生活动吸引着更多的学生加入。

2. 时尚文化对大学生的不良影响

时尚文化对大学生既有正向的引导，也有不良的影响。随着时尚文化的融入，在大学校园中出现了盲目消费、攀比成风、价值观混乱等负面影响。当前有部分大学生热衷于网络时尚生活，沉溺于虚幻的网络世界，将网络游戏、网络聊天等作为精神寄托，严重影响学生的正常生活，长期沉迷网络、依赖网络会影响正常的学习生活。时尚文化中的暴力文化、迷信文化、爱情文化等不良文化成分严重影响当代大学生的学习生活。

随着信息科技的迅猛发展，时尚文化的渲染，部分大学生追求物质上的享受，过度消费。在物质生活特别是电子产品、服饰上相互攀比。据团中央宣传部、中国青少年研究中心"中国青少年时尚现象与对策研究"课题组问卷调查显示，45.1%的学生认为"金钱是人生追求的重要目标之一"，33.9%的学生表示"人应该及时享受"。浙江大学的一项调查显示，手机、电脑等电子产品的拥有率超过半数，有的同学在刚入大学时就要求父母购买苹果手机、苹果平板电脑等高消费产品。

二、加强对大学生时尚文化的引导

高校是文化建设的主战地，校园是多种文化的集结地，大学生对时尚文化呈现接受和追逐的态势。教育工作者应及时把握校园流行时尚文化的动态，为学生进行正确的分析和指导。

1. 坚持马克思主义价值观，以社会主义核心价值观体系引导校园文化

马克思主义价值观是以辩证唯物主义和历史唯物主义为指导全心全意为人民服务的价值取向。坚持马克思主义价值观，以社会主义核

心价值观体系引导校园文化，社会主义核心价值观是我党在思想政治文化建设上的一个重大理论创新，为培养社会主义事业的接班人和建设者指明了方向。要以马克思主义价值观，社会主义核心价值观为依据打造校园文化，用正确的思想、理念来引导校园中的时尚文化生活，在丰富大学生课余生活的同时提升学生的思想政治素质。要用开放的和建设性的态度批判地吸收时尚文化中各种价值观念，以先进的社会主义文化来抵制不良的流行时尚文化的糟粕部分，去除腐朽文化，抵制过度消费的不良时尚文化。要充分吸收时尚文化中的精华部分，摒弃糟粕部分，去粗取精，去伪存真，批判性地吸收时尚文化中有价值的观念，这样才能确立既符合中国国情又具有全球眼光、既传统又现代的正确的价值观体系。

2. 在时尚文化中汲取营养

时尚本身蕴含着丰富的德育资源，传统的大学生教育往往忽视大学生的兴趣、爱好、意志等方面的特点，过分强调思想性，不易激起学生的兴趣与爱好，融合时尚文化的大学思想政治教育，更能激起学生的学习兴趣，避免空洞的抽象的理论性的说教。要找准时尚和教育的契合点，利用时尚文化的有益成分，用深入浅出、通俗易懂的语言把正确的世界观、人生观、价值观传递给学生。在时尚的传播中，将爱国主义民主精神与时代精神、优秀的文化传统相结合，创造师生、生生之间的和谐互动。

3. 培养大学生主体性文化人格

人格也称个性，源于希腊语 Persona，是一种具有自我意识和自我控制能力，具有感觉、情感、意志等机能的主体，它是个人在社会群体中的人品价值体现、行为体现、处世体现等在社会人中的一种价值体现。要从根本上抵制不良时尚文化对大学生的侵蚀、对高校德育文化的瓦解，发挥时尚文化在学生中的积极影响，就要培养大学生主体性文化，通过培养他们的主体性文化道德的感受力、思维能力和创新能力，形成积极的自我文化导向，使学生在接收时尚文化的同时摒弃时尚文化的糟粕部分。要从文化的角度引导和帮助大学生主体文化人格的建立。

4. 加强教育，引导大学生树立正确的人生观、价值观、世界观

大学校园是多种文化的集结地，外来时尚文化的渗透无处不在，因此，我们不能放松教育阵地的价值观教育。要在理论上引导学生对时尚文化形成正确的认识，树立正确的人生观、世界观、价值观，要矫正消费时尚文化的负面影响，弘扬爱国主义教育，增强民族自豪感，提升学生的道德判断力。引导学生在多元文化下正确把握世界观、人生观、价值观，坚决抵制拜金主义、个人主义、本位主义等不良文化思想的侵入。在高校思想政治工作中要通过集体主义、传统文化、网络道德等教育，提高学生的认知能力、辨别能力、审美能力，抵制腐朽的、不良的时尚文化元素。

5. 优化传播环节，保障健康、积极向上的校园文化

文化时尚的流行要借助于一定的传播媒介和文化市场。传播媒介和文化市场在市场经济中受到利益的驱使会出现一些低俗、庸俗的成分，而这些不良成分必然会影响当代大学生的健康成长。学生可以通过优化电脑、手机和其他电子工具等多种新媒体进行多元化发展。

网络谣言对大学生价值观的
影响及对策分析

冯　玮

网络不仅承担了人们社会生活中互相沟通的任务，也提供了人们认识世界的方法，网络成为人们获取信息的重要手段，并深刻地影响了人们的思维、行为方式。作为网民主力军的大学生在虚拟的网络中自由地选择信息，阐述观点，交流思想。但是快捷、匿名、互动和任意的网络传播也使谣言泛滥成灾。网络谣言使大学生的思维、行为方式和政治倾向发生根本性转变，导致感性判断，从而威胁社会公共安全。

一、网络谣言的特点

《辞海》对谣言的解释为"没有事实根据的传闻或捏造的消息"。一般来说，只有通过传播使多数人知晓的虚假信息才能称为谣言，一个人或少数人造谣生事仅仅是谎言。网络谣言是指主要借助信息网络平台快速、广泛传播的、意在使受众相信的、存在部分或全部不真实内容的信息。

1. 散播快速

网络信息更新快，为人类利用信息资源提供了便利。每一天网络上都会产生数量庞大的信息，以文字、图片、视频等多种形式展现在网民面前。谣言一旦被造谣者发放到网络上，往往会吸引更多人的眼球和关注而纷纷地进行转发。

2. 迷惑性强

随着网络的发展，虚拟和现实世界越来越接近，网络成为滋生谣言的温床，对身处信息时代人们的社会生活产生着重大影响。谣言制造者往往利用社会热点问题进行虚假捏造，谣言看起来也有板有眼，很容易让人信以为真。而且人们往往只是关注网络谣言的内容而缺乏对谣言本质的查究。因此，谣言在网民身上具有很大的迷惑性。

3. 影响力大

网络带给我们便利，但同时也带来了风险。新兴的网络媒体是极重要的战略阵地，在纷繁复杂的网络谣言世界中，久而久之，广大民众将虚拟世界的情绪带到现实社会中，对国家安全、社会稳定产生巨大影响。网络环境的广泛性和互动性使得谣言的传播范围和影响力更大，危害也就更深。

二、大学生价值观存在的问题

价值观是一个人对事物的根本看法和总体评价，其具体内容构成了一个人评判事物的尺度和社会实践的行为准则。在当前网络新媒体时代，新兴媒体已逐渐成为意识形态教育和引导的制高点，同时也会出现某种情况的"误导"，西方所谓的"普适价值""信仰危机"等思想或潮流也潜移默化地对我国的网民实施攻击，特别是当代大学生核心价值观的走向。因此，我国大学生的价值观出现了许多新问题，在一定程度上存在价值观的危机。

1. 主流价值观的偏离

"不同价值体系和道德标准的碰撞与融合是不可避免的。社会历史转型必然促使社会经济、政治和文化等方面发生深刻的变化，并冲击原有的价值体系和道德标准。"在开放的网络环境中，大学生身心尚未成熟、思辨能力简单，对网络世界的多元化思想尚不具备准确的判断力，容易遭受负面事件和网络风险的冲击，价值取向出现偏差，自身陷入迷惘与现实冲突的困境。

2. 道德价值观的偏离

个别学生的公德状况令人担忧，主要表现为没有基本待人处世的礼貌，诚信意识淡薄，对一切都无所谓。大学生沉溺于网络，其思想意识更加偏离现实社会，夸大个人意识，漠视集体主义观念，逃避责任约束和道德约束，这些现象折射出大学生公民责任意识淡薄，毫无社会责任心可言。

3. 利己主义价值取向偏差

目前的学生中，相当一部分学生自我中心意识表现比较明显，团结互助的价值观念有所削弱。一些学生常常以自身利益的得失为衡量标准，将问题矛盾激化，当出现谣言时，尤其是谣言中包含负面信息时，大学生的非理性情绪使其容易失去自控力和辨别力，有的即使注意到信息不良或不健康，但有一种所谓的"唯恐天下不乱"的跟风心理作祟，导致出现有意无意散布传播网络谣言的行为。

三、应对网络谣言的策略

面对网络谣言这一网络软暴力，如何对治网络谣言，成为当下应该正视的问题，需要政府、媒体、学校和个人共同努力，构造健康网络环境，在网络新媒体时代维护和培养大学生核心价值观。

1. 国家层面

政府及其部门应进一步强化干预和管制的程度。对网络进行宏观管理，建立起网络监管的日常工作机制，让造谣者无机可乘。同时需加大政务信息公开的力度，实践证明，信息公开是应对网络谣言肆意传播的最好方法。由于信息不透明、不公开、不及时，在广大民众心中极易产生疑虑，各种猜想成为谣言产生的根源。通过建立信息公开发布机制，挤压谣言传播的空间，在谣言形成之后，政府在第一时间澄清谣言，并主动发布权威信息和事实处置结果应对网络谣言，消除民众的误解。这样可以有效打压网络谣言的生存空间，给予造谣者以强大的威慑力，将有可能酿成的网络谣言扼杀在萌芽状态，彻底铲除网络谣言滋生的土壤。

根据依法治国的法律体系，不断完善法律惩戒机制。网络谣言容易扰乱破坏经济和社会秩序，破坏社会稳定。一些网民通过网络发泄自己的情绪，发表不负责任的言论甚至进行煽动，而一些网站，为了高点击率，对网络谣言视而不见。因此，应加强对网络谣言的监控和追踪，对其制造者、传播者依法严惩。

2. 社会层面

加强主流媒体自身建设，维护网络环境的整洁。媒体工作有很强的意识形态属性和社会导向性，公信力相对高的传统媒体在获取网络新闻时，应通过严谨的审核机制和流程来核实新闻的来源及内容的真实性。而作为重要的战略重地的新兴网络媒体，要及时传递信息和引导舆论正向发展。无论何种媒体，都要加强行业自律，遵守法律、法规和行业公约，做到不为网络谣言的传播提供平台，并主动配合政府相关部门治理谣言。

除主流媒体外，不断提高所有网民的媒介素养，也是净化网络环境、遏制网络谣言的有效手段。不断增强网民的责任感、辨别谣言的能力和网络伦理道德水平，共同营造理性、健康、向上的网络环境。对于网络谣言的传播者，要用理性、智慧和辩证思维拧一条教鞭，痛打其愚昧无知，痛打其无聊之举，打到其痛处，促其反思反省，促其明事理、知大局，不在低级趣味、自我愚弄中荒废人生；一些网民容易在盲从中轻信、迷失，要用事实、真相和案例做一面镜子，帮助其看到事实、看清真相，看到轻信谣言谎言的危害，增强辨别力和免疫力，做到"心里阳光、眼睛明亮、头脑清醒"。

3. 学校层面

高校要加强学生思想教育，占领网络思想政治教育的阵地。通过系统的网络道德与法制教育，提高大学生对网络谣言的认识，树立良好的网络道德观和法制观，建设集思想性、知识性、趣味性、服务性于一体的校园网，通过论坛、BBS、微博、QQ群、微信平台、广播台、电视台等社交和媒体平台，加强与学生的沟通交流，及时制止并澄清不良言论，引导学生看清问题。发挥各级学生组织、党员的积极性和主动性，建立一支队伍，让正面的声音占据高校网络舆论阵地。

4. 个人层面

面对"网络谣言"，我们要坚定信念，增强辨别力和免疫力，只要我们快速发现谣言，及时阻断谣言，不给谣言提供传播机会，网络谣言就没有立足之地。作为新时期大学生，我们的道德标准和荣辱观应该时刻提醒我们要自觉维护好网络环境，尤其是言论环境。我们不能做发布谣言的人，也不能成为谣言的传播者，目前越来越多的大学生开始承担起谣言粉碎机的责任，他们凭着追求真相的精神以及对网络和搜索引擎的深入了解，为维护网络环境贡献着自己的力量，他们不仅不信谣不传谣，还对谣言源头及始作俑者穷追猛打。这种做法对于大学生而言，能够形成不偏听不偏信的好品格，还我们一片充满阳光和温暖的网络天空。

参考文献

［1］李慎海. 浅析网络谣言的传播及其依法治理［J］. 法制与社会，2014（4）.

［2］张兴海，朱明仕. 价值判断能力视角下的大学生价值观教育论析［J］. 思想教育研究，2014（3）.

［3］方建宏，杨芳. 守法自律：论大学生如何抵制网络谣言［J］. 辽宁医学院学报，2013（5）.

［4］张晶，张昕. 当代大学生价值观偏异问题研究［J］. 经济师，2013（8）.